Athena Laz
Die Kraft deiner Träume

AF201810

GOLDMANN

ATHENA LAZ

Die Kraft deiner Träume

Persönliches Wachstum
durch Traumdeutung und
luzides Träumen

*Aus dem Englischen
von Jennifer Prengel*

GOLDMANN

Die englische Originalausgabe erschien 2021 unter dem Titel
»The Alchemy of Your Dreams« bei TarcherPerigee, einem Imprint von
Penguin Random House LLC, New York.

MIX
Papier aus verantwor-
tungsvollen Quellen
FSC® C014496

Penguin Random House Verlagsgruppe FSC® N001967

1. Auflage
Deutsche Erstausgabe November 2022
Copyright © 2021 der Originalausgabe by Athena Blumberg
Copyright © 2022 der deutschsprachigen Ausgabe:
Wilhelm Goldmann Verlag, München,
in der Penguin Random House Verlagsgruppe GmbH,
Neumarkter Str. 28, 81673 München
Umschlag: Uno Werbeagentur, München
Umschlagmotiv: FinePic®, München
Redaktion: Nadine Lipp
Satz: Buch-Werkstatt GmbH, Bad Aibling,
nach einem Design von Lorie Pagnozzi
Druck und Bindung: GGP Media GmbH, Pößneck
Printed in Germany
EB · CB
ISBN 978-3-442-22350-3

Für Jed

INHALT

ICH SCHLAFE, UM ZU SEHEN

S ie weiß weder, wie sie an diesen Ort, noch in diese Zeit gelangt ist. Sie nimmt lediglich wahr, dass sie mit nackten Füßen auf einem Schotterweg steht. Die Dunkelheit um sie herum scheint sich in jener Diskrepanz aus Stille und Geflüster auszubreiten, die nur die Nacht hervorbringen kann. Um sich zurechtzufinden, lässt sie ihren Blick über die Umgebung schweifen und dabei dringt die Realität allmählich zu ihr durch. Sie ist allein an diesem Ort ... *dieser Ort*.

Wo genau ist dieser Ort noch gleich?

Die körnige Beschaffenheit des Kiesweges unter ihren kalten, nackten Füßen lenkt sie von ihren Gedanken ab. Sie blickt auf ihre zierlichen und entblößten Füße herab, blinzelt und erkennt dabei, dass sie auf einem mit roter Farbe gekennzeichneten »X« steht.

Wie eigenartig, denkt sie.

In der feuchtkalten Dunkelheit taucht ein warmer Gedanke auf.

Sie bemerkt, dass sie trotz nächtlicher Dunkelheit klar sehen kann. Ihre Fähigkeit, im Dunkeln zu sehen, war schon immer sehr ausgeprägt gewesen. Eine weitere Erkenntnis: Sie hatte schon immer die Wahl. Nun versteht sie, dass sie sich gerade wieder vor einer Entscheidung befindet. Stillstehen oder einen mutigen Schritt nach vorn, ins Ungewisse, wagen.

Plötzlich erwacht sie aus ihrem Traum und kommt in der Realität ihres Schlafzimmers an. Ihr Leben ist wieder wie immer; es gibt nur einen kleinen Unterschied – sie trägt nun etwas Kostbares mit sich, ein Geschenk aus ihrem Traum:

Das X markiert die Stelle.

Die Stelle, an der sich der Schatz befindet.

Der Zeitpunkt ist gekommen.

DIE SCHATZKAMMER IHRER TRÄUME

Alle Träume sind ein Geschenk. Sogar die Träume, die uns zu Tode erschrecken (oder, besser gesagt, zum Leben erwecken). Sie sind die Schätze, die uns unsere Psyche und unser Geist darbringen. Die Analytikerin Marie-Louise von Franz stellte einst fest, dass Träume unsere Zeit nicht mit den Dingen verschwenden, die wir bereits wissen. Und ich formuliere es gerne so: Träume zeigen uns, *was wir wissen müssen*.

Träume sind das »X«, das die relevante Stelle kennzeichnet.

Träume beziehen sich naturgemäß auf etwas wesentlich Größeres, die menschliche Existenz Überschreitendes, und nicht etwa auf Dinge, die uns bereits bewusst sind. Sie sprechen all das an, was wir nicht wissen, nicht sehen wollen oder können. All das, was wir zu verstehen wünschen. Träume verweisen auf die Verbundenheit allen Lebens und zeigen uns unseren Platz in der Welt.

Unser Land der Träume eröffnet uns den Blick auf die schier unendliche Anzahl möglicher Gegebenheiten. Sie werden beim Lesen dieses Buches erkennen, dass Sie sich in Ihren Träumen in der Tat von einer viel größeren Instanz als nur Ihrem eigenen Verstand leiten lassen. Ihr Geist und Ihre Seele führen Sie zugleich an. Dadurch wird Ihnen der Zugang zu wertvollem Wissen, schöpferischer Inspiration und zu kraftvollen Lösungsideen eröffnet, die Sie auf die nächste Ebene bringen, sollten Sie sich dazu entschließen, auf die Botschaften Ihrer Träume zu hören.

Und so sieht es dann aus, wenn man die Ratschläge seiner eigenen Träume befolgt: Die Geschäftsidee für Google kam Larry Page in einem Traum; die *Frankenstein*-Autorin Mary Shelley nutzte ihre Träume als Inspiration – ebenso wie Stephen King; Paul McCartney hörte die Melodie von »Yesterday« im Schlaf; August Kekulé entdeckte die ringförmige Struktur von Benzol, nachdem er von einer Schlange geträumt hatte, die sich in ihren eigenen Schwanz biss (das Ouroboros-Symbol). Sogar Niels Bohr empfing das Atommodell im Traum.

Und wie Ihnen jede Therapeutin und jeder Therapeut bestätigen würde, unterstützen uns unsere Träume auch im täglichen Leben und sind nicht nur für weltbewegende Geistesblitze verantwortlich. Sie liefern uns tiefgreifende und erneuernde Einsichten, mit denen wir durch das Dickicht von Alltag, Gefühlen, Beziehungen und Sehnsüchten besser navigieren können. Sie helfen uns, uns besser zu fühlen.

Träume haben die wissenschaftlich erwiesene Eigenschaft, negative Gefühle zu regulieren. Wenn uns die Trauer übermannt, bringen sie Heilung und das Gefühl, mit dem Geschehenen abschließen zu können. Sie geben uns Antworten auf Probleme, die im wachen Leben unüberwindbar erscheinen, und helfen sogar bei der Bewältigung innerer Konflikte.

Sie werden sehen, dass jeder Ihrer Träume ein Geschenk ist. Das bedeutet jedoch nicht, dass alle Träume leicht oder angenehm sind – wie ein nächtliches Gedicht voller Glückseligkeit und Ekstase etwa. Träume bewahren uns vor unserer Selbsttäuschung, und in dieser Funktion können sie uns oft ganz schön zusetzen, sodass wir uns anschließend mit Fragen wie diesen konfrontieren: Welche Botschaft bleibt mir verborgen? Was sehe ich nicht? Welchen Weg traue ich mich nicht zu beschreiten? Welche Gefühle vermeide ich?

Sich diesen Fragen im wachen Leben zu stellen, erfordert viel Ehrlichkeit und emotionale Entschlossenheit – da ist es oft bequemer, sie einfach zu ignorieren. Träume jedoch klopfen jede Nacht aufs Neue an die Türen unserer Psyche, um uns bei der Suche nach unserer inneren Wahrheit zu helfen. Einer Wahrheit, die ein erfülltes Leben möglich macht, wenn Sie, liebe Träumende, sich mutig Ihren Erkenntnissen stellen. Sie wissen schon, all diesen »Dingen«, den Gefühlen, Mustern und Sehnsüchten, die zwischen Ihnen und der besten Version Ihres Lebens stehen.

DAS TOR ZU IHRER TRAUMWELT

Dieses Buch soll Ihnen als eine Art Tor dienen, das Sie mutig durchschreiten, um Ihre eigene Traumwelt zu erforschen. Bevor Sie jedoch die Schwelle übertreten, möchte ich Ihnen kurz meinen beruflichen Hintergrund skizzieren, um Ihnen einen Überblick über meine Herangehensweise zu vermitteln. Von Beruf bin ich beratende Psychologin[1], Expertin für Träume und Intuitive. Als leidenschaftliche Klarträumende habe ich mir das luzide Träumen selbst beigebracht. Schon in meiner Kindheit hatte ich sehr kraftvolle Träume, und mit zunehmendem Alter sprachen sie immer deutlicher zu mir.

Tatsächlich könnte man sagen, die Träume haben mich zu ihrem Sprachrohr erwählt, doch das ist eine andere Geschichte. Fürs Erste sagen wir einfach, ich habe mich auf Traumarbeit spezialisiert, weil Träume meiner Meinung nach der direkteste Weg zu Veränderung, Wachstum und spirituellem Erwachen sind. Ganz einfach, weil wir uns im Schlaf selbst nicht im Weg stehen, weshalb Träume uns enorm weiterbringen können.

Im Rahmen meiner Kurse, monatlichen Mitgliedschaftsprogramme, Live-Workshops und Retreats habe ich schon mit Tausenden von Menschen weltweit gearbeitet. Das Ziel lautete stets: ihnen zu helfen, sich ihre Träume, ihre Psyche und ihr inneres Wissen genauer anzusehen.

Ich orientiere mich im Rahmen meiner Arbeit an der alten Bedeutung des Wortes »Psychotherapie«. Seine etymologische Herkunft ist auf die Wörter »Psyche« (Seele, Atem, Geist) und »Therapie« (Heilung, Behandlung) zurückzuführen, was uns daran erinnert, dass sich die Psychotherapie mit der Heilung der Seele befasst. Es geht also nicht nur ums Verstehen und das Einordnen der Gefühle, es geht um die seelische Rückverbindung und das allgemeine Wohlbefinden.

---

1 *Anm. der Übersetzerin: In den USA darf der Beruf eines Counseling Psychologist nur mit einer Lizenz und somit einem einschlägigen universitären Psychologiestudium ausgeübt werden.*

Meiner Meinung nach müssen Geist und Seele wieder in unsere heutige psychologische Arbeit integriert werden, um ein ausgewogeneres Innen- und Außenleben zu generieren. Um wirklich tiefgreifende, dauerhafte und bedeutsame Veränderungen im Leben zu erfahren, müssen wir mit allen Aspekten unseres Selbst arbeiten. Dem Körper, dem Geist und der Seele.

Aus diesem Grund habe ich mich dazu entschlossen, über den Rahmen moderner Psychologie hinauszugehen, denn er wurde für mich und auch für die Arbeit mit meinen Klientinnen und Klienten schlichtweg zu einengend. Dennoch bin ich höchst dankbar für die soliden und bereichernden Grundlagen und für das ethische Fundament, das mir die Psychologie vermittelt hat. Nur ausgehend von diesen Grundlagen konnte meine Arbeit entstehen.

Die Psychologie liefert eine kraftvolle und unerlässliche Basis. Sie ist wesentlich beim Lösen des Rätsels des Bewusstseins und des Wesens des Menschen – wie auch die anderen Wissenschaften, die Mystik und die Spiritualität. Ich glaube nicht, dass die Vorreiter der Psychologie diese jemals zur »einzig wahren Antwort« machen wollten, mithilfe derer allein man auf die Spuren eines erfüllten und bewussten Lebens gelangt. Die menschliche Erfahrung ist so unterschiedlich wie jeder einzelne Mensch auf diesem Planeten. Zu glauben, dass nur eine Methode oder Denkschule die richtige sei, kann nur einengen.

Da Sie dieses Buch lesen, gehören Sie sicher zu den Menschen, die sich in umfassenderem Sinne dafür interessieren, was es heißt zu leben und was existenzielle Bedeutung in Ihr Leben bringen könnte. Im weiteren Verlauf werde ich die unterschiedlichsten Denkschulen und Lehrmeinungen beleuchten, um diejenigen herauszupicken, die mir am treffendsten und hilfreichsten erscheinen – und die hoffentlich ebenfalls hilfreich für Sie sein werden.

Da wir schließlich alle subjektive Wesen sind, habe ich versucht, die praktischen Übungen so vielseitig wie möglich zu gestalten, um Ihnen mehrere Möglichkeiten zu bieten, all die unterschiedlichen Dimensionen des Träumens zu ergründen. Und dennoch: Es ist *Ihre* Reise. Wenn Ihnen eine Übung nicht zusagt, schreiten Sie einfach zur nächsten und finden heraus, welche für Sie am besten funktionieren! Legen wir los.

DIE VIELFALT DER TRÄUME

Ich gehe davon aus, dass wir uns jede Nacht im Schlaf mit einem größeren, allumfassenden Bewusstsein (dem Universum, der Seele, dem Spirit, dem Ursprung) rückverbinden.

Zur Klarstellung: Ich verwende die Wörter »Spirit/Seele«, »Universum« oder das »Nichtphysische« synonym und meine damit die Lebenskraft, die allem innewohnt. Sie werden diese Kraft vielleicht als Gott, Quelle oder einfach als Bewusstseinsstrom erfahren. Wählen Sie beim Lesen dieses Buches gerne den für Sie passenden Begriff aus – Sie sollen sich damit wohlfühlen.

Die Vorstellung, dass wir uns während des Schlafes mit einer spirituellen Quelle verbinden, entspringt nicht allein meinem Glauben. Hinduismus, Judentum, Christentum, Buddhismus und Shintoismus – um nur einige der spirituellen Lehren zu nennen –, sie alle sind mit diesem Konzept vertraut. Des Nachts weitet sich also unser Sichtfeld, während unser körperliches Wohlbefinden durch regenerierenden Schlaf gesteigert wird.

Unser erweitertes Sichtfeld löst viele unterschiedliche Arten von Träumen aus. Wir können »ganz normale«, also reguläre Träume haben, Träume, die uns warnen, hellseherische oder prophetische Träume, kollektive Träume und Klarträume. Sie werden im Laufe des Buches all diese Traumarten kennenlernen. Es erscheint mir aber als sinnvoll, gleich von Beginn an zwischen regulären und luziden Träumen zu unterscheiden.

Reguläre Träume sind reich an Bildern, Symbolen und Geschichten. Das sind die nächtlichen Exkurse, die Sie üblicherweise in Ihren Träumen unternehmen. Manchmal sind sie lebhaft und einprägsam, so wie die Traumgeschichte, die ich zu Beginn des Buches beschrieben habe. Dann wiederum gibt es Träume, die wir leicht vergessen – wie möglicherweise der Traum, den Sie letzten Mittwoch hatten.

Ich bediene mich in diesem Buch der Adjektive »regulär« und »normal«, um diese Art von Träumen zu beschreiben. Das soll bloß der Einfachheit und Differenzierung dienen. Von vornherein möchte ich klarstellen, dass diese alltäglichen Träume alles andere als banal oder gewöhnlich sind. Ich möchte sogar folgende Aussage wagen: Träume könnten unsere größten spirituellen Lehrer sein, und doch werden sie am nächsten Morgen meist abgetan oder ignoriert.

Reguläre Träume machen einen Großteil unseres Lebens aus. Auf der Reise durch dieses Buch werden Sie erfahren, wie bereichernd solche Träume sind und wie sie Ihnen stets den Weg weisen.

Voll von bekannten und unbekannten Personen, voller Orte, Ereignisse und Wesen – Träume sprechen uns auf symbolischer und metaphorischer Ebene an. Kapitel 3 wird Ihnen zeigen, zu welch tiefen Einsichten und Erkenntnissen Sie mit der symbolischen Traumdeutung gelangen können. Mit etwas Übung lernen Sie, wie Sie die Traumbotschaften Ihrer Seele entschlüsseln, um ein gesteigertes Wohlbefinden sowie persönliches Wachstum zu fördern.

Nun würde ich Ihnen gerne folgende Frage stellen: Hatten Sie jemals einen Traum, in dem Sie sich bewusst geworden sind, dass Sie träumen?

Wenn ja, dann sind Sie von einem regulären in einen luziden Traum, einen Klartraum, umgestiegen! Sie sind sozusagen im Traumspektrum die Leiter nach oben geklettert. Wenn Ihnen das noch nicht passiert ist, dann haben Sie etwas, worauf Sie sich freuen können, denn mit jeder Seite dieses Buches werden Sie tiefer in die Erforschung Ihrer Träume eintauchen!

Zum besseren Verständnis: Während eines regulären Traumes sind Sie sich des Träumens nicht bewusst. Erst morgens beim Aufwachen wird Ihnen klar, dass alles bloß ein Traum war. Klarträume hingegen sind solche, in denen Sie sich des Träumens schon *im Traum* gewahr werden.

Mit anderen Worten sind Sie beim Träumen »wach«, während Ihr Körper physiologisch gesehen noch schläft. Somit wird es Ihnen möglich, sich mittels Ihres kognitiven Bewusstseins und reiner Willenskraft auf Entdeckungstour zu begeben und die Traumlandschaft nach Ihren Wünschen umzugestalten. Das ist eine Gelegenheit, die Ihnen während eines regulären Traumes verwehrt bleibt.

Kehren wir nun zu jenem regulären Traum zurück, den ich zu Anfang beschrieben habe, um ein tieferes Verständnis davon zu erlangen.

Eine Frau findet sich ganz plötzlich barfuß auf einer kalten

Schotterstraße wieder. Sie lässt ihren Blick schweifen, um zu sehen, wo genau sie sich befindet. Mit einem Mal wird ihr klar: Sie ist allein, ganz allein an diesem ungewöhnlichen Ort. Im nächsten Moment kommt ihr ein erhellender Gedanke. Sie fragt sich: Wo genau bin ich hier eigentlich?

Mit dieser selbstreflexiven Frage könnte sie sich im Traum *des Träumens bewusst werden*. Doch sie wird von ihren kalten Füßen abgelenkt und vergisst, der Frage nachzugehen, wodurch der Traum einfach weiterläuft.

Wäre es ein Klartraum gewesen, hätte das Ganze folgendermaßen ablaufen können:

Eine Frau findet sich ganz plötzlich barfuß auf einer kalten Schotterstraße wieder. Sie ist völlig orientierungslos. Sie lässt ihren Blick schweifen, um zu sehen, wo sie sich befindet. Plötzlich wird ihr klar: Sie ist ganz allein an diesem ungewöhnlichen Ort. Genau in diesem Moment kommt ihr ein erhellender Gedanke. Sie fragt sich: Wo genau bin ich hier eigentlich?

Dieser Gedanke führt zu einem Aha-Erlebnis, da sie sich nun weitere Fragen stellt: »An diesem Ort war ich noch nie zuvor. Wie bin ich hierhergekommen? Wo war ich davor?« Das Aufkommen dieser selbstreflexiven Fragen lässt eine Erinnerung (und Antwort!) in den Vordergrund ihres Bewusstseins treten: Das Letzte, was ich getan habe, war, ins Bett zu gehen. Diese alles verändernde Antwort lässt sie schließlich zu dem Schluss kommen: »Ich muss träumen. Dies ist ein Traum. *Ich träume.*«

Genau darin liegt also der grundlegende Unterschied zwischen einem luziden und einem regulären Traum. Im luziden Traum sind wir wach. Den regulären Traum träumen wir im Schlaf.

Vielleicht stellen Sie sich nun die Frage, ob Klarträume wissenschaftlich erwiesen sind. Die Antwort darauf lautet ganz eindeutig Ja! In der westlichen Welt wurde die Existenz luzider Träume 1975 erstmals durch die beiden Forscher Hearne und Worsley wissenschaftlich bestätigt, die eine Reihe von Laboruntersuchungen mit Träumen durchgeführt haben. Seitdem gibt es immer mehr wissenschaftliche und akademische Forschungsarbeiten in diesem Bereich, die bestrebt sind, das luzide Träumen zu entmystifizieren.

Im Buddhismus, Hinduismus und Schamanismus etwa ist das Klarträumen eine hoch angesehene Praktik. Tatsächlich handelt es sich um eine uralte Traumpraktik, die Jahrtausende zurückreicht. Luzides Träumen wird von Menschen also schon seit vielen Jahrhunderten praktiziert, die westliche Wissenschaft hat erst vergleichsweise spät nachgezogen.

An dieser Stelle wird mir oft die Frage gestellt: Wofür ist luzides Träumen gut? Und wichtiger noch, wie kann es mir persönlich helfen?

Rein praktisch gesehen kann das Klarträumen dabei helfen, Gefühlsblockaden zu lösen, körperlich zu heilen oder eine Fähigkeit (wie Musizieren oder Meditation) zu erlernen – um nur einige der zahlreichen Vorteile zu nennen. Durch luzides Träumen können wir auch mehr Mitgefühl entwickeln, spirituelle Lehren empfangen und uns sogar auf den Tod vorbereiten. Und doch war es Tenzin Wangyal Rinpoche, ein tibetischer Buddhist der Bön-Tradition, der uns mit seinen Worten einen kostbaren Ausschnitt des nahezu wichtigsten Nutzens luzider Träume gezeigt hat:

Der erste Schritt bei der Arbeit mit Träumen ist ganz einfach: Man muss das große Potenzial der Träume im Hinblick auf den spirituellen Weg erkennen. Normalerweise

wird der Traum als etwas »Unreales« im Vergleich zum
»realen«, wachen Leben gesehen. Es gibt jedoch nichts, das
realer als ein Traum sein könnte.

Beim Klarträumen geht es um so viel mehr als nur darum, die eigenen Handlungen im Traum zu steuern und belanglose Vorteile daraus zu gewinnen. Es geht darum, sich mit dem Ursprung unserer wahren Existenz zu verbinden. Mit dem Sichtbaren und dem Unsichtbaren zu tanzen. So auch mit der wachen Welt und der Traumwelt, zwischen denen wir selbst die Brücke bilden.

Mithilfe Ihrer Träume werden Sie all die kostbaren Gaben wiederentdecken, die bereits tief im Inneren Ihres Wesens auf Sie warten. Sie werden erkennen, dass Sie Ihr Leben aktiv gestalten – dass Sie zugleich Ihren Traum wie auch Ihre Realität träumen.

Nacht für Nacht ermöglichen es uns unsere regulären Träume, zwischen wachem Bewusstsein und Schlafbewusstsein zu wechseln. Das allein ist schon beachtlich. Nehmen wir das Klarträumen hinzu, wird es regelrecht magisch: Wir haben nun die Möglichkeit, beide Bewusstseinsformen, oder »Realitäten«, gleichzeitig zu erfahren (und zu durchschreiten).

Wir alle hatten schon einmal einen Traum, der sich so echt, so lebendig angefühlt hat, dass er uns völlig real vorgekommen ist. Erst beim Aufwachen wurde uns klar, dass wir bloß geträumt haben. Beim Klarträumen jedoch begeben wir uns bei vollem Bewusstsein auf Entdeckungsreise.

Die direkte Erfahrung eines Klartraums führt uns zu einer größeren existenziellen Frage: Wenn ich zwei Formen des Bewusstseins gleichzeitig erleben kann, was ist dann diese dritte Bewusstseinsform (oder das Metabewusstsein)? Ich hoffe, Sie werden dieser Frage bald selbst auf den Grund gehen, sobald Sie sich die Fähigkeit angeeignet haben, bewusst durch Ihre Traumwelt zu reisen.

Ich glaube, dass all unsere Träume dazu da sind, uns die unendlichen Möglichkeiten des Lebens aufzuzeigen. Dabei werden jene Schwingungen (individuell und auch kollektiv) beleuchtet, die wir nach außen projizieren und nach innen anziehen, wodurch wir die Möglichkeit haben, bei Bedarf unsere Ausrichtung zu ändern. Mit anderen Worten helfen uns Träume dabei, uns über unsere Gefühle klar zu werden; zu erkennen, welche Energie wir in die Welt hinaustragen, und unseren Kurs gegebenenfalls zu korrigieren. Zu sehen, was möglicherweise eintreten könnte, und uns jede Nacht aufs Neue mit dem allumfassenden Geist, dem Spirit, zu verbinden.

SCHLAFEN SIE GUT IN DEM WISSEN, DASS ALLES SEINEN WERT HAT

Welcher Traum auch immer Sie hergeführt hat – ein regulärer, prophetischer, warnender, symbolischer oder luzider Traum –, mein Wunsch ist es, dass Sie am Ende dieses Buches bewusst träumen können.

Ob Sie jetzt schon klarträumen können oder nicht, eins sollten Sie wissen: All Ihre Träume sind wichtig und bieten Ihnen unfassbar viele Erkenntnisse. Wenn Sie Ihre Träume hierarchisch nach besseren oder wertvolleren Erfahrungen einteilen, übersehen Sie den tagtäglichen Zauber, der jedem regulären Traum innewohnt. Und obwohl dieses Buch Ihnen eine genaue Anleitung zum luziden Träumen liefert, soll es doch in erster Linie eine tiefe Leidenschaft zum Träumen in Ihnen wecken, damit Sie das Phänomen »Traum« wirklich bewusst erleben.

Für die Traumarbeit ist es wichtig, zuerst die regulären (symbolischen) Träume zu verstehen, um später auf einem soliden Grundwissen aufbauen zu können. Die Arbeit mit regulären Träumen ist für den Prozess des luziden Träumens sehr förderlich. Sie stellen dabei genau fest, wie Ihre Gedanken, Gefühle und Glaubenssätze all Ihre Träume beeinflussen – und das zu verstehen, ist für das Klarträumen wesentlich.

Und letztlich: Träumen macht einfach Spaß! Sie werden sehen, dass es auf diesem Entdeckungspfad kein Richtig oder Falsch gibt. Sie müssen sich nach dem Aufwachen nur an das erinnern, was Sie geträumt haben. Und das gelingt so: Bevor Sie abends einschlafen, formulieren Sie die Absicht, sich am nächsten Tag an Ihre Träume zu erinnern. Machen Sie es sich zur Gewohnheit, und Sie werden sich Ihre Träume immer besser ins Gedächtnis rufen können.

Eine Absicht bedeutet in diesem Fall ein intensiver Gedanke, dem Sie viel Aufmerksamkeit und Energie schenken. Sie ist wie ein Manifest, das Sie dem Universum zuflüstern. Eine Absicht auszusprechen ist zudem psychologisch wichtig, da Sie sich dann auch auf psychischer Ebene dazu verpflichten.

Eine Absicht könnte auch ein Wunsch sein, den Sie in Bezug auf Ihre Arbeit mit Träumen oder Ihr gesamtes Leben hegen. Sobald Sie die Absicht formuliert haben, schließen Sie die Augen, nehmen ein paar tiefe Atemzüge und sprechen folgende Worte vor dem Zubettgehen laut aus:

»Ich kann meine Traumwelt sicher und gefahrlos erforschen. Ich werde gute Träume haben und mich morgens an sie erinnern. Ich bin bereit, alle Aspekte meines Traumdaseins zu erkunden. Ich bin bereit, meinen Träumen die Führung zu überlassen, damit sie mich bestmöglich unterstützen.«

Versuchen Sie, sich nach dem Aufwachen nicht zu bewegen, und bleiben Sie so still wie möglich liegen – das erfordert üblicherweise ein wenig Übung! Lassen Sie die Augen geschlossen. Während Sie also still und regungslos daliegen, unternehmen Sie den Versuch, Ihren Traum vor Ihrem geistigen Auge abspielen zu lassen. So geben Sie Ihrem Gehirn (genauer gesagt dem Hippocampus) die Möglichkeit, nachzukommen und den Traum im Gedächtnis zu speichern. Wenn Sie dann das Gefühl haben, den Traum gut erfasst zu haben, schnappen Sie sich ein Notizbuch und schreiben ihn auf.

Und so führen Sie ein Traumtagebuch: Legen Sie ein Notizbuch neben das Bett und sobald Sie wach werden, schreiben Sie alles auf, woran Sie sich erinnern können. Notieren Sie so viele Informationen und Details aus dem Traum wie möglich: die Landschaft, die Menschen, alle Gefühle und Traumfiguren, denen Sie in Ihrem Traum begegnet sind. Es kann ebenfalls hilfreich sein, jene Dinge zu markieren oder zu unterstreichen, die Sie in dem Moment für besonders wichtig erachten. Beschreiben Sie Ihre Träume so ausführlich wie möglich und versuchen Sie wirklich alles bis ins kleinste Detail wiederzugeben, auch wenn es Ihnen noch so unbedeutend erscheint.

Details sind wichtig, denn durch das Dokumentieren der Träume legen Sie gewissermaßen eine Sammlung Ihrer Traumsymbole an. Ich werde Ihnen später zeigen, wie Sie diese Symbole entschlüsseln können – wenn Sie also jetzt damit anfangen, haben Sie sicher genügend Traummaterial gesammelt, um ein paar Ihrer Träume deuten zu können, bis Sie das entsprechende Kapitel im Buch erreicht haben.

Ein auf den ersten Blick eher unwichtiges Symbol kann langfristig gesehen von großer Bedeutung sein. Zum Beispiel könnte Ihnen entgehen, dass in Ihren Träumen immer die Sonne scheint. Oder vielleicht ist genau das Gegenteil der Fall und die Sonne ist niemals zu sehen. Die Sonne ist ein Symbol, das leicht vergessen oder übersehen wird, und doch ist sie da und erleuchtet Ihre Träume bei Nacht. Vielleicht möchte sie Ihnen zeigen, wie Sie sich mit jener spürbaren Essenz verbinden können, die das Leben ermöglicht und die auch ein Symbol für Ihr inneres Licht darstellt.

Sind Sie bereit?

WAS IST IHR »WARUM«?

Eine endlose Weite orangefarbenen Sandes erstreckt sich vor meinen Augen bis zum Horizont. Die sanfte Dünenlandschaft formt sich zu einem grenzenlosen Meer aus Sand. Jedes einzelne Sandkorn erzählt eine Geschichte aus längst vergangener Zeit, die nur darauf wartet, gehört zu werden. Fasziniert von dem Anblick atme ich die Stille und Schönheit dieses Ortes ein. Ich bewege mich leicht zum Rhythmus der sanften Brise und gehe vollkommen in dieser großen Weite auf. Allmählich kommt eine Erinnerung in mir hoch, und ich erkenne, dass ich schon einmal hier gewesen bin.

Ich lasse meine Hände langsam durch den Sand gleiten, hebe eine Handvoll Wüstenerde hoch und bemerke, dass der Sand schimmert. Ich sehe, wie sich die Farben mit dem Lichteinfall ändern, während ich den Sand von der einen in die andere Hand fließen lasse. Ich bin derart darauf fokussiert, wie sich die Sandkörner auf meiner Haut anfühlen, dass die Zeit stillzustehen scheint.

Nun sind meine Handflächen geöffnet, und der Sand rieselt zwischen meinen Fingern hindurch. Mit jedem Sandkorn fließt auch die Last meiner Vergangenheit von mir ab. Ich fühle mich schwerelos und fast schon zu leicht, sodass ich meine gesamte Aufmerksamkeit auf meine nackten Füße lenke. Während ich auf sie herabsehe, verschwinden sie langsam im Sand unter mir. Nach und nach wird mein Körper, werde ich eins mit der Wüste.

Ich werde mir dieser Verwandlung bewusst und verstehe, dass ich gleichzeitig die ganze Wüste und auch nur ein einzelnes Sandkorn bin.

Ich erwache mit einem überwältigenden Gefühl der Gelassenheit, das gleich darauf durch den Wecker unterbrochen wird, was mich schlagartig in meine gewohnte menschliche Erfahrung zurückkatapultiert. Und ist das nicht auch die Welt, in der wir leben? Wo das Mystische geschickt im Alltäglichen verborgen liegt und als ein heiliger Weckruf dient, der uns daran erinnern soll, dass das Leben aus Momenten im Hier und Jetzt besteht. Ein Augenblick folgt dem nächsten, bis uns der Tod aufs Neue verwandelt.

Bevor Sie nun weiterlesen, möchte ich Sie bitten, ein paar Minuten darüber nachzudenken, weshalb Sie mit der Traumarbeit beginnen wollen. Stellen Sie sich die Frage: Warum möchte ich das tun? Schreiben Sie alle Ihre Gedanken dazu nieder, ohne etwas auszulassen. Halten Sie die Niederschrift in Reichweite, sodass Sie später darauf zurückgreifen können. Wenn Sie fertig sind, kehren Sie zum Buch zurück und lesen weiter.

TRAUMARBEIT
UND DIE ROLLE DER PSYCHE

Träume helfen uns dabei, unsere tief verankerten Überzeugungen infrage zu stellen und zu verändern. Sie zeigen uns, was wir in unserem Alltag erschaffen und manifestieren. Träume verhelfen uns zu einem erfüllteren Dasein und halten uns gleichzeitig die weniger gut entwickelten Bereiche unserer Psyche vor Augen, damit wir sie integrieren und dadurch zu mehr emotionalem Wohlbefinden kommen können.

Aus psychologischer Sicht und im Hinblick auf persönliches Wachstum bedeutet dies, sich mit dem kollektiven Unbewussten, mit unserem eigenen Unbewussten, unseren Gefühlen, inneren Antreibern und den entsprechenden symbolischen Darstellungen zu beschäftigen, die bei der Arbeit mit Träumen auftauchen. Im Laufe dieses Buches werde ich Ihnen erklären, wie das genau funktioniert. Auf spiritueller Ebene geht es um die Zusammenarbeit mit dem allumfassenden Geist, dem Spirit.

Nehmen wir uns meinen Wüstentraum als Beispiel. Dieser Traum hat mir dabei geholfen, meine Gefühle im Zusammenhang mit dem Tod und dem Sterben besser zu verstehen und im Zuge dessen auch auszudrücken. Zu diesem Zeitpunkt habe ich den Tod auf einer tiefen, emotionalen Ebene gefürchtet. Genauer gesagt ging es bei meiner Angst darum, nicht zu wissen, wie mich der Tod ereilen würde. Bis zu diesem Traum hatte ich mir noch nie den Raum oder die Erlaubnis gegeben, wirklich darüber nachzudenken, warum mir der Gedanke solche Angst gemacht und was genau ich dabei gefühlt habe.

Wenn mich mal jemand fragte, wie ich denn zum Thema »Sterben« stünde, dann lächelte ich nur und sagte beiläufig: »Tja, das müssen wir irgendwann einmal alle.« Oder ich lenkte die Unterhaltung rasch in eine andere Richtung. Mit anderen Worten: Meine Ängste und Gefühle bezüglich der menschlichen Sterblichkeit haben mich so verrückt gemacht, dass ich, um meine Angstzustände zu unterdrücken, jedem eine lockere und gelassene Einstellung vorgegaukelt habe – in mir drin sah es dabei aber ganz anders aus.

Mein Verhalten in diesem Fall ist ein typisches Beispiel für die sogenannte Reaktionsbildung, einen psychologischen Abwehrmechanismus. Ein solcher Abwehrmechanismus liegt dann vor, wenn der Verstand auf eine bestimmte Weise reagiert, um innere Konflikte zu vermeiden. Wir alle haben solche Mechanismen, und wenn wir uns dazu entschließen, mehr über sie zu lernen, können sie uns auf unserem Weg des persönlichen Wachstums unterstützen.

Von einer Reaktionsbildung sprechen wir dann, wenn wir unsere wahren Gefühle unterdrücken, indem wir eine von uns selbst (und auch sozial) leichter tolerierbare Reaktion an den Tag legen, um unser inneres Unbehagen zu lindern. Das bedeutet jedoch nicht, dass wir unsere Gefühle akzeptiert haben. Es bedeutet, wir wehren uns dagegen, indem wir genau das Gegenteil davon nach außen tragen.

Obwohl ich äußerlich scheinbar Ruhe ausstrahlte, war meine ursprüngliche Angst, sobald das Thema »Tod« aufkam, nicht einfach verschwunden. Sie war immer noch da, nur blieb sie meinem Bewusstsein durch den Abwehrmechanismus verborgen. Anders ausgedrückt existierten meine abgelehnten Gedanken und Gefühle zu diesem Thema weiter, nur befanden sie sich außerhalb meiner bewussten Wahrnehmungskraft. Also kam der Traum, um mich wachzurütteln. Um mir zu helfen, mich mit mir selbst zu konfrontieren.

Und genau das tun auch Ihre Träume für Sie.

TRAUMINHALTE UND DAS VERBORGENE »WARUM«. WIE TRÄUME UNSER INNERSTES ENTHÜLLEN

Das Arbeiten mit Trauminhalten kann von großem Nutzen sein. Mit Trauminhalten meine ich die Bilder, Traumfiguren, Landschaften und Symbole, die in unseren Träumen auftauchen. Ich glaube, dass Trauminhalte vom allumfassenden Geist, dem Spirit, beeinflusst werden, sowie von unserer Schwingung, dem kollektiven Unbewussten und unseren eigenen unbewussten Aspekten. Ich habe das Gefühl, dass ein gewisses Verständnis von diesen Begriffen vonnöten ist (wenn sie Ihnen nicht ohnehin schon geläufig sind), um erfolgreich mit Träumen arbeiten zu können.

Meist wird das Verhalten von unbewussten Faktoren beeinflusst. Es können Triebe, Motive und Impulse sein, die nicht bewusst wahrgenommen werden. Zum Beispiel: Sie wollen unbedingt ein finanzielles oder gesundheitliches Ziel erreichen – sobald Sie jedoch die Entscheidung getroffen haben, sich zu ändern, erwischen Sie sich jedes Mal aufs Neue bei der Selbstsabotage. In solch einem Fall haben Sie es wahrscheinlich mit einem tief sitzenden und versteckten Glaubenssatz zu tun, der sich allem in den Weg stellt, was Sie in Ihrem Leben zu erschaffen, manifestieren und erfahren suchen.

Womöglich steckt eine Dynamik des Scheiterns in Ihnen, weil Sie fürchten, von anderen Menschen heruntergemacht zu werden, sollten Sie zu »erfolgreich«, »gut aussehend« oder »sichtbar« sein. (Erfolg kann ganz vielfältige Erscheinungsformen annehmen; um mich kurz zu fassen, nenne ich hier nur einige der häufigsten Beispiele.) Ihre unbewusste Überzeugung kommt Ihnen in die Quere. Einerseits werden Sie vom Wunsch nach Erfolg angetrieben, doch andererseits fürchten Sie ihn. Um diese beiden Triebe zu besänftigen, sabotieren Sie sich selbst, indem Sie die Sache immer wieder aufschieben oder nie die richtigen Schritte gehen, die Sie zum Ziel führen würden.

Parallel dazu werden Ihnen Ihre Träume bestimmte Bilder und Szenarien zeigen, um Sie auf diese tief verwurzelten und unbewussten Glaubenssätze aufmerksam zu machen, damit Sie sich als Person vollständiger und ganzer fühlen und sich ein Leben nach Ihren Vorstellungen erschaffen können.

Die Bildsprache Ihrer Träume ist genau darauf ausgerichtet, Ihnen zu zeigen, was Sie auf einer tiefen Ebene empfinden und worauf Sie im wachen Leben achten sollten. Sie könnten beispielsweise davon träumen, in einem Aufzug zur obersten Etage eines Gebäudes zu fahren, nur um anschließend festzustellen, dass sich die Aufzugtüren nicht öffnen lassen. Oder Sie befinden sich in einem Aufzug, der ganz plötzlich nach unten rast, wodurch Sie in Angst und Panik geraten!

Ihr Traum möchte Ihnen symbolisch mitteilen, dass die Person im Traum für Sie selbst steht und der Aufzug Ihre Glaubenssätze repräsentiert. Mit anderen Worten: Die Aufzugtüren werden automatisch aufgehen, wenn Sie innehalten und sich Ihren selbstsabotierenden Glaubenssätzen stellen. Der Traum möchte Ihnen die Notwendigkeit aufzeigen, bereitwillig in die Tiefen Ihrer eigenen Psyche einzutauchen (symbolisch dargestellt durch den nach unten rasenden Aufzug).

Notwendig deshalb, weil Sie dadurch all die Glaubenssysteme erkennen können, durch die Sie im Leben ausgebremst werden. Wenn Sie diesen Schritt wagen, werden sich vermutlich auch andere Türen für Sie öffnen (nicht nur die Aufzugtüren). Ihr Traum möchte Sie zu einem Weg stetiger und nachhaltiger Entwicklung führen, indem er Sie auf alle Problemthemen aufmerksam macht, die außerhalb Ihrer bewussten Wahrnehmung liegen.

Sie könnten aber genauso gut von einem Blumengeschäft träumen, das Sie betreten, um einen wunderschönen Strauß Rosen zu kaufen, auf unerklärliche Weise aber ein Mohnblumenbouquet erhalten. Sie wollten unbedingt die Rosen haben, halten stattdessen aber einen Strauß Mohnblumen in der Hand. Wie enttäuschend!

In diesem Traum stehen die Mohnblüten symbolisch für die Angst vor dem sogenannten »Tall-Poppy-Syndrom« (*tall poppy*, dt. groß gewachsene Mohnblume). Dieser englische Kolloquialismus (vor allem in Australien und Neuseeland verbreitet) beschreibt das Phänomen, bei dem erfolgreiche Menschen aufgrund ihres Erfolges beleidigt und heruntergemacht werden.

Die Blumensymbolik enthält die Botschaft des Traumes. Er versinnbildlicht den Unterschied zwischen dem, was Sie wollen (die Rosen), und dem, was Sie tatsächlich erleben und erfahren (die Mohnblumen). Die Tatsache, dass Sie in der Lage sind, die Rosen zu kaufen, plötzlich aber etwas schiefläuft (was außerhalb Ihrer bewussten Wahrnehmung liegt) und Sie völlig unerwartet mit Mohnblumen dastehen, zeigt uns folgende zwei Dinge auf:

Erstens waren die Blumen kein Geschenk, denn Sie sind gezielt in ein Geschäft gegangen, um diese selbst zu kaufen (soll heißen, in dem Traum geht es um etwas, das in Ihrer Macht liegt). Hätte Ihnen jemand die Blumen geschenkt, wäre eine Beziehungsdynamik als Thema wahrscheinlicher.

Zweitens zeigen uns die Traumbilder, wie die Rosen im Zuge des Kaufes auf unerklärliche Weise zu Mohnblumen werden. Das bedeutet, während des Kaufes geschieht etwas, das außerhalb

Ihrer bewussten Wahrnehmung liegt, wodurch Sie aber mit einer Sorte Blumen dastehen, die Sie gar nicht haben wollten.

Beide Beispielträume wollen uns mit ihrer Traumsymbolik helfen, unsere tief verankerten und unbewussten Glaubenssätze und Ängste (und die entsprechende energetische Schwingung) aufzudecken. Letztlich sollen diese ins Positive gekehrt und transformiert werden, damit wir in unserem Wachzustand wieder besser manifestieren und gestalten können.

Im Traum mit den Mohnblumen könnte dies beispielsweise gelingen, indem Sie sich einfach die Erlaubnis erteilen, authentischer zu sein – egal, was andere sagen. Sie könnten sich erlauben, erfolgstechnisch über sich »hinauszuwachsen«, ungeachtet der Kritikfurcht. Sie könnten zur Rose erblühen.

Meistens werden solche einschränkenden und tief sitzenden Glaubenssätze dem Unterbewusstsein zugeschrieben. Dieses wird als eine Art Bewusstsein unterhalb des bewussten Verstandes angesehen. In Wahrheit geht es hier aber (aus psychologischer Sicht) um tiefer liegende Aspekte der unbewussten Anteile unserer Psyche. Ich bevorzuge daher den Begriff des »Unbewussten«, da er präziser beschreibt, worum es geht.

Außerdem können wir zwischen dem kollektiven und dem persönlichen Unbewussten unterscheiden. Diese Differenzierung wird im Hinblick auf das Unterbewusstsein nicht vorgenommen, weshalb ich diesen Begriff in meinem Buch nicht verwende.

Um vernünftig mit den eigenen Trauminhalten arbeiten zu können, müssen Sie den Unterschied zwischen dem kollektiven und dem persönlichen Unbewussten begreifen. Trauminhalte werden von beiden Quellen gespeist und meiner Erfahrung nach verlangt jede dieser Quellen nach einer etwas anderen Herangehensweise bei der Traumdeutung, oder auch im Hinblick auf Verhalten und Interaktion in einem Klartraum. Sie werden dies in Kürze selbst feststellen können.

Das persönliche Unbewusste im Traum kennenlernen

Ihre Psyche ist das Depot aller Erfahrungen, die Sie bis jetzt in Ihrem Leben gemacht haben. Das bedeutet, Sie haben all Ihre Erinnerungen und Erlebnisse, wohl oder übel, gespeichert – ob Sie sich daran erinnern können oder nicht. Der analytischen Theorie des berühmten Psychiaters Carl Gustav Jung zufolge bildet das persönliche Unbewusste den Untergrund der Psyche, der all diese persönlichen Erinnerungen und Erfahrungen enthält.

Mit anderen Worten beinhaltet das persönliche Unbewusste jede Erinnerung, die Sie aus Ihrem Bewusstsein verdrängt haben und die Sie sich nicht mehr aktiv ins Gedächtnis rufen können. Ebenso speichert es all jene Erinnerungen (angenehme und unangenehme), die Sie mit der Zeit einfach vergessen haben. Wenn ich vom persönlichen Unbewussten spreche, meine ich damit all jene im Verstand gespeicherten Erfahrungen, die wir vom Moment unserer Geburt an in unserer menschlichen Existenz machen.

Ihr persönliches Unbewusstes beinhaltet zudem all Ihre Komplexe, mit denen Sie sich womöglich herumschlagen. Vereinfacht gesagt, sprechen wir bei einem Komplex von einer Ansammlung von Gedanken, Bildern, Ideen und Erinnerungen, die emotional aufgeladen sind und sich zu einer bestimmten Thematik zusammenschließen. Zu diesen Themen gehören: Liebe, Sex oder Macht. Wir alle haben solche Komplexe. Meist werden sie erst wirklich zum Problem, wenn wir ihre Existenz schlichtweg ignorieren.

In unseren Träumen machen sich Komplexe, mit denen wir uns gerade beschäftigen, durch Bilder, Szenen und Symbole bemerkbar. Nehmen wir beispielsweise an, Sie träumen davon, in einem engen Raum festzustecken. Ein paar Nächte später werden Sie im Traum von einer unbekannten Person mit dem Auto verfolgt. Eine Woche später träumen Sie davon, ein wichtiges Telefonat machen zu müssen, bloß können Sie partout das Telefon nicht finden. Und so weiter und so fort.

Obwohl die Orte, Figuren und Bilder in all diesen Träumen unterschiedlich sind, sind sie doch alle mit demselben Gefühl geladen – einem überwältigenden Gefühl der Angst. Dieses spiegelt sich in der Anspannung und Besorgnis wider, in Gefühlen, die sich durch alle drei Träume ziehen. Ihnen wird im Traum vor Augen geführt, was Sie auf einer tiefen Ebene empfinden und mit welchem Komplex Sie es zu tun haben.

Ein Komplex weist darauf hin, dass wir uns in einem Zustand der Anspannung befinden. Das muss nicht unbedingt heißen, dass etwas nicht stimmt. Es bedeutet einfach, dass wir einen inneren Widerstand gegen irgendetwas haben, was zu innerer Anspannung führt. Also kommen uns unsere Träume zu Hilfe, indem sie uns etwas über diese Anspannung erzählen. Sie weisen uns den besseren Weg. Sie zeigen uns durch konkrete Traumszenarien und Bilder, wogegen wir ankämpfen, damit wir die Botschaft verstehen und unsere Schwingung sowie unser Leben dementsprechend verändern können.

Wenn sich ein Traum auf einen Komplex bezieht, möchte er Sie auf jegliche widersprüchlichen Erfahrungen oder Konzepte aufmerksam machen, die nicht in Einklang mit Ihnen stehen und mit denen Sie sich herumschlagen. Das Träumen erhöht zudem Ihre Bewusstheit über die Gegensätzlichkeit oder Dualität. Sobald Sie sich dieser widersprüchlichen Erfahrungen (gut/schlecht, hell/

dunkel, fruchtbar/unfruchtbar) bewusst geworden sind, können Sie Ihre Einstellung zu ihnen gezielt ändern.

Genau so war es auch in meinem Traum von der Wüste und dem Sand. Der Traum half mir dabei zu verstehen, dass ich im Wachzustand mit zwei Gegenpolen zu kämpfen hatte: dem Leben und dem Tod. Ein immerwährendes Spannungsfeld. Durch diesen Traum gelang es mir, meinen inneren Konflikt bezüglich dieses Spannungsfeldes von Leben und Sterben aufzulösen. Der Traum hatte in mir ein Gefühl der Ruhe und Gelassenheit hinterlassen – genau das Gegenteil von meinen emotionalen und mentalen Ängsten bezüglich dieses Themas. Er hat mir gezeigt, dass ich in der Lage war, meine Gefühle in Bezug auf das Sterben zu akzeptieren, um so eine neue Ebene der Akzeptanz zu erreichen.

Mein Traum lehrte mich, dass der Tod auch überaus motivierend und befreiend auf uns wirken kann und dass ich mein Leben noch intensiver und authentischer leben konnte, indem ich das Sterben als Gewissheit und Tatsache akzeptierte. Der Tod ist allgegenwärtig, solange wir am Leben sind. Gegensätze verschwinden zwar nicht, aber eine dritte Möglichkeit offenbart sich uns durch radikale Akzeptanz und Einbindung des einen in das andere, und umgekehrt. Schon beim Lesen dieser Zeilen haben Sie die Möglichkeit, alle Gegensätze miteinander zu vereinen, indem Sie Ihre Aufmerksamkeit auf beide Gegenpole lenken.

Wenn wir die Gegensätzlichkeit betrachten, ohne vor ihr wegzulaufen oder uns auf eine Seite zu schlagen, können wir sie in unser Sein integrieren und so zu vollständigeren Wesen werden. Dadurch beginnen wir, uns ganz bewusst energetisch neu auszurichten. Mein Traum hat mir dabei geholfen, vollständiger zu werden. Ich glaube, es war eine kraftvolle Botschaft aus der geistigen

Welt, die mir zeigen sollte, dass ich bereit war, meine bisherige Lebensweise hinter mir zu lassen.

Ich bin der festen Überzeugung, dass wir nie etwas zu sehen bekommen, wofür wir auf spiritueller Ebene nicht bereit sind – obwohl es sich auf psychischer Ebene manchmal so anfühlen kann. Es hat einen Grund, weshalb wir die Fähigkeit haben, uns an unsere Träume zu erinnern. Egal was Sie dabei entdecken – Sie werden feststellen, dass die Informationen immer hilfreich sind, wenn Sie sich dazu entschließen, auf ihre Botschaften zu hören.

Wenn Sie beim Kapitel über das Entschlüsseln Ihrer Traumbotschaften sind, werden Sie sehen, auf welche Art und Weise Ihr eigenes Unbewusstes sowie möglicherweise bestehende Komplexe in nächtliche Interaktion mit Ihnen treten. Und zwar mittels der Symbole und Bilder in Ihren Träumen. Wenn Sie also noch immer kein Traumtagebuch führen, sehen Sie dies als Motivation und beginnen Sie noch heute damit!

Mit den eigenen Trauminhalten zu arbeiten kann sehr hilfreich sein, denn wir träumen schließlich nicht nur von Problemen und Komplexen. Wir träumen von seelischer Führung und von Antworten, die uns die nächsten Schritte weisen. Unsere Träume helfen uns, unser Herz und unseren Verstand besser kennenzulernen.

Sobald Sie sich aktiv mit den unbewussten Inhalten Ihres Bewusstseins auseinandersetzen, wird Ihr Leben viel spannender und interessanter, weil Sie sich dann auf die Reise zu Ihrem wahren Selbst begeben. Eine lebenslange Reise, die es Ihnen ermöglicht, die Dinge zu ändern, die Ihrem Wohlbefinden und Ihrem kreativen Schaffensprozess noch im Weg stehen.

Das kollektive Unbewusste in der Traumarbeit

Das kollektive Unbewusste ist ein weiteres von C. G. Jung erschaffenes Konzept. Vereinfacht beschrieben umfasst es all die vererbten Informationen, mit denen wir als Menschen geboren werden. Das kollektive Unbewusste ist nicht mit dem persönlichen Unbewussten zu verwechseln. Es ist Speicher aller menschlichen Erfahrungen.

In spirituellen Begrifflichkeiten kann das kollektive Unbewusste als unsere Fähigkeit beschrieben werden, auf die universelle Weisheit zuzugreifen und von ihr beeinflusst zu werden.

Wenn wir uns die Mythen, Rituale und Geschichten der antiken Zivilisationen ansehen – und ihre Symbolik –, können wir uns das kollektive Unbewusste deutlich vor Augen führen. Es steht fest, dass frühe Zivilisationen bei dem Versuch, ihre Existenz sowie den Kontakt mit der physischen und nichtphysischen Welt zu erklären und zu beschreiben, von einem gemeinsamen Unbewussten inspiriert wurden. Das erklärt auch, warum viele Kulturen Mythen und Märchen hervorgebracht haben, die weltweit Parallelen aufweisen – und das, obwohl sie Tausende Kilometer voneinander entfernt waren. Zum Beispiel gibt es sehr viele ähnliche Schöpfungsmythen in den unterschiedlichsten Zeitperioden und Kulturen.

Letztlich ist auch das alte Wissen unserer Ahnen Teil des kollektiven Unbewussten und wird individuell von Person zu Person durch Geschichten und erlernte Verhaltensweisen überliefert. Einige dieser Geschichten und Erzählungen sind hilfreich, andere schränken uns eher ein.

Hier ein Beispiel: Eine Frau möchte finanziell erfolgreich und unabhängig sein, stammt jedoch aus einer Familie, in der dies nie gelebt wurde. Oder vielleicht hatten alle Frauen in ihrer Linie durch die Begrenzungen des vorherrschenden Systems mit finanziellen Problemen zu kämpfen. Aufgrund dessen ererbt sie (direkt oder indirekt) eine tief verankerte Überzeugung, dass Frauen allgemein keinen Reichtum erschaffen können. Als Frau steht sie nun vor einem inneren Konflikt.

Sie möchte Wohlstand generieren, hat jedoch gelernt, dass es aufgrund ihres Geschlechts unmöglich (oder sehr schwierig) sei. Um also diese Gegensätze miteinander zu vereinbaren, schlüpft sie in die Rolle der »Prinzessin«. (Ihre Träume werden ihr dieses Narrativ vor Augen halten, indem sie ihre selbst gewählte Opferrolle symbolisch widerspiegeln. Sie könnte zum Beispiel von reichen und armen Personen träumen, die auf unterschiedliche Art und Weise miteinander interagieren.)

Sie wird also im wachen Leben zu einer hilfsbedürftigen Prinzessin und sucht nach einem reichen Prinzen, der sie rettet. (Übrigens hat der Prinz seine Rolle mit großer Wahrscheinlichkeit auch von früheren Generationen übernommen und kann ebenso aus dieser aussteigen, wenn er sich dazu entscheidet.)

Ihre tiefen Überzeugungen zum Thema Reichtum werden also gleichzeitig vom kollektiven Unbewussten und von den Erfahrungen ihrer direkten Vorfahren sowie ihren eigenen Erlebnissen gespeist.

Sie hat jederzeit die Möglichkeit, ihren inneren Mut zusammenzunehmen und aus der Rolle auszusteigen. Bis zu diesem Zeitpunkt jedoch wird sie von Dingen träumen, die ihre Aufmerksamkeit auf ihre Überzeugungen und Glaubenssätze lenken wollen, damit sie sie ändert! Ihre Träume werden sie jede Nacht mithilfe von Metaphern daran erinnern, ihre innere Macht zu ergreifen. Wohlstand zu generieren, um frei zu sein.

Vielleicht träumt sie, dass sie von einer Bestie oder einer dunklen Gestalt gejagt wird, dass sie sich ihr stellen oder sie sogar erschlagen kann. (Dieser Traum will ihr zeigen, dass sie die Heldin ihres eigenen Lebens sein und ihre Ängste besiegen kann.) Oder aber sie träumt davon, sich die Hände gebrochen zu haben und diese nun pflegen zu müssen. (Soll heißen, ihr Leben liegt in ihrer Hand.) Oder vielleicht träumt sie von ihren weiblichen Ahninnen, die entweder körperlich eingeschränkt, gefesselt oder verletzt in Traumszenen auftauchen, die ihre derzeitige Lebenssituation widerspiegeln. (Womöglich sieht sie ihre Großmutter durch ihr derzeitiges Büro oder Haus humpeln.) Die Traumbilder werden sehr konkret sein, um sie wachzurütteln und sie im wachen Alltag wieder zu ihrer inneren Stärke zurückzuführen.

Die ererbten und tief verinnerlichten Glaubenssätze werden sie so lange zurückhalten, bis sie sich ihnen gestellt hat. Dies gilt für uns alle.

Um aus einem ungesunden Muster auszusteigen, müssen wir uns den tief in uns verankerten Überzeugungen zu diesem Thema stellen. Dies können wir mittels Traumarbeit oder allgemein durch jegliche Form von aktiver Auseinandersetzung mit dem Unbewussten tun. Diese Art von Heilarbeit ermächtigt uns dazu, unsere Geschichte neu zu schreiben – eine Geschichte, die besser zu dem Leben passt, das wir uns vorstellen.

Letztlich können wir die Dinge, die wir uns wünschen, viel einfacher und schneller erschaffen (oder manifestieren), wenn wir uns unserer ererbten, tief verankerten Glaubenssätze bewusst werden, und, wichtiger noch, wenn wir selbst entscheiden, was wir von ihnen halten und wie wir mit ihnen umgehen wollen. Wir können aus dem Kampf aussteigen und uns stattdessen auf die Dinge ausrichten, die wir tatsächlich in unserem Leben erschaffen wollen, und nicht etwa darauf, was wir nachzuahmen gelernt haben.

Glücklicherweise bieten uns unsere Träume Zugang zum Unbewussten. In regulären Träumen interagiert unser Unbewusstes symbolisch mit uns. In Klarträumen hingegen treten wir dem Unbewussten mit aktiver und direkter Wahrnehmung entgegen. Ich werde diesen grundlegenden Unterschied später im Kapitel über Traumfiguren näher beleuchten. Stellen Sie sich für den Moment also einfach folgende Frage:

Welche Erfahrungen möchte ich in meinem Leben machen? Will ich mehr Geld, Leichtigkeit, Liebe, Gesundheit und Sicherheit erfahren? Was auch immer es ist – vielleicht wird es nötig sein, sich Ihre Geschichten und Glaubenssätze rund um diese Themen genauer anzuschauen. Sie haben es verdient, all diese Dinge in Ihrem Leben zu erfahren, selbst wenn Ihre kulturelle Konditionierung, generationenübergreifende Traumata oder Ihre persönlichen Erfahrungen Sie etwas anderes gelehrt haben. Ihre Träume werden Ihnen zeigen, welchen Weg Sie gehen müssen.

Wenn Sie sich dafür entscheiden, sowohl mit dem kollektiven als auch mit dem persönlichen Unbewussten in Ihrem Alltag und Ihren Träumen zu arbeiten, werden Sie beobachten können, wie die Ketten lang anhaltender und einschränkender Überzeugungen langsam zu bersten beginnen. Dadurch gelingt es Ihnen wesentlich besser, Ihrem Herzen und nicht den Einflüssen Ihres Unbewussten zu folgen, da Sie sich diese bewusst gemacht haben. Reguläre ebenso wie luzide Träume bieten Ihnen die Möglichkeit, Ihre tiefer liegenden Beweggründe – Ihr »Warum« – aufzudecken.

Wie Sie gesehen haben, kann das Wissen um diese inneren Antreiber Ihr Leben grundlegend zum Positiven verändern!

Ich habe einmal mit einem Klienten gearbeitet, der *unbedingt*
einen Klartraum erleben wollte. Als ich ihn gefragt habe, warum
er sich das in den Kopf gesetzt hatte, wusste er keine Antwort.
Nach einem kurzen Gespräch stellte sich heraus, dass er sein
Leben in der Traumwelt kontrollieren wollte, weil er sich im wachen Leben so hilf- und machtlos fühlte.

Er war sehr darauf fixiert, dieses Gefühl der Ausdehnung und
Expansion in Klarträumen zu erfahren, denn zu diesem Zeitpunkt
in seinem Leben war ein erhebendes Freiheitsgefühl das genaue
Gegenteil dessen, was er empfand.

Das Klarträumen wurde für ihn zu einem wichtigen Instrument, um seine Fähigkeit zu trainieren, auf die Situationen im
Traum, und später auch im wachen Leben, positiv zu reagieren. Es war eine konstruktive (und einfache) Möglichkeit für ihn,
Traumerfahrungen der Freiheit zu erschaffen und diese dann in
den Wachzustand mitzunehmen. Mit anderen Worten war es eine
sehr hilfreiche emotionale Erfahrung, die ihn dazu gebracht hat,
jene Probleme in Angriff zu nehmen, die ihn in seinem Leben noch
zurückhielten.

Seine luziden Träume vergegenwärtigten ihm, dass er bereits
die innere Stärke besaß, dem Leben in aktiver Präsenz, mit ent-
schlossenem Willen und Absicht zu begegnen. Er erkannte, dass
es Zeit war, zu handeln und aus der Opferrolle auszusteigen, in die
er sich immer wieder geflüchtet hatte.

Womöglich werden Sie feststellen, dass Ihre Beweggründe fürs
Klarträumen genauso aufschlussreich und hilfreich sind. Vielleicht
sind sie aber auch weniger bedeutungsträchtig. Viele Menschen

wollen zum Beispiel einfach einen bewussteren Umgang mit luziden Träumen erlernen, weil sie schon einmal einen spontanen Klartraum hatten und wissen, wie beeindruckend diese sein können! Ganz gleich, welcher Grund es bei Ihnen ist – Ihr verborgenes »Warum« –, Ihre Träume werden Ihnen immer zur Seite stehen.

ÜBUNG: SELBSTREFLEXIVES TAGEBUCH FÜHREN

Etwas früher in diesem Kapitel habe ich Ihnen aufgetragen zu notieren, was denn Ihr Anreiz für die Arbeit mit Träumen ist. Nun möchte ich Sie bitten, Ihr Niedergeschriebenes mit der Absicht zu lesen, alle Muster und Glaubenssätze zu identifizieren, die möglicherweise aufgetaucht sind. Haben Sie das Gefühl, einen unbewussten Glaubenssatz entdeckt zu haben, der hinter Ihrer Motivation steckt?

Die eigene Motivation hinter der Traumarbeit zu verstehen ist in jedem Fall nützlich und aufschlussreich. Ihre Beweggründe könnten, im Gegensatz zu meinem Wüstentraum, dem Wunsch nach Integration und nicht der Vermeidung oder Angst entspringen.

Was auch immer Sie am Ende entdecken werden – Sie können sicher sein, dass die Botschaften aus Ihren Träumen wertvoll und hilfreich sind, wenn Sie gewillt sind, sich von ihnen führen zu lassen. Letztlich kennen Sie sich selbst am besten. Und Sie besitzen die innere Stärke, all das zu verändern, was Ihrem Leben nicht mehr dienlich ist. Ihre Träume werden Ihnen dabei helfen, zurück zu Ihrer inneren Macht und Weisheit zu finden.

SELBSTREFLEXIVE FRAGEN

1. Was läuft gerade gut in meinem Leben?

2. Was läuft nicht so gut?

3. Handelt es sich bei den oben genannten Problemen um einmalige Angelegenheiten, oder sind es wiederkehrende Muster, die sich das ganze Leben hindurchziehen? Zum Beispiel: War Geld schon immer ein Thema? Oder die Unfähigkeit, eine liebevolle Partnerin / einen Partner zu finden?

4. Wenn es wiederkehrende Muster sind, haben Sie es höchstwahrscheinlich mit einer Reihe unbewusster Glaubenssätze zu tun. Wenn dem so ist, sind Sie bereit, sich von Ihren Träumen führen zu lassen? Den luziden ebenso wie den regulären, um positive Veränderungen in Ihr Leben einzuladen?

5. Haben Sie in Ihrem Leben das Gefühl, eine Ihnen zugeschriebene Rolle zu spielen oder ein Muster zu wiederholen? Sind Sie immer das Opfer, die Person, der die Rolle des Ernährers, Beschützers oder Versorgers zukommt?

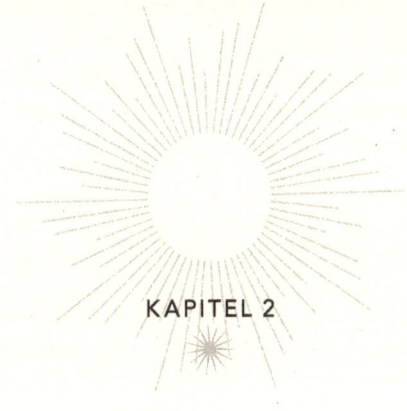

INTUITION, GEFÜHLE UND TRÄUME

Viele von Ihnen kennen sicher das Gefühl, an dem Punkt angekommen zu sein, an dem man einfach nicht glauben kann, dass man tatsächlich *so* geworden ist, dass es ausgerechnet *so* gekommen ist, dass die Dinge sich *so* entwickelt haben. Es gibt unzählige Gründe dafür, und keiner davon sollte verurteilt oder gar missbilligt werden. Vielleicht hat sich Ihre Beziehung oder Ehe nicht so entwickelt, wie Sie es sich vorgestellt haben. Oder Sie wurden beständig einer Sache beraubt, die Ihnen zutiefst wichtig ist, sodass Sie den einzigen Ausweg darin sahen, sich abzukapseln. Womöglich wurden Sie als Kind so streng erzogen, dass die erlernte Höflichkeit zu einem Käfig Ihres Erwachsenendaseins geworden ist.

Vielleicht haben Sie sich, ohne es zu wissen, in das Abbild einer perfekten Mutter, eines perfekten Vaters, Kindes oder Vorgesetzten verwandelt, und dieses Bild ist nun alles, was andere, wie auch Sie selbst, in Ihnen sehen.

Möglicherweise sind Sie, obwohl Sie es tief in Ihrem Inneren besser wussten, einem Weg gefolgt, der Sie letztlich in die Irre geführt hat. Oder vielleicht sind Sie wie besessen einem Ziel hinterhergerannt, nur um danach festzustellen, dass es den hohen Preis nicht wert war, den Sie auf dem Weg dorthin bezahlen mussten.

In der Regel höre ich als Antwort kein »Warum ist das passiert?«, wie man es vielleicht erwarten könnte, sondern eher ein »Wann ist das passiert?«, und das klingt meist viel schmerzlicher.

Wenn wir nicht vorsichtig sind, kann uns die Verbindung zu unserer Intuition (und unseren Instinkten) sehr leicht abhandenkommen. Unser instinktives Wesen ist der ungezähmte Teil in uns, der ein tiefes und intuitives Wissen darüber hat, wie wir uns am besten durchs Leben und dessen Zyklen bewegen. Durch gesellschaftlichen oder kulturellen Druck, durch Traumata oder unsere eigenen Entscheidungen entfernen wir uns jedoch von unserer Intuition und unseren Gefühlen.

Manchmal tritt der Verlust erst viel später zum Vorschein. Man wird Vater oder Mutter oder Chefin einer Firma und wacht dann Jahre später eines Morgens auf und stellt plötzlich fest, dass man unglücklich ist. Man hat seine eigenen Bedürfnisse zurückgestellt – nicht nur die Grundbedürfnisse, sondern auch und vor allem die tieferen instinktbasierten Bedürfnisse, die einem das Gefühl geben, erfüllt zu sein. Man hat sein eigenes Wohlergehen zugunsten einer Person oder einer Sache geopfert.

In anderen Fällen geht der Instinkt in dem Moment verloren, in dem eine Vereinbarung getroffen wird.

Das beobachte ich am häufigsten bei Menschen in *unglücklichen* Ehen. Dort, wo alle finanziellen Bedürfnisse gedeckt sind, jedoch auf eigene Kosten, da man als »bessere Hälfte« sozusagen im goldenen Käfig festsitzt. Oder da, wo eine Person ein so tiefes Trauma erlebt, dass dadurch ihre Verbindung zur eigenen Intuition geschädigt wird.

Glücklicherweise ist es unserer instinktiven Natur herzlich egal, was geschehen oder nicht geschehen ist. Ihr geht es einzig und allein darum, wo wir in diesem Augenblick unseres Lebens stehen und ob wir uns mit ihr rückverbinden möchten. Unserer Intuition ist es gleich, ob wir die perfekten Eltern, Partnerinnen, Liebhaber oder Vorgesetzten sind. Und es ist ihr erst recht egal, wie viel Geld wir haben. Unserer Intuition geht es eben nur darum, wie gut es uns gelingt, mit dem Leben zu tanzen. Sie wartet nur darauf, dass wir uns fragen: Fühle ich mich genährt *und lebendig* zugleich?

Unsere Träume können sehr provokativ werden, wenn wir den Kontakt zu unserer instinktiven Natur verlieren. Das ist der Gegenmechanismus unserer Psyche, um unser Wohlbefinden bestmöglich zu sichern. Das Wort »Psyche« gebrauche ich hier in seiner ursprünglichen Bedeutung als Seele.

Ihre Seele wird Sie dazu aufrufen, Ihre schöpferischen Lebensinstinkte wiederzubeleben, bevor Sie auf Dauer zu einer wandelnden Leiche mutieren. Sie wird klar und deutlich zu Ihnen sprechen, um Sie aus Ihrer Erstarrung zu befreien. Nehmen wir folgendes Beispiel zur Veranschaulichung, wie uns die Psyche durch unsere Träume Zeichen geben und mit uns kommunizieren kann:

Eine meiner Klientinnen – Hausfrau und Vollzeitmutter – war allmählich zu einer zombieähnlichen Gestalt mutiert, die ihr ganzes Leben quasi schlafwandelnd verbrachte. Sie gab mir zu verstehen, dass sie in einen Abgrund gestürzt war und ihr seitdem im Grunde alles egal war. Sie sagte mir (und versicherte sich gleichzeitig selbst), dass sie glücklich verheiratet und alles »in Ordnung« sei. Ihre Kinder seien glücklich. Ihr Partner liebe sie. Sie seien alle gesund.

Jeden Morgen stand sie auf und tat, *»was sie tun musste«*! Aber der Abgrund war immer noch da. Und ihr Leben? Tja, sie war im Alltag versunken und hatte jegliches Gefühlsempfinden verloren. Sie war völlig gefühlskalt. Eines Nachts hatte sie einen Traum, der so ausdrucksvoll war, dass er sie aufhorchen ließ. Er rüttelte sie wach, sodass ihr nichts anderes übrig blieb, als herauszufinden, was er zu bedeuten hatte.

In ihrem Traum befindet Abby*[2] sich in ihrem Fitnessstudio. Sie geht, ähnlich wie im echten Leben, wie ferngesteuert und mit lustloser Miene durch das Studio, geht mit einem kurzen Nicken an der Rezeption vorbei und weiter Richtung Schwimmbecken.

Während sie auf das Becken zugeht, merkt sie, dass ihr Handtuch aus der Trainingstasche ragt. Das frustriert sie. Sie verlangsamt ihr Schritttempo und versucht beim Gehen das Handtuch in die prall gefüllte Tasche zurückzustopfen. Sobald sie das Handtuch tiefer in die Tasche steckt, ragen plötzlich andere Gegenstände heraus. So ein Mist! Sie versucht nun mit voller Konzentration alles gewaltsam in die Sporttasche zu stopfen.

Nach einigem Widerstand finden alle Gegenstände wie durch Zauberhand in der überfüllten Tasche ihren Platz. Plötzlich merkt sie, dass sie es in all der verstrichenen Zeit geschafft hat, bei der Treppe anzukommen, die hinunter zum Pool führt.

---

2   * *Ein Stern weist hier, wie auch später im Buch, auf ein Pseudonym hin, um die Privatsphäre der jeweiligen Person zu schützen.*

Geistig registriert sie die Treppe und fängt an, Stufe für Stufe ganz vorsichtig herabzusteigen. Sie schaut dabei auf ihre Füße. Linker Fuß, rechter Fuß, linker Fuß, rechter Fuß – einer nach dem anderen. Da kommt ihr ein Gedanke: Sie kennt das Fitnessstudio so gut (schließlich ist sie ja täglich dort), dass sie sich sicher ist, sogar mit verbundenen Augen das untere Ende der Stufen unbeschadet zu erreichen.

Unten angekommen weiß sie, dass sie nun vor dem Schwimmbecken steht, weil der eindringliche Chlorgeruch ihre Nase reizt. Bevor sie sich zu sehr auf den Geruch fixieren kann, stellt sie irritiert fest, dass ihr Handtuch schon wieder aus der Sporttasche ragt. Sie kümmert sich darum, indem sie gewaltsam in der Tasche wühlt, bis alles sicher und fest verstaut ist.

Dann stellt sie die Tasche ab und zieht sich die Bademütze über. Sie schafft es, ihre üppige Haarpracht ordentlich (wenn auch sehr unbequem) unterzubringen. Schließlich hebt sie ihren Blick und schaut zum Schwimmbecken.

Und plötzlich fällt ihr auf, dass ein Wolf am Beckenrand sitzt. Ihre Augen bewegen sich blitzschnell hin und her, als ihr klar wird, dass sie in Gefahr schwebt. Der Wolf starrt sie einfach nur an und da begreift sie, dass er wohl *die ganze Zeit über* nichts anderes getan hat, als sie still und regungslos zu beobachten. Die Tatsache, beobachtet worden zu sein, hinterlässt in ihr ein tiefes Gefühl der Beunruhigung.

Der Wolf starrt sie an. Nun kann sie auch nicht mehr anders als zurückzustarren. Sie möchte weglaufen, aber ihre Beine wollen einfach nicht. Völlig entgeistert sieht sie dem Wolf dabei zu, wie er sich auf die Hinterbeine stellt und ihr signalisiert, ins Wasser zu springen und zu schwimmen.

Sie wacht schweißgebadet und angsterfüllt auf. Aber sie ist am Leben.

ABBYS WOLF: GEFÜHLE, DIE NICHT VERDRÄNGT WERDEN SOLLTEN

Wie Sie gesehen haben, ist Abby mit einem Gefühl der Angst wach geworden. Die Angst war eine instinktive Reaktion darauf, dass ihre Psyche mithilfe dieses Traums endlich zu ihr durchgedrungen ist. In den Monaten vor ihrem Traum ist sie völlig emotionslos gewesen. Der Traum, so unangenehm er auch gewesen sein mag, hat sie förmlich mit Gefühlen überschwemmt, die sie im Alltag unterdrückt hat.

Dieser Traum bedeutet nicht, dass sie unmittelbar bedroht ist. Es ist auch kein prophetischer Traum. Ihr Traum will sie im Grunde nur davor bewahren, einfach so weiterzumachen wie bisher, so wie sie es eben gewohnt war. Er will ihr dabei helfen, sich wieder mit ihrem Instinkt zu verbinden und dadurch wieder Spiel, Spaß, Kreativität, Sex und Liebe in ihr Leben einzuladen. Sie wurde mit ihrem Traum konfrontiert, um die Ketten in ihrem Leben und in ihrer Psyche zu sprengen.

Um die Verbindung zum eigenen Instinkt und zur Intuition zu heilen, ist es nicht zwangsläufig notwendig, alle grundlegenden Strukturen niederzureißen. Es könnte auch einfach bedeuten, ein paar Änderungen im Leben vorzunehmen. Manchmal ist es das bewusste Aufstellen und Kommunizieren der eigenen Grenzen im Hinblick auf bestimmte, uns nahestehende Personen. Oder einfach ein Loslassen einer festgefahrenen inneren Überzeugung.

Für viele Menschen bedeutet es, Spiritualität zu praktizieren, ohne sich dafür verstecken zu müssen. Extreme Beherrschung geht immer mit einer schwindenden Lebensenergie einher, und wenn dies der Fall ist, kann es durchaus zum sprichwörtlichen Niederbrennen der uns umgebenden Strukturen kommen!

Es gibt hier kein maßgeschneidertes »Sieben-Schritte-Programm«, um das eigene Leben zum Besseren zu wenden, wenn man die Verbindung zu seiner instinktiven Natur verloren hat. Allein schon der Versuch, ein solches Programm aufzustellen, widerspricht dem Wesen unserer Intuition. Sie werden schon Ihre eigenen Entscheidungen treffen müssen, je nachdem, in welcher Lebenssituation Sie sich befinden. Aber eins kann ich Ihnen sagen: Zeit kann zu Ihrem Verbündeten werden.

Nehmen Sie sich die Zeit, die Sie brauchen, um sich wieder mit Ihrem Instinkt zu verbinden, und dann nehmen Sie jene Veränderungen vor, die Sie für richtig halten. Denken Sie daran, dass Ihr instinktives, wildes, intuitives Wesen Sie vorantreiben wird — und das auf eine Art und Weise, die Ihrem rationalen Geist völlig unverständlich sein mag.

Wenn Sie feststellen, dass Sie emotional aus dem Gleichgewicht geraten sind, sich verloren fühlen, wütend oder verbittert sind, es in Ihnen brodelt, Sie das Gefühl haben, festzustecken oder durcheinander zu sein, selbst wenn Sie rein gar nichts empfinden oder aber das Gefühl haben, Ihr Herz sei in Millionen Glassplitter zerbrochen, die in Ihrer Brust stecken — dann achten Sie auf Ihre Träume, denn sie werden Ihr Heilmittel sein.

Ihre Träume werden Sie voranbringen. Durch die Bilder, die Sie sehen, und, wichtiger noch, durch die Gefühle, die sie in Ihnen wecken. Sie werden Sie zu der Sache führen, die Sie am dringendsten benötigen. Sprich, zurück zu Ihrem intuitiven und kreativen Wesen.

Sind die Traumbilder brutal, heftig und stürmisch, ist es umso wichtiger, darauf zu achten, welche Dinge Sie in Ihrem Leben unterbunden oder eingeschränkt haben und was noch alles unter der Oberfläche brodelt.

Für Abby ging es darum, sich selbst wiederzufinden. Sie fand es unglaublich hilfreich, sich daran zu erinnern, was sie früher gern getan und unternommen hat, bevor sie Ehefrau und Mutter wurde. Sie ließ ihren selbst auferlegten Zwang los, eine »perfekte Mutter« sein zu müssen, und sie entdeckte ihre Sexualität wieder – ein Prozess, den sie in vollen Zügen genoss.

Sie baute eine Praxis der Achtsamkeit in ihren Tagesplan ein, um täglich bei sich selbst einzuchecken und sich zu fragen, wie sie sich denn gerade fühlt. Sie begann zu essen, ohne sich dabei der Selbstkritik hinzugeben, und lernte ein paar gleichgesinnte Frauen kennen, die zu ihren engsten Freundinnen wurden. Statt Konkurrenz sucht sie nun die Verbindung.

Nichts davon ist über Nacht eingetreten – tatsächlich hat es mehrere Monate gedauert. Doch Zeit spielte dabei keine Rolle mehr, denn sie konnte endlich wieder richtig leben und sich nicht wie ein Schatten ihrer selbst durchs Leben quälen.

Sobald man sich die Wahrheit ganz radikal eingesteht, kann wahre Veränderung eintreten. Man kann auch einem Haufen Kuhmist eine Schleife umbinden und so tun, als wäre es ein Blumenstrauß. Ganz gleich wie verbunden Sie sich also gerade mit Ihrer Instinktnatur fühlen, Sie sollten Folgendes wissen:

Ihre Träume bringen Sie wieder auf den richtigen Weg. Sie werden Ihnen zeigen, wann es Zeit ist, sich auszuruhen, zu kämpfen, zu lieben oder loszulassen. Sie vermitteln Ihnen ganz genau, wie Sie die Dinge verändern können, die Sie im Leben noch zurückhalten.

Ihre Intuition und Ihr Instinkt wollen, dass Sie *auf Ihre Gefühle hören*. Vielleicht nehmen Sie sich einen Nachmittag frei und legen sich draußen in die Sonne. Oder Sie tanzen nachts unter dem Sternenhimmel, um Ihr Herz aufgehen zu lassen. Womöglich vergessen Sie sogar für ein paar Stunden, wie Sie aussehen, und genießen einfach Ihren Körper. Denken Sie daran: Die eigene Instinktnatur zu pflegen ist nicht bloß eine einmalige Angelegenheit, aber schon eine kreative und herzerfüllende Handlung kann Ihre Verbindung zu ihr wieder aufflammen lassen.

INTUITION KENNT KEINE GESCHLECHTER

Intuition und Instinkt stecken in uns allen – unabhängig davon, mit welchem Geschlecht wir uns identifizieren. Und obwohl ich im oben genannten Beispiel von einer Frau gesprochen habe, kann natürlich jeder Mensch die Verbindung zu seiner Intuition verlieren. Viele von uns sind mit einem bestimmten Schubladendenken groß geworden, und so liegt ihr Fokus beispielsweise nur darauf, Geld zu verdienen oder ein Heim zu errichten. Dadurch kann auch der Instinkt verloren gehen, wenn kein Raum vorhanden ist, um alle Facetten des eigenen Seins zu entdecken.

Ich habe schon bei sehr vielen Männern festgestellt, dass sie ihre Intuition verloren haben, weil sie dazu erzogen wurden, »echte« Männer zu sein, die sich nie verletzlich zeigen dürfen. Auch Männer wurden von der Gesellschaft im Stich gelassen. Männer vergessen meist, dass es ihnen auch erlaubt ist, ein vielfältiges Innenleben zu kultivieren. Dass sie auch mehr sein dürfen als nur »echte« Männer, und dass sie aus dem ständigen Konkurrenzkampf aussteigen können, selbst für einen kurzen Augenblick, nur um ihre innersten Bedürfnisse zu stillen.

Wenn Sie zu den Menschen gehören, die sich immer wieder selbst sagen, dass sie dieses oder jenes endlich tun oder ausleben werden, sobald sie nur dieses eine bestimmte Ziel erreicht haben, dann versuchen Sie es vielleicht erst einmal damit, den momentanen Zustand Ihrer Gefühle anzunehmen. Sobald Sie mehr auf Ihr Innerstes achten, werden Sie sich automatisch lebendiger fühlen, unabhängig von den Umständen, in denen Sie sich gerade befinden.

Den Zeitpunkt, an dem alles perfekt sein wird und Sie endlich Ihr Leben genießen werden, gibt es nicht. Je aufmerksamer Sie der Stimme Ihrer Intuition lauschen, desto schöner wird auch die Reise auf dem Weg zu Ihrem Ziel sein. Unsere Instinktnatur hat eine magnetische Wirkung, aber wir müssen sie auch authentisch leben und ausdrücken.

TRÄUME FÖRDERN UNSEREN HEILUNGSPROZESS IMMER ZUM RICHTIGEN ZEITPUNKT

Wenn wir uns von unserer Instinktnatur getrennt fühlen, haben wir oftmals Träume, in denen wir verfolgt oder auf irgendeine Weise bedroht werden. Vor allem dann, wenn wir uns im Alltag emotional überfordert fühlen. Träume über verletzte oder in Gefahr geratene Tiere treten ebenfalls recht häufig auf. Meist spiegelt die Art, in der wir uns um das Tier in Not kümmern, unsere momentane Fähigkeit wider, innere Heilung selbst zuzulassen.

Alternativ könnten wir auch davon träumen, jemand oder

etwas außerhalb von uns würde uns retten (oder es zumindest versuchen). Beide Versionen weisen auf eine Verwandlung hin, wie beispielsweise bei einem verletzten Lamm, das gepflegt wird, damit es wieder laufen kann. Oder Sie sehen einen Adler über sich kreisen und eine vermummte Traumgestalt attackieren, die Sie verfolgt. Die Rettung kommt immer in der für Sie greifbarsten Bildersprache.

Sie werden ebenfalls feststellen, dass es recht häufig vorkommt, von großartigen »Tiererlebnissen« zu träumen, wenn man mit seiner Instinktnatur in Einklang ist. So könnten Sie beispielsweise davon träumen, auf einem wunderschönen Pferd zu reiten – und zwar in die Richtung, in die Sie wollen.

Wenn Sie jedoch keine Ahnung haben, in welche Richtung Sie überhaupt reiten, und das Pferd in einer alarmierenden Geschwindigkeit dahingaloppiert, könnte der Traum Sie darauf aufmerksam machen wollen, dass Sie sich von Ihren Trieben und Wünschen steuern lassen. Dass Sie im wachen Leben wieder mehr Kontrolle über Ihre grundlegenden Bedürfnisse erlangen sollten.

Lassen Sie uns nun Abbys Traum analysieren, um ihn besser zu verstehen, denn er ist voller Symbole und Botschaften. Sie befindet sich also im Fitnessstudio – einem Ort, den sie gut kennt. (Das Studio repräsentiert ihre Psyche.) Sie schert sich nicht um die Menschen dort oder um andere Dinge, die sie ablenken könnten. Ihre Aufmerksamkeit gilt einzig und allein ihrer Sporttasche und all den Gegenständen, die immer wieder aus ihr herausragen. (Die Tasche steht sinnbildlich für ihren emotionalen Zustand.)

Sie stopft alles ganz nach unten. Mit anderen Worten versucht sie, all ihre Gefühle unter Verschluss zu halten. Aber dieses verfluchte Handtuch – ein Gegenstand, der ihr Wärme schenkt und sie trocken hält —, es springt einfach immer wieder heraus. Ihre Gefühle wollen hinaus ans Licht, und sie werden sich einen Weg bahnen, genauso wie das Handtuch.

Sie steigt die Treppe zum Schwimmbecken hinunter, und dabei kommt ihr der Gedanke, dass sie es ebenso gut mit verbundenen Augen nach unten schaffen könnte. (Sie findet intuitiv den Weg in die tieferen Ebenen ihrer Psyche – ohne aktiv sehen zu müssen, wo es langgeht.) Sie verstaut ihr wunderschönes Haar in einer unbequemen Bademütze. (Haare stehen in Geschichten und Träumen oft für Sexualität und/oder Stärke.)

Dann erreicht sie das Becken. (Das Schwimmbecken symbolisiert ihr Unbewusstes, da sie, um es zu erreichen, eine Treppe herabsteigen muss. Befände sich das Becken im obersten Stockwerk, hätte es womöglich eine andere Bedeutung.)

Sie sieht einen Wolf am Beckenrand sitzen. Er signalisiert ihr, hineinzuspringen und zu schwimmen. Eine klare Botschaft, mehr auf das Unbewusste, auf ihre Gefühle, ihre Intuition zu achten (das Becken und Schwimmen) und ihren Instinkt wiederzufinden (den inneren Wolf zu entdecken). Die Kernbotschaft des Traumes lag für sie darin, die Verbindung zu ihrer Instinktnatur wiederzubeleben.

Ähnlich wie bei Abby zeigen auch Ihre Träume Ihnen, wie Sie am besten mit Ihren Gedanken und Gefühlen umgehen, um Heilung und Wohlbefinden zu erlangen.

DIE ROLLE DER TRÄUME IN TRANSFORMATIONSPROZESSEN UND BEI DER WIEDERGEBURT

In ihrem wachen Leben erfuhr Abby eine Katharsis, eine seelische Läuterung also. Sie ließ all die aufgestauten Gefühle los. Als Antwort auf die Botschaften ihres Traumes machte sie die notwendigen Veränderungen in ihrem Leben, sodass sie nun nicht mehr nur so tun musste, sondern sich endlich wieder richtig gut fühlen konnte! Und wir wollen ja, dass es uns so oft wie möglich gut geht, oder?

Sind unsere Gefühle blockiert, so wird natürlich auch unser Instinkt unterdrückt und dadurch die Anbindung an unsere Intuition unterbrochen. Sobald wir die Verbindung zu unseren Gefühlen kappen, fühlen wir uns wie festgefahren. Das Gleiche gilt auch für das Gegenteil: Wenn wir allen unseren Gefühlen auf jede nur erdenkliche Art und Weise Ausdruck verleihen, ohne über die Konsequenzen nachzudenken, werden wir uns auch von ihnen abgeschnitten fühlen.

Im letzteren Fall steckt man in einem Kreislauf emotionaler Entladung fest. Stellen Sie sich jemanden vor, der seinen Frust und seine Wut nicht unter Kontrolle hat und dies im Nachhinein stets bereut. Oder Menschen, deren Gefühlswelt in jeder Interaktion und Beziehung dominiert, ungeachtet der Gefühle ihres Gegenübers.

In solchen Fällen wird der Traum dem Träumenden Symbole zeigen, die auf diese unkontrollierten Gefühlsentladungen hinweisen. Eine Person, die an ungezügelten Wutausbrüchen leidet, wird womöglich davon träumen, erbarmungslos von einem Massenmörder verfolgt zu werden.

Oder es findet im Traum eine emotionale Regulierung in Form eines symbolischen Gegenteils statt. Eine zu Gefühlsausbrüchen neigende Person wird vielleicht von sehr friedlichen Landschaften mit ruhigen Gewässern träumen, mit denen sie auf unterschiedlichste Weise interagiert. (Wenn im Gewässer ein Monster lauert, das plötzlich von der träumenden Person bemerkt wird, dann handelt es sich hierbei um etwas, das sich ihrer bewussten Wahrnehmung entzieht. Das Monster im Inneren ist nun bereit, gesehen und betrachtet zu werden. Soll heißen, der Traum macht sie auf die Möglichkeit aufmerksam, sich dem »Gefühlsmonster« zu stellen, anstatt vor ihm wegzulaufen.)

Gehen wir also weiter: Traumsymbole, die für das seelische Wohlergehen der träumenden Person stehen, erscheinen oft in Form von Gefäßen oder Behältern unterschiedlichster Art. In Abbys Traum war die Sporttasche das symbolische Gefäß. Behälter können in verschiedensten Formen vorkommen, etwa als Autos, Taschen oder sogar Tupperware. Dafür gibt es einen guten Grund: Gefäße sind als symbolische Behälter zu sehen, die einen Inhalt in sich tragen. In diesem Fall emotionalen Inhalt.

Wenn wir glauben, unsere Gefühle nicht im Griff, nicht »in der Tasche zu haben«, fühlen wir uns meist unwohl dabei, das gesamte Spektrum an Gefühlen und Lebenserfahrungen in uns zuzulassen. Also kommen uns unsere Träume zu Hilfe und zeigen uns auf, inwieweit es uns gerade möglich ist, unsere Gefühle und Erfahrungen bewusst zu erleben, zuzulassen und anzunehmen (»behalten«). Deshalb träumen wir von solchen »Behältersymbolen« wie Körben, Taschen oder sogar Särgen – meist in ganz unterschiedlichen Zuständen.

Mit anderen Worten signalisieren uns unsere Traumbilder

und Symbole, wie sicher wir uns in emotionaler Hinsicht fühlen. Wenn also beispielsweise die symbolischen Behälter im Traum beschädigt oder alt sind oder gar auseinanderfallen, dann befinden sich die emotionalen Muster des Träumenden höchstwahrscheinlich in demselben Zustand. Er wird sich womöglich bedroht, gebrochen und ausgebrannt fühlen, und ihm wird es an emotionaler Unterstützung mangeln.

Wir alle wollen, dass unsere Gefühle gehört und gesehen werden. Unsere Träume spiegeln wider, wie sehr wir diese emotionale Anerkennung, Liebe und Unterstützung spüren, oder eben nicht – von uns selbst genauso wie von den Menschen um uns herum.

Wenn Sie sich also emotional abgekapselt fühlen oder aber meinen, Ihren Gefühlen völlig ausgeliefert zu sein, dann existiert irgendwo ein Ungleichgewicht. Damit möchte ich nicht sagen, dass die Dinge, die Sie fühlen, falsch sind – ganz im Gegenteil! Lassen Sie jedes Gefühl zu, aber mit dem Wissen, dass es naturgemäß auch wieder vergehen wird.

Wenn Sie sich auf eine bestimmte Art, Gefühle zu fühlen und auszudrücken, versteift haben, dann können Sie davon ausgehen, dass Sie irgendwo aus dem Gleichgewicht geraten sind. Das passiert uns allen hin und wieder mal, und wir sollten uns deshalb nicht gleich tadeln. Die Arbeit mit unseren Träumen wird uns dabei helfen, unsere Balance wiederzufinden.

Um das seelische Gleichgewicht wiederzuerlangen, bedarf es oft einer Art Befreiung. Eines Loslassens der alten Lebensweise. Eines Freigebens dessen, wovon wir zu viel angesammelt haben; einer Art Reinigung also. Wenn wir es zulassen, können wir an einem Punkt ankommen, an dem Veränderung möglich ist. Das heißt, nachdem wir das Gefühl (das hinter dem Auslöser, dem Erlebnis, der Person oder der Vergangenheit steckt) zur Gänze anerkannt, gefühlt, konfrontiert und dann losgelassen haben. Diesen Prozess können wir in den sogenannten Flutwellenträumen genau beobachten.

DER FLUTWELLENTRAUM

Im Grunde dreht sich beim Flutwellentraum alles um ein einziges Bild (auch »zentrales Bild« genannt), das der träumenden Person ein Gefühl der Hilflosigkeit vermittelt. Auch wenn es der Name suggeriert, muss das zentrale Bild nicht immer eine Flutwelle sein (obwohl es in vielen Fällen tatsächlich eine ist!). Es könnte sich auch um ein Feuer, eine Gruppe angsteinflößender Militärkämpfer oder einen Tornado handeln. Es geht einfach um ein zentrales Symbol, das den Traum dominiert und ein sehr beunruhigendes Gefühl hervorruft.

Der Begriff des Flutwellentraumes wurde von dem renommierten Forscher Ernst Hartmann geprägt. In seiner Forschung und der Arbeit mit unzähligen Patienten fand er heraus, dass Menschen, die in ihrem Leben ein Trauma erlitten haben, später oft eine bestimmte Art von Traum haben, den er den Flutwellentraum nannte.

Im Grunde geht es bei der Flutwelle nicht unbedingt darum, ein traumatisches Erlebnis oder eine Erinnerung daran wieder und wieder zu durchleben. Vielmehr wird dem Verstand die Möglichkeit gegeben, ein neues Bild zu erschaffen. Das heißt, der träumenden Person wird dabei geholfen, sich mit dem Geschehenen zu versöhnen, indem jene Gefühle beleuchtet werden, die das wache Leben dominieren.

Eine Flutwelle würde wohl jeden und jede von uns in einen Zustand der Hilflosigkeit versetzen. Es geht also nicht darum, die Angst zu besiegen, sondern sie umzuwandeln und die Gefühle des Ausgeliefertseins und der Schutzlosigkeit auf eine heilsame Art und Weise (erneut) zu durchleben, sodass die träumende Person die Möglichkeit hat, sie anzuerkennen, zu fühlen und zu verarbeiten.

Wenn Sie also einen Flutwellentraum hatten, dann ist dies ein klares Zeichen dafür, Mitgefühl mit sich selbst zu entwickeln und sich zu fragen, was geheilt werden möchte. Es kann auch hilfreich sein, professionelle Hilfe von außen in Anspruch zu nehmen, um gut durch den Heilungsprozess zu kommen.

Wenn Sie gerade als unmittelbare Folge eines Traumas mit großer Angst zu kämpfen haben, seien Sie sich bitte gewiss, dass Ihre Träume Sie keinesfalls verletzen oder Ihnen schaden wollen! Ihr Verstand richtet sich niemals gegen Sie. Im Gegenteil: Ihr ganzes Wesen versucht, so gut es geht, einen Sinn aus diesem schrecklichen Erlebnis zu ziehen, und möchte Sie gleichzeitig wieder auf einen Zustand des Wohlbefindens ausrichten. Ihre Träume spielen bei diesem Prozess der Neuausrichtung und Heilung eine aktive und wichtige Rolle.

Und nochmals: Oft werden wir in unseren Träumen mit furchteinflößenden und überwältigenden Gefühlen konfrontiert, und zwar auf genau die Art, die es eben braucht, damit wir sie transformieren und verarbeiten können. Es überrascht mich nicht, dass in solchen Träumen so oft das Symbol verschlingender Wassermassen vorkommt. Wenn wir uns in einer hilflosen Situation befinden, werden wir buchstäblich mit Gefühlen überflutet, denen wir nicht entkommen können. Die Heilung besteht darin, diese Gefühlsflut frei fließen zu lassen, bevor sie im Körper abgespeichert werden kann.

Es ist überaus wichtig, die eigenen Trauminhalte ans Licht zu bringen und anzuschauen, indem man sich mit dem Geschehenen auseinandersetzt und sich der eigenen Gefühle vollständig bewusst wird. Sie müssen diesen Prozess nicht allein durchleben – holen Sie sich Hilfe. Es gibt viele Wege, die zur Heilung führen, und noch mehr Möglichkeiten, wieder Freude und Wohlbefinden im Leben zu verspüren.

EMOTIONALE REGULIERUNG IM ALLTAG – WIE TRÄUME UNS DABEI HELFEN

Auch ganz normale, nichttraumatische Erfahrungen und die damit einhergehenden Gefühle beeinflussen unser Traumleben. Es gibt zahlreiche wissenschaftliche Studien, die dies belegen, allen voran die Arbeiten von Dr. Rosalinda D. Cartwright. Denken Sie nur daran, wie oft Sie schon in einer emotional aufgeladenen Situation gesteckt haben (egal ob positiv oder negativ) und noch in derselben Nacht oder ein paar Nächte später davon geträumt haben.

Vielleicht haben Sie ja eine nette Person im Fitnessstudio kennengelernt und träumen dann davon, mit ihr auf ein Konzert zu gehen. Oder vielleicht hat Ihr Nachbar eine ungehobelte Bemerkung fallen lassen, die Sie in dem Moment mit einem Lachen beiseiteschieben konnten, in Ihrem Traum führen Sie nun aber den überaus unhöflichen Nachbarn ins Krankenhaus.

Träume helfen uns dabei, unsere Gefühle zu regulieren, ohne dass wir uns dabei bewusst anstrengen müssten. Dr. Cartwrights wissenschaftliche Untersuchungen haben die Bedeutung und die Vorteile dieses Mechanismus verdeutlicht: Im Laufe einer Nacht haben die meisten von uns viele verschiedene Arten von Träumen; ihre emotionale Intensität nimmt gegen Ende der Nacht immer mehr ab. Das ist oft der Grund, weshalb wir uns in der Früh besser fühlen als abends beim Zubettgehen. Unsere Träume helfen uns dabei, unsere Gefühle während der Nacht zu verarbeiten, ihre Intensität zu verringern und sie schließlich in Erinnerungen umzuwandeln. (Zum Glück ist das jede Nacht so, auch wenn wir uns am nächsten Tag nicht mehr an unsere Träume erinnern können.)

Schließlich wollen uns unsere Träume immer zu einem besseren Wohlbefinden verhelfen. Egal ob Sie sich nun bewusst darauf ausgerichtet haben oder nicht – Sie werden sehen, dass Ihre Träume einen großen Beitrag zur Regulierung Ihrer Gefühle leisten. Es reicht, wenn Sie sich einfach auf einen erholsamen Schlaf konzentrieren – Ihre Träume erledigen den Rest!

WOHLBEFINDEN UND DIE EHRLICHKEIT UNSERER GEFÜHLE

Ich kann mir vorstellen, dass es Ihnen hin und wieder auch so geht wie mir – manchmal scheint es einfach unmöglich zu sein, sich gut zu fühlen. Der Tod eines geliebten Menschen, ein schlechter Tag, eine Krankheit, eine Fehlgeburt, Geldsorgen, eine Pandemie – das sind alles schwerwiegende Erfahrungen, die wir nicht mit positiven Sprüchen überschminken sollten.

Mit seinen Gefühlen verbunden zu sein bedeutet nicht etwa, so zu tun, als fühle man sich blendend, wenn es einem in Wahrheit miserabel geht. Manchmal heißt »sich gut fühlen« auch einfach nur, den Raum zwischen einem äußeren Reiz und der darauf folgenden Reaktion auszudehnen.

Oft besteht ein größeres Wohlbefinden ganz einfach darin zu erkennen, dass man sich jederzeit dafür entscheiden kann, sich gut zu fühlen – sogar in einer niederschmetternden Situation. Dass man Selbstmitgefühl anstelle von lähmenden Schuldgefühlen und Selbstkritik wählt, weil man sich einmal mehr in einer Situation wiederfindet, in die man nicht wieder geraten wollte.

Es gibt keine nutzlosen Gefühle. Mit emotionaler Stärke ist die Fähigkeit gemeint, Gefühle auszudrücken, ohne an ihnen haften zu bleiben. Wut kann als ein starker Antreiber und Beschützer agieren, wenn Grenzen überschritten werden. Trauer kann als ein Ausdruck von tiefer Liebe erlebt werden. Kummer kann einen dazu bringen, eine neue Richtung einzuschlagen. Zorn kann ein Weckruf sein, um aus einschränkenden Strukturen auszubrechen. All diese Gefühle führen letztlich zu mehr Wohlbefinden. Gefühle sind nicht die Endstation, sie sind das Symbol des ständigen Lebensflusses.

Wenn wir mit unseren Gefühlen arbeiten, fühlen wir uns danach einfach besser – wir brauchen dann keine Bestätigung durch unseren Verstand, dass es uns gut geht. In den Momenten, in denen wir Spaß, Liebe und Freude verspüren, sagen wir uns ja auch nicht immer wieder: »Ich empfinde Freude, ich empfinde Freude.« Wir spüren es einfach mit unserem ganzen Wesen.

Wer jedoch in einer dunklen Phase seines Lebens steckt, kann sich durchaus damit helfen und sich selbst in Erinnerung rufen: »Ich kenne das Gefühl der Freude. Ich kenne die Freude. Ich weiß, was Freude ist.« Indem wir unseren Gefühlen freien Lauf lassen, entscheiden wir uns immer wieder dafür, uns auf unser Wohlbefinden auszurichten, auch wenn es im Moment noch unmöglich scheint.

TRÄUME, DIE UNS WARNEN

In ihrem Buch *Dreams That Can Save Your Life: Early Warning Signs of Cancer and Other Diseases* schildern Larry Burk und Kathleen O'Keefe-Kanavos dokumentierte Fälle, in denen Menschen davon geträumt haben, dass etwas mit ihrem Körper nicht stimmte, was sich später als richtig erwiesen hat. Folgende Geschichte stammt von einer Frau namens Diane.

Diane hatte einen unglaublich lebhaften Traum, in dem sie sich einer Operation unterzog, um ein Krebsgeschwür in ihrer Brust entfernen zu lassen. Der Traum hatte sich so real angefühlt, dass sie direkt nach dem Aufwachen einen Termin für eine Mammografie vereinbarte. Ein paar Tage später stellte sich bei der Mammografie heraus, dass sie tatsächlich Brustkrebs hatte. Sie war erstaunt – ebenso wie ihr Arzt. Das Buch steckt voller solcher Berichte aus erster Hand, in denen Menschen Träume hatten, die sie vor irgendwelchen Krankheiten warnten, die später durch medizinische Untersuchungen bestätigt wurden.

Der entscheidende Faktor in all diesen Träumen war: Alle im Buch erwähnten Menschen *wussten*, dass an ihrem Traum irgendetwas Bedeutsames dran war. Dieser Traum hatte sich nicht wie die anderen angefühlt. Er war nicht das übliche »geistige Abfallprodukt« des vergangenen Tages oder irgendwelcher Ängste. Sie hatten an dem Tag weder einen Film über Krebs gesehen noch mit einem krebskranken Freund gesprochen, was ihnen hätte Angst machen und somit einen solchen Traum hervorrufen können, um die Erfahrung zu verarbeiten. Nein, diese Träume fühlten sich anders an als sonst. Sie fühlten sich an, als wären sie von großer Bedeutung; sie gingen durch Mark und Bein und kamen aus heiterem Himmel.

Man kann nicht genau sagen, ob es sich bei diesen Träumen um eine klare Botschaft vom Spirit handelte oder einfach um ein unterdrücktes inneres Wissen, das durch den Traum ans Licht kam. Was wir aber wissen, ist, dass ihre Träume ihnen buchstäblich das Leben gerettet haben, indem sie sie zum Handeln angetrieben haben. Ein guter Ratschlag für uns alle, auf unsere Träume zu hören.

Auch reguläre Träume können uns vor etwas warnen, dem wir Beachtung schenken und um das wir uns kümmern sollten. Es muss nicht unbedingt mit der Gesundheit zu tun haben; es kann zum Beispiel um die Sicherheit unserer Liebsten gehen.

So erging es etwa dem Physiker und Raumfahrtingenieur Dale E. Graff, der einen äußerst alarmierenden Traum hatte: Er sah ein Auto explodieren. Schon während des Traumes war ihm bewusst, dass es dieselbe Marke war wie das Auto seiner Frau. Er wusste auch, dass das Auto im Traum kein Symbol für seinen emotionalen Zustand war. Soll heißen, er träumte nicht deshalb von dem explodierenden Auto, weil er wütend auf seine Frau war. Er hatte im Alltag nicht mit unterdrückter Wut zu kämpfen.

Also brachte er das Fahrzeug vorsichtshalber zu einem Automechaniker, um es zu überprüfen. Ein paar Tage später erhielt Graff einen Anruf vom Mechaniker, der ihm lauthals verkündete: »Sie waren in einer tickenden Zeitbombe unterwegs!« Er hatte einen Schaden an der Kraftstoffpumpe und dem Benzintank entdeckt, und tatsächlich hätte das Auto explodieren können, wenn das Problem nicht behoben worden wäre. Graff träumte also von einem möglichen Zukunftsszenario, das durch sein Eingreifen abgewendet werden konnte.

Unsere regulären Träume sind, wenn nötig, voller Heilung, Einsichten und Warnungen.

ÜBUNG NR. 1:
EMOTIONALE BEFREIUNG UND KREATIVE LÖSUNGSANSÄTZE DURCH DIE PRAXIS DER TRAUMINKUBATION

Wenn Sie das Gefühl haben, Sie kommen einfach nicht über eine emotionale Hürde hinweg, dann kann Ihnen die Technik der Trauminkubation dabei helfen, Klarheit zu finden. Im Grunde kann die Trauminkubation bei jeder Art von Problem angewendet werden. Das ist deshalb möglich, weil uns unser Ego im Traum nicht im Wege steht und wir somit leichter zu einer Einsicht kommen.

Ich konnte schon bei unzähligen Menschen beobachten, wie sie mithilfe der Trauminkubation Erkenntnisse über sich wiederholende Verhaltensmuster, Selbstsabotage, Ängste, schwierige familiäre Beziehungen und vieles mehr erlangen konnten. Dadurch fällt es uns viel leichter, die Probleme im Wachzustand anzugehen und so zu mehr Freude und persönlichem Wohlbefinden zu gelangen.

Vereinfacht gesagt ist die Trauminkubation eine Methode, in der man sich die gewünschte Traumerfahrung bildlich vorstellt, noch *bevor man zu Bett geht*. Im Wesentlichen »brieft« man seine Träume, bevor man einschläft. Trauminkubation ist eine sehr alte und effektive Visualisierungstechnik, die uns dabei hilft, unsere Aufmerksamkeit zu fokussieren und dadurch zu kreativen Lösungsansätzen zu gelangen – ganz gleich mit welchem Problem wir uns gerade herumschlagen.

Um Ihre Träume zu inkubieren, müssen Sie einfach vor dem Schlafengehen die Absicht formulieren, Führung und Klarheit zu erfahren. Sie könnten es sich beispielsweise zur Gewohnheit machen, folgende Sätze vor dem Einschlafen in Gedanken zu wiederholen: »Ich werde davon träumen, was meine Bestimmung im Leben ist. Sobald ich diese Information erhalten habe, werde ich sofort aufwachen.«

Bringen Sie vor dem Schlafengehen Ihre Energie ins Gleichgewicht, und wenn Sie bereit sind, konzentrieren Sie sich ausschließlich auf Ihre formulierte Absicht. Sobald Sie bemerken, dass Sie langsam in den Schlaf gleiten, legen Sie Ihren Fokus noch mehr auf die Intention. Wenn andere Gedanken aufkommen, nehmen Sie sie einfach wahr und kehren wieder zu Ihrer Absicht zurück. Formulieren Sie Ihre Intention immer wieder in Gedanken aus, so lange, bis Sie einschlafen. Sie werden diese Übung möglicherweise ein paar Nächte hintereinander machen müssen, um zu einem Ergebnis zu kommen. Bleiben Sie dran, auch wenn Sie kein sofortiges Ergebnis sehen.

Viele meiner Klientinnen und Klienten waren mit dieser einfachen Methode sehr erfolgreich. Der Trick dabei ist, die Wörter bei der Formulierung sehr bewusst auszuwählen. Ich habe die Erfahrung gemacht, dass Wörter im Traumzustand sogar noch mehr Macht haben als im Wachzustand. Es ist also umso wichtiger, sie hier mit Bedacht einzusetzen.

Ich hatte beispielsweise einmal einen Klienten, der mit folgender Absichtsformulierung gearbeitet hat: »Meine Träume werden mir dabei helfen, meine Musik zu entdecken.« Er wiederholte seine Intention wie ein Mantra jeden Abend, bevor er einschlief. Die Träume spiegelten dann zwar seine Absicht wider, aber er träumte nur davon, wie er auf der Suche nach seiner Musik war.

Er wachte völlig erschöpft auf, denn er hatte ja die ganze Nacht damit verbracht, von einem Tonstudio ins nächste zu rennen. Jede

Nacht machte er eine ähnliche Erfahrung des Suchens, aber niemals des Findens seiner Musik – bis er seine Intention anders formulierte.

Seine Absichtserklärung war einfach nicht deutlich genug. Er änderte sie ab und war mit folgender Intention endlich erfolgreich: »Ich höre und erlebe heute Nacht meine eigene Musik.« In derselben Nacht träumte er davon, in einem Café zu sitzen, wo er sein eigenes Lied bei iTunes erwarb und es sich dann anhörte. Beim Aufwachen konnte er sich noch genau an die Musik erinnern. Er setzte sich hin und schrieb die Noten dazu auf.

Wenn ich mit einer emotionalen Situation zu kämpfen habe, dann formuliere ich folgende Absicht: »Quelle, aus der meine Träume stammen, bitte offenbare mir den Sinn hinter meiner Trauer.« Und dann zeigen mir meine Träume durch entsprechende Bilder, was mir in meinem Leben fehlt oder was noch losgelassen werden will. Manchmal ist die Bildsprache sehr abstrakt, dann wiederum höre ich eine Stimme aus dem Nichts, die mir genau erklärt, was ich wissen muss.

In meiner Erfahrung erscheinen schwierige Gefühle sehr oft in Bildern (oder sogar Farben), die mir zeigen, was es noch braucht, um sie zu transformieren. Ich habe übrigens noch nie zweimal von derselben Traumkulisse geträumt, außer in Klarträumen, in denen ich die Traumlandschaft aktiv beeinflusst habe.

Ihre Erfahrung mit dieser Übung könnte eine ganz andere sein. Vertrauen Sie einfach dem Prozess der Trauminkubation. Möglicherweise bekommen Sie auch keine Antwort auf eine Fragestellung. Oder vielleicht bekommen Sie eine, die keinen Sinn ergibt. Dann ist es ratsam, sich im Wachzustand mit der Heilung Ihres Problems zu befassen und es erst wieder zu versuchen, wenn Sie sich bereit dazu fühlen.

ÜBUNG NR. 2: VORSTELLUNGSKRAFT – DAS ERFORSCHEN EIGENER EMOTIONALER GESCHICHTEN IM WACHZUSTAND

Wenn Sie das Gefühl haben, einer Ihrer Träume war besonders intensiv, und Sie ihn deshalb gern näher unter die Lupe nehmen möchten, machen Sie einfach die folgende Übung. Wählen Sie dafür einen Zeitpunkt aus, an dem Sie ungestört sind. Sie können auch einen Traum aus Ihrem Traumtagebuch nehmen, der Ihnen ins Auge springt.

Schritt 1: Rufen Sie sich den Traum so genau wie möglich ins Gedächtnis. Spielen Sie die Traumszene vor Ihrem geistigen Auge durch, ohne sie dabei aktiv zu beeinflussen.

Schritt 2: Wenn Sie sich bereit fühlen, beginnen Sie damit, den Traum nach Ihren Vorstellungen zu verändern. Sie können alles ändern. Meist wird nach ein paar Minuten Ihre Vorstellungskraft ohnehin die Zügel in die Hand nehmen.

Schritt 3: Fahren Sie so lange damit fort, wie es Ihnen gefällt.

Schritt 4: Wenn Sie das Gefühl haben, mit dem Prozess fertig zu sein, schreiben Sie sich auf, was Sie erlebt haben.

Schritt 5: Sobald Sie den Traum notiert haben, heben Sie jene Veränderungen hervor, die Ihnen besonders auffallen.

Schritt 6: Achten Sie darauf, welche Gefühle diese Veränderungen in Ihnen auslösen: Hat Ihr Fantasietraum eine
dramatische Wendung genommen oder sich so verändert,
dass es Sie selbst überrascht?

Schritt 7: Fragen Sie sich zum Schluss: Was könnte mein
nächster Handlungsschritt sein?

Eines der Ziele dieser Übung besteht darin, die möglicherweise in
Ihrem Kopf existierenden widersprüchlichen Kräfte zu vereinen
und wieder in Einklang zu bringen und gleichzeitig alle dadurch
aufkommenden Gefühle zu verarbeiten. Ein anderer Vorteil dieser
Übung ist der, dass sie Ihnen Ihre Stärken und Schwächen aufzeigt
und Sie dadurch wieder mehr innere Kohärenz schaffen können.

Die Bilder, die dabei auftauchen, sind reich an Einsichten und
Hilfestellungen. Haben Sie zum Beispiel versucht, einem Ihrer
Träume ein schreckliches Ende zu verpassen? Oder wurde ein
Durchschnittstraum zu einem einzigartigen? Ist vielleicht eine
bestimmte Person wieder im Traum vorgekommen, obwohl Sie
sie unbedingt aus Ihren Gedanken streichen wollten? Die Übung
wird Ihnen verdeutlichen, welche Träume genährt werden wollen und welche Sie besser entsorgen sollten. Wenn Sie möchten,
können Sie auch Ihre furchteinflößenden und einschränkenden
Träume auflösen, indem Sie die Übung mit den Schattenfiguren
machen, die ich Ihnen in Kapitel 8 Schritt für Schritt erkläre.

DIE SYMBOLIK DER TRAUMDEUTUNG

Es ist Mittwochmorgen, und ich bin soeben aus einem sehr lebhaften Traum aufgewacht. Im Traum sitze ich allein in meinem Auto und fahre eine weitläufige Straße entlang. Ich schalte das Radio ein und singe fröhlich vor mich hin, als ich in den Rückspiegel blicke und feststelle, dass ein schwarzer Jaguar auf der Rückbank sitzt und mich anstarrt. Ich traue meinen Augen nicht, trete auf die Bremse, bis das Auto ruckartig zum Stillstand kommt.

Ich drehe mich um, um nachzusehen, um *wirklich zu sehen*, ob da tatsächlich ein Jaguar auf der Rückbank meines Autos sitzt. Unzählige Gedanken rasen durch meinen Kopf. Wie kann es sein, dass sich ein Jaguar in meinem Fahrzeug befindet? Wie ist er denn bloß reingekommen? Was, wenn er versucht, mich zu fressen? Wird er mir Schmerzen zufügen? Mich angreifen? Sollte ich vielleicht einfach aus dem Auto springen?

Den Jaguar hingegen scheint meine Anwesenheit oder meine Erschütterung überhaupt nicht zu stören. Seelenruhig legt er seine Pfote an den Sicherheitsgurt (mit dem er ordnungsgemäß angeschnallt ist) und wartet geduldig darauf, dass ich mich beruhige. Er sieht mir direkt in die Augen, und dabei bekomme ich ein Gefühl, als würde er ganz tief in meine Seele blicken.

Währenddessen steigt eine Mischung aus Angst und gespannter Erwartung in mir hoch. Der Jaguar öffnet sein Maul, um mir etwas zu sagen, und ich weiß, dass es von großer Bedeutung ist. Ich bin bereit zu hören, was er zu sagen hat.

Und genau in diesem Moment wache ich auf.

Manche Träume fühlen sich einfach anders an. Sie tragen emotionales Gewicht – und dieses will beachtet werden. Mein Jaguartraum verlangte nach meiner Aufmerksamkeit, und bis heute – seitdem sind viele Jahre vergangen – ist es immer noch eine der kraftvollsten Erfahrungen, die ich in meinen Träumen gemacht habe. Wegen seiner symbolträchtigen Botschaft, aber auch wegen dem, was danach passiert ist.

Zum Zeitpunkt des Traums war ich zweiundzwanzig Jahre alt, arbeitslos und gerade dabei, mein Leben irgendwie auf die Reihe zu kriegen. Ich probierte viele Gelegenheitsjobs aus, die mir alle keinen Spaß machten, nur um am Ende noch verwirrter und ernüchterter dazustehen. Meine Unentschlossenheit hatte zu diesem Zeitpunkt ihren absoluten Höhepunkt erreicht, denn auch von außen wurde mir Druck gemacht, ich möge doch endlich mein Leben in geregelte Bahnen lenken.

Um mich selbst von meinem Traum und meiner Lebenssituation abzulenken, entschloss ich mich, in ein Einkaufszentrum zu spazieren, das voller netter Cafés und kleiner Boutiquen war. Während ich so umherschlenderte, fiel mir ein wunderschönes Antiquariat auf und ich entschied mich hineinzugehen. Ich finde das Wesen und die Idee hinter solchen Antiquariaten einfach großartig: eine Mischung aus längst vergessenen Zeiten und neuen Möglichkeiten, die alle geduldig auf die Person warten, die genauer hinsieht!

Ich ging langsamen Schrittes durch den Laden und vertiefte mich in all die Bücher, die ich auf meinem Weg in die Hand nahm. Als ich um eine Ecke bog, kam die Besitzerin (eine blonde Frau Ende vierzig) mit einem Stoß Bücher auf mich zu. Sie reichte mir ein paar davon und meinte, ich solle einen Blick auf sie werfen, da sie gerade im Angebot seien.

Ich fühlte mich ein wenig überrumpelt, und bevor ich überhaupt etwas antworten konnte, war sie schon dabei, ein Gespräch mit einem anderen Kunden anzufangen. Das oberste Buch war von Lynn V. Andrews und hieß *Die Jaguarfrau – und die Lehren des Schmetterlingsbaumes*. Völlig verblüfft von dieser Synchronizität, die sich gerade vor meinen Augen abgespielt hatte, ging ich natürlich umgehend zur Kasse und kaufte das Buch. In diesem Moment war mir klar geworden, dass ich alle symbolischen Botschaften, die mir das Leben so schickte, beachten sollte – sowohl im Wachzustand als auch in meinen Träumen.

Diese Erfahrung hat mir gezeigt, dass sich die symbolischen Botschaften des Universums vom Traum in den Alltag übertragen können. Sie hat mir ebenfalls gezeigt, dass unserer Fähigkeit, Botschaften zu empfangen, nichts weiter im Wege steht als unsere fehlende Bereitschaft, darauf zu achten. Das bedeutet im Umkehrschluss, dass das Universum uns so viele Botschaften wie eben nötig schicken wird, bis wir es endlich kapiert haben. Sowohl in unserem wachen Leben als auch in unseren Träumen!

Bei den meisten von uns müssen sich Spirit und Träume ordentlich anstrengen, damit wir auf sie aufmerksam werden. Es braucht große und starke Botschaften, die so offensichtlich sind (aber gleichzeitig völlig unerwartet kommen), damit sich überhaupt erst der Funke einer Ahnung in uns regt, dass das Universum vielleicht gerade mit uns kommunizieren möchte. Ich bin das perfekte Beispiel dafür: Ich habe in meinem Traum eine klare Botschaft erhalten, habe mich aber dazu entschlossen, sie einfach zu ignorieren!

Ich hätte meinem Traum die Anerkennung geben sollen, die er verdient hat, indem ich etwas Zeit investiert hätte, um ihn zu verstehen und zu interpretieren. Stattdessen habe ich ihn einfach abgetan und mich wieder einmal für die Ablenkung entschieden, anstatt Klarheit zu erlangen. Doch das Symbol des Jaguars verfolgte mich bis in meinen Alltag und machte es mir nunmehr unmöglich, seine Botschaft zu ignorieren. Hätte ich meinem Traum Gehör verschafft, so wäre mir bewusst geworden, dass mir bereits die nächsten Schritte auf meinem Weg gezeigt worden sind. Ich hätte gesehen, dass mir mein Traum schon alle Antworten gegeben hat, die ich brauchte.

Im Traum fuhr ich also eine weitläufige Straße entlang (ein Symbol für ein breites Spektrum an Möglichkeiten). Es gab keine anderen Autos oder Hindernisse auf der Straße (ein Symbol für: mir stand nichts im Weg). Ich selbst steuerte das Auto und sang gleichzeitig fröhlich vor mich hin (Bedeutung: ich sitze am Steuer meines Lebens, und die Reise darf Spaß machen).

Dann entdeckte ich auf dem Rücksitz meines Autos den ordnungsgemäß angeschnallten Jaguar. In vielen alten Kulturen ist der Jaguar ein Symbol der Stärke und steht oft in Verbindung mit Heilkräften und der Einweihung ins Schamanentum. Seine Position auf dem Rücksitz meines Fahrzeugs verriet mir, dass sich meine innere Macht in die hinteren Reihen meines Lebens zurückgezogen hatte.

Der Jaguar krümmte mir kein einziges Haar. Er war gerade dabei, mir etwas sehr Wichtiges zu sagen, das ich mit Spannung erwartete – aber plötzlich wachte ich auf! Damals war ich im Klarträumen noch nicht sehr erfahren. Wäre ich es gewesen, hätte ich einen neuen Traum induziert, um zu hören, was der Jaguar mir Wichtiges zu sagen hatte.

Aber mein regulärer Traum zeigte mir ohnehin, was ich wissen musste! Ich hatte mich vor meiner eigenen Macht versteckt, indem ich rein gar nichts unternahm, um mir selbst zu helfen. Wie sich herausstellte, hatte ich nicht etwa Angst davor, die falschen Entscheidungen im Leben zu treffen oder mich »verloren« oder »festgefahren« zu fühlen. Nein, ich hatte Angst davor, dass ich Zugang zu einer Art innerer Macht und Kraft haben könnte, die imstande war, alles zu verändern. Eine Gabe, die mir einerseits Furcht einflößte und mich gleichzeitig in Begeisterung versetzte.

Meine Reaktion auf den Jaguar im Traum spiegelte klar und deutlich meinen inneren Konflikt wider. Ich fragte mich im Traum innerlich, ob mich das Tier angreifen, verletzen oder sogar auffressen würde. Ich spielte sogar mit dem Gedanken, einfach aus dem Auto zu springen – Vermeidung lässt grüßen!

Anders ausgedrückt: Auf dieselbe Art, wie ich dem Jaguar im Traum entgegentrat, näherte ich mich auch im wachen Leben einem Aspekt meines Selbst. Der Traum beleuchtete die Wahl, vor der ich stand: Würde ich mich weiterhin vor meiner Kraft verstecken, oder würde ich meine Macht in Anspruch nehmen und nutzen?

Ich verstand, dass es sich bei meiner Entscheidungsunfähigkeit und der typischen Ausrede, mich »verloren« zu fühlen, einfach um eine gut getarnte Angst handelte. Ich fürchtete mich so sehr davor, die falschen Karriereentscheidungen zu treffen, dass ich mich versehentlich selbst dazu brachte, festzustecken und nicht voranzukommen. Ich hatte meine spirituelle Kraft völlig abgelehnt und war gleichzeitig in einem selbst konstruierten Käfig des Stillstands gefangen!

Das Leben bringt Veränderung – und zwar dann, wenn wir uns dafür entscheiden, uns zu ändern. Das heißt, wenn wir uns mithilfe unserer inneren Stärke unserer momentanen Realität stellen und uns dazu entschließen, trotz aller Ängste und einschränkenden Überzeugungen einen Schritt nach vorn zu wagen.

Ich erlangte meine eigene emotionale Stärke und Lebenskraft zurück, indem ich mich dazu entschloss, mich erneut für ein Studium an einer Universität einzuschreiben. Gleichzeitig ging ich bei einem schamanischen Meister in die Lehre, der mir dabei half, unterschiedliche spirituelle Lehren und Praktiken zu erforschen, um meine eigene Kraft zu entfalten. Ich nahm einen Teilzeitjob in einem kleinen Laden an, um mich finanziell über Wasser halten zu können. Und das Wichtigste ist: Ich beendete eine Beziehung, die eindeutig nicht funktioniert hatte, und konnte endlich mein Singledasein vollständig annehmen.

Mein gesamter Entwicklungsprozess war nun viel freudvoller, weil ich mich nicht mehr damit befasste, was in der Zukunft vielleicht noch alles passieren könnte. Ich versuchte nicht, aus dem Ungewissen Sicherheit zu schöpfen. Ich machte einfach Tag für Tag einen Schritt nach dem anderen und lernte, die Ungewissheit zu akzeptieren und anzunehmen. Der Inbegriff des Alltags eines Jaguars im Dschungel, sozusagen. Die symbolische Botschaft dahinter ist offensichtlich: Werde eins mit der geheimnisvollen Dunkelheit und jage, als könntest du im Dunkeln sehen.

TRÄUME ERZÄHLEN SYMBOLISCHE GESCHICHTEN

Wie wir bereits gesehen haben, ist alles im Traum symbolischer Natur – von den Traumfiguren und der Art und Weise, wie sie mit uns interagieren, bis zur nächtlichen Traumlandschaft oder Traumkulisse. Träume machen keine Fehler in ihrer Symbolik.

Die Symbole sind konkret, zweckorientiert und erscheinen immer zum richtigen Zeitpunkt.

Auch wenn wir ihre Bildsprache und Botschaft nicht immer gleich verstehen oder erahnen können, sind die Symbole in unseren Träumen dennoch von wesentlicher Bedeutung. Traumbotschaften sind so gestaltet, dass sie uns bei der Heilung, beim kreativen Schaffensprozess und bei unserer persönlichen Entwicklung unterstützen.

Beim Versuch, die Traumsymbolik zu entschlüsseln, ist es ausschlaggebend, wie man an die Sache herantritt. Sie müssen nur den Suchbegriff »Traumsymbolik« in Ihre Internetsuchmaschine eingeben, und schon finden Sie unzählige Ergebnisse. Das kollektive Bedürfnis, die Symbolik in Träumen und auch in unserer wachen Realität zu verstehen, ist groß, denn wir wissen instinktiv, dass Symbole reich an Erkenntnissen und Bedeutung sind!

Die gewaltige Anzahl an Suchergebnissen suggeriert uns auch, dass es unzählige verschiedene Ansichten darüber gibt, wie man Traumsymbole und ihre enthaltenen Botschaften am besten entziffert. Ich bediene mich bei der Entschlüsselung von Traumbotschaften zweier sehr spezifischer Methoden, die beide eine Mischung aus psychologischem Wissen und spiritueller Intuition sind. Die erste ist meine AVK-Methode (Akzeptanz, Vertrauen, Klarheit) der Traumdeutung. Bei der zweiten handelt es sich um ein eher traditionelles und themenbezogenes Modell der Trauminterpretation. Ich werde später genau beschreiben, wie Sie beide Methoden für Ihre Traumdeutung nutzen können.

Um die eigenen Traumbotschaften exakt deuten zu können, ist es notwendig, sich mit den psychologischen und spirituellen Aspekten des Lebens und der Träume gleichermaßen zu beschäftigen. Gefühle, Gedanken, Alltagserlebnisse und die persönliche Geschichte fallen alle in den psychologischen Bereich, mit dem Sie im Rahmen Ihrer Traumentschlüsselung arbeiten.

Dann gibt es noch unsere kollektive Geschichte, die eigene energetische Schwingung, intuitives Wissen und Manifestationen der Zukunft, die den spirituellen Bereich bilden, auf den Sie bei der Traumdeutung ebenfalls zurückgreifen. Zum besseren Verständnis habe ich diese beiden Bereiche voneinander getrennt, tatsächlich gibt es hier jedoch keine wirkliche Trennung.

Alle Träume wirken als *unio mystica*, als heilige Vereinigung. Das bedeutet, Träume sind das Medium, in dem Gegensätze vereint werden: Psychologie und Spiritualität. Das Männliche und das Weibliche. Das Physische und das Nichtphysische. Das Bewusste und das Unbewusste. Gedanken und Gefühle. Alle sind wesentlich, doch keiner ist wichtiger als der andere.

Sehen wir uns diesen Aspekt einmal im Hinblick auf meinen Traum mit dem Jaguar an. Eigentlich war es doch bloß ein gewöhnlicher Traum. Jedenfalls dachte ich das! Und dennoch hatte das Universum hier sein Händchen im Spiel, was später durch mein Synchronizitätserlebnis deutlich wurde. Mein Traum war eine spirituelle Botschaft, die mir zeigte, wie ich meine emotionalen und psychologischen Blockaden überwinden konnte. Jene Blockaden nämlich, die durch einschränkende Glaubenssätze und Ängste entstanden sind. Seele und Psyche arbeiteten hier also zusammen.

Unsere Seele und unsere Psyche sind nicht getrennt; wie sonst auch wird diese Einheit nur durch unsere Wahrnehmung getrübt. Nehmen Sie sich jetzt, in genau diesem Moment, nur einen kurzen Augenblick Zeit, um darüber nachzudenken, wie Ihre Träume mit den Dingen zusammenhängen, die Sie momentan in Ihrem Leben erfahren. Können Sie erkennen, dass sich Ihre Träume immer darauf beziehen, was Sie als spirituelles Wesen innerhalb eines physischen Körpers erleben? Ihre Träume wollen Ihnen immer zu mehr Ganzheit und Wohlbefinden verhelfen.

Ganz deutlich wird dies, wenn wir prophetische oder vorausahnende Träume haben, in denen es entweder um unser eigenes Leben geht oder um das kollektive Umfeld, in dem wir leben. Vor dem Terrorangriff auf das New Yorker World Trade Center beispielsweise hatten viele Menschen seltsame und irritierende Träume, in denen Türme als Symbole vorkamen. Eine Frau träumte von einem Turm aus Skeletten, der rundherum in Asche gehüllt war. Eine Person träumte von zwei Flugsauriern (engl.: *pterodactyl*, was ausgesprochen wie Terror-dactyl klingt), die um zwei große identische Gebäude oder Türme kreisten. Das sind bloß zwei Beispiele solcher außergewöhnlichen Kollektivträume. Und es gibt noch viele weitere.

Träume verweisen auf unsere Verbindung zum Göttlichen und zeigen uns den größeren Weitblick, den wir bekommen, sobald wir an den Spirit angebunden sind. Sie machen uns auch auf jene

Verbindung aufmerksam, die wir Menschen untereinander haben, und auf die Verbundenheit mit allem Leben um uns herum. Und das nicht nur in Zeiten des Aufruhrs und der Krise, sondern auch dann, wenn es uns gut geht. Zu jeder Zeit, genau genommen. Wenn wir uns alle Traumbotschaften zu Herzen nehmen, können wir im Außen wie im Innen aufblühen, als Individuum und im Kollektiv.

DIE AVK-METHODE ZUM ENTSCHLÜS-SELN VON TRAUMBOTSCHAFTEN

Ziel meiner »AVK-Methode« (Akzeptanz, Vertrauen, Klarheit) ist es, sofortige Erkenntnisse aus dem im Traum Erlebten ziehen zu können. Anders als die themenbasierte Technik zur Traumdeutung, die langjährige Verhaltensmuster zu entschlüsseln sucht, soll die AVK-Methode Ihnen dabei helfen, Ihre Träume als unmittelbare und sofortige Quelle der Erkenntnis und Hilfestellung zu sehen.

Bei der AVK-Methode der Traumdeutung ist es notwendig, den Traum als vollständige Geschichte zu interpretieren, *die sich auf Ihre momentane Situation bezieht*. Meine goldene Regel bei dieser Art von Traumdeutung lautet, sich jedes Mal folgende drei Fragen zu stellen: *Warum gerade dieser Traum? Warum auf diese Art und Weise? Warum jetzt?*

Im Folgenden schildere ich den Traum einer Person, die an einem meiner Workshops teilgenommen hat. Dankenswerterweise hat sie mir die Erlaubnis dafür erteilt. Versuchen Sie ihn zunächst selbst zu interpretieren, bevor Sie es mit der AVK-Methode probieren. Ich schlage das deshalb vor, damit Sie erst ein Gefühl für

Ihre eigene Kompetenz, Träume zu deuten, gewinnen. Die träumende Person erzählte ihren Traum wie folgt:

Ich fahre mit meinem Auto und nähere mich einer roten Ampel. Anstatt anzuhalten, steige ich aufs Gas und stürme auf die Kreuzung zu. Ich kann die anderen Autos auf mich zurasen sehen und bin mir sicher, dass sie jeden Moment mit mir zusammenstoßen werden. Doch irgendwie schaffe ich es unbeschadet auf die andere Seite der Straße! Mein Herz schlägt wie verrückt und ich entscheide mich, nach Hause zu fahren. Kurz darauf werde ich wach.

Was denken Sie, will dieser Traum sagen? Erzählt er von Hoffnung, oder ist es einfach ein angstbasierter Traum? Lassen Sie uns nun den Traum und seine Botschaft mithilfe der AVK-Methode erforschen.

SCHRITT 1: ERKENNEN UND AKZEPTIEREN SIE ALLE SYMBOLE DES TRAUMES

In diesem Traum hat es die träumende Person eindeutig mit sechs Traumsymbolen zu tun. Diese sind:

1. die rote Ampel

2. das Auto

3. die Kreuzung

4. die anderen Autos

5. Angst und Vorahnung

6. das eigene Zuhause

Bei dem Versuch, die Botschaft zusammenzufassen, können wir Folgendes feststellen: Die träumende Person steht an einer Kreuzung. Sie trifft eine riskante Entscheidung, trotz herannahender Autos über die rote Ampel zu fahren. Sie kommt sicher auf der anderen Seite an, worüber sie erleichtert ist. Dann entschließt sie sich, nach Hause zu fahren.

SCHRITT 2: VERTRAUEN SIE DARAUF, DASS IHRE TRÄUME NUR DAS BESTE FÜR SIE WOLLEN

Der oben beschriebene Traum ist eine Botschaft über die Risikobereitschaft und ihre potenziellen Konsequenzen. Woher wissen wir das? Weil es ein großes Risiko darstellt, eine rote Ampel zu überfahren. Als Außenstehenden ist uns nicht klar, worauf sich diese Risikobereitschaft bezieht. Was jedoch deutlich wird, ist, dass sich die träumende Person an einer Kreuzung, einer Weggabelung in ihrem Leben befindet und dass das Risiko irgendwie in Verbindung mit einer Entscheidung steht, die sie fällen muss.

Kreuzungen sind als Traumsymbole von essenzieller Bedeutung, denn sie zeigen uns, wie wichtig es ist, Entscheidungen mit offenen Augen und klarem Blick zu treffen. Aufgrund ihrer Form stehen sie symbolisch für vier Entscheidungsmöglichkeiten. Wir können nach rechts, nach links, vorwärts oder rückwärts gehen. Bei einer Kreuzung kann es sich oft auch um ein grundlegendes, oder *kardinales*, Symbol handeln, das mit einer religiösen Bedeutung besetzt ist – ungeachtet dessen, ob die träumende Person ein religiöser Mensch ist oder nicht, denn im Begriff »Kreuzung« steckt das Wort »Kreuz« schon drin.

Die träumende Person befindet sich an einer roten Ampel und entschließt sich trotz aller Risiken dazu loszufahren. Ein rotes Licht ist in unserer wachen Realität eine tatsächliche Aufforderung zum Anhalten. Im Traum »verstößt sie gegen das Gesetz« (womöglich ein grundlegendes, *kardinales* Gesetz, denn die Ampel hängt ja am Straßenkreuz) und überfährt die rote Ampel. Glücklicherweise schafft sie es unversehrt zur anderen Straßenseite, ohne mit den anderen Autos zusammenzustoßen. Ihr Herz rast wie verrückt, als sie den Entschluss fasst, nach Hause zu fahren.

Alle Träume bieten uns konstruktive Vorschläge, auch wenn die Symbole nach außen hin vielleicht negativ zu sein scheinen. Wie bereits erwähnt, sollten Sie Ihre Traumdeutung immer mit dem Ziel machen, einen positiven Lösungsansatz daraus zu schöpfen. Das ist ein wesentlicher Punkt in der AVK-Methode – darauf zu vertrauen, dass Ihre Träume immer auf Ihr Wohlergehen aus sind. Wenn dieser Traum also nur das Beste will, worin liegt dann die zentrale Botschaft?

Die träumende Person steht in ihrem Leben an einer Weggabelung. Sie steht vor einer (gefühlt oder tatsächlich) riskanten Entscheidung, die vermutlich einen Verstoß gegen die Regeln mit sich zieht. Die träumende Person wird vom Traum (zuerst auf gedanklicher Ebene) auf die Konsequenzen ihrer Risikobereitschaft aufmerksam gemacht, bevor sie tatsächlich handelt. Ungeachtet des Risikos entschließt sie sich dann doch dazu, wieder nach Hause zurückzukehren – wie gegen Ende des Traums deutlich wird.

Ist es nicht überaus spannend, dass dieser Traum ausgerechnet von einer Person stammt, die gerade dabei war, eine außereheliche Beziehung mit jemandem aus der Arbeit anzufangen? Es wird uns so vieles klarer, wenn wir Träume in Beziehung zu dem setzen, was gerade in unserem Leben passiert. *Und genau deshalb sollten Sie sich immer fragen: Warum gerade dieser Traum? Warum auf diese Art und Weise? Warum jetzt?*

Kehren wir also zum oben beschriebenen Traum zurück, diesmal jedoch mit einer Zusatzinformation im Kopf: der potenziellen Affäre.

Die träumende Person muss sich entscheiden, ob sie eine Affäre eingeht oder nicht. Die rote Ampel im Traum symbolisiert die gesellschaftlichen Verhaltensregeln (monogam zu leben). Wir wissen, dass die Verkehrsampel ein gesellschaftliches Symbol ist, da wir alle bei einer roten Ampel stehen bleiben müssen. Im Traum hält sich die Person nicht an die Regeln; sie überfährt das rote Licht (körperlich/emotional möchte sie das Risiko eingehen und die Affäre beginnen). Der Traum bringt ihre sexuelle Sehnsucht und ihr Verlangen zum Ausdruck.

Im Traum bewegen sich die anderen Autos auf sie zu. Die Autos stehen vielleicht für Personen, die die Affäre aufdecken könnten, oder womöglich repräsentieren sie ihr eigenes inneres Urteil über ihre Begierde. Sie könnten aber auch als Phallussymbol gedeutet werden.

Trotz heranrasender Autos gelangt die träumende Person unbeschadet zur anderen Seite der Kreuzung. Mit anderen Worten: Sie schafft es unversehrt aus der Situation heraus. Sie spürt ihr Herz wild in ihrer Brust schlagen (ein Adrenalinschub, wie bei einer echten Affäre). Zum Schluss entschließt sie sich dazu, nach Hause zu fahren (und ihre Beziehung nicht zu gefährden).

SCHRITT 3: VERSCHAFFEN SIE SICH KLARHEIT ÜBER IHREN NÄCHSTEN HANDLUNGSSCHRITT

Die Botschaft des Traums ist nie eine verurteilende; der Traum will Handlungsklarheit bringen. Die träumende Person würde höchstwahrscheinlich mit dem Betrug davonkommen, wie es ihr der Traum suggeriert. Sie kommt unbeschadet auf der anderen Seite an! ABER: Sie ist hin- und hergerissen, ob sie die Affäre durchziehen soll oder nicht, also unterstützt sie der Traum, indem er ihren inneren Konflikt darstellt. Das bedeutet nicht, dass sie treu bleiben *muss* (beziehungsweise es sollte oder nicht sollte). Der Traum verdeutlicht lediglich die voraussichtlichen Auswirkungen auf ihr Leben, wenn sie das Risiko eingeht und den Seitensprung wagt. Davon abgesehen ist der Handlungsschritt in diesem Traum ganz klar: Sie kehrt bereitwillig zurück nach Hause.

DIE AVK-METHODE ERKLÄRT

Wenn Sie meine AVK-Methode zur Deutung Ihrer Träume heran- ziehen, ist es wichtig, die Träume in Beziehung zu Ihrer aktuellen Lebenssituation zu setzen. Ihre Träume sind ein Quell von Bot- schaften, der Ihnen Hilfe und Führung in jeder Lebenslage brin- gen wird. Um erfolgreich mit Träumen zu arbeiten, sollte man lediglich im Hinterkopf behalten, dass alle Träume gleichzeitig Hilfestellung für aktuelle Probleme und auch für Angelegenheiten sind, die sich über einen längeren Zeitraum erstrecken.

Obwohl die Person mit dem Straßenkreuzungstraum von sehr allgemeinen und kollektiven Traumsymbolen (Autos und Straßen) geträumt hat, waren diese in ihrer speziellen Situation von bestimmter Bedeutung.

Nun stellen Sie sich einmal vor, die träumende Person wäre ein dreiundvierzigjähriger Mann gewesen, der zum Zeitpunkt des Traumes durch eine schwere Chemotherapie aufgrund einer aggressiven Krebserkrankung gehen musste. Der Traum hätte, obgleich der gleichbleibenden Traumbilder und -symbole, nun eine ganz andere Bedeutung. Hier das Beispiel:

Er steht an einer roten Ampel (seine Krebsdiagnose). Er befindet sich an einer Kreuzung (einer Weggabelung zwischen Krankheit und Gesundheit oder sogar Leben und Tod). Er überfährt die rote Ampel trotz herannahender Autos (die anderen Autos könnten für die aggressiven Krebszellen stehen). Er schafft es unbeschadet auf die andere Seite (Gesundheit). Er ist erleichtert und entschließt sich, nach Hause zu gehen.

Das Haus ist hier ein Symbol für den Körper des Träumenden und sein spirituelles Zuhause. Der Traum spiegelt überdies die Gefühle des Träumenden bezüglich seiner Diagnose und der Therapie wider. Gleichzeitig fungiert er als eine Art spirituelle Bestärkung, die ihm zeigt, dass er es heil auf die andere Seite schafft (er überquert die Kreuzung) und nach Hause zurückkehrt.

Wenn Sie mithilfe der AVK-Methode Ihre eigenen Träume entschlüsseln, müssen Sie zuerst akzeptieren und anerkennen, dass alle Symbole im Traum dazu da sind, um Ihnen zur Seite zu stehen. Das heißt, auch die furchterregenden Symbole! Vertrauen Sie darauf, dass der Traum nur das Beste für Sie will, und interpretieren Sie ihn mit dem Wissen, dass er Ihnen von Nutzen sein möchte.

Sehen Sie Ihren Traum als eine Geschichte, die Ihnen eine symbolische Botschaft überbringt – durch die Bilder, die Sie sehen, die Handlungen, die Sie ausführen, und die Gefühle, die Sie spüren. Zum Schluss machen Sie sich Ihren Handlungsschritt mithilfe der Botschaften aus dem Traum klar, sodass Sie im wachen Leben einen konstruktiven Schritt nach vorn gehen können.

DIE THEMENBASIERTE METHODE ZUR TRAUMDEUTUNG UND TRAUMANALYSE

Diese alternative Methode der Trauminterpretation arbeitet mit sich wiederholenden Traumbildern und zielt auf langfristige persönliche Weiterentwicklung ab. Als solche erfordert sie eine etwas größere Anzahl festgehaltener Träume – im Gegensatz zur AVK-Methode, die auch mit nur einem Traum funktioniert. Ich empfehle Ihnen, zumindest dreißig Träume zu notieren, bevor Sie mit dieser Methode der Traumentschlüsselung arbeiten.

Wenn Sie meinem Rat zu Anfang dieses Buches gefolgt sind und ein Traumtagebuch angelegt haben – herzlichen Glückwunsch! Sie sollten mittlerweile eine gute Sammlung an Träumen haben, die Sie nun interpretieren können! Wenn Sie jedoch noch nicht so viele Träume niedergeschrieben haben, dann markieren Sie sich einfach dieses Kapitel und kehren Sie hierher zurück, sobald Sie bereit dafür sind.

Diese Methode der Traumdeutung wurde speziell dafür konzipiert, langjährige Glaubens- oder Verhaltensmuster zu identifizieren, die Ihnen nicht mehr dienlich sind. Als Methode trifft sie den Kern der Sache, nämlich Ihre persönliche Entwicklung, denn sie zeigt Ihnen genau die Dinge auf, die Sie näher betrachten, loslassen oder verbessern sollten, um zu wachsen.

Sie werden bei der Traumdeutung mithilfe der themenbasierten Methode ebenfalls feststellen, dass viele dieser Glaubenssätze, die Ihnen vielleicht noch gar nicht bewusst sind, langsam offengelegt werden. So ist dies ein sehr aufschlussreicher und erhellender Prozess der Trauminterpretation. Sie können erst dann ein ungesundes Glaubens- oder Verhaltensmuster durchbrechen, wenn Sie es auch erkannt und gesehen haben!

DER BESTE ZEITPUNKT FÜR DIESE ÜBUNG

Machen Sie die Übung nur, wenn Sie sich mindestens eine Stunde Zeit nehmen können. Sie werden in dieser Zeit aktive Persönlichkeitsentwicklung betreiben – stellen Sie also sicher, dass Sie währenddessen nicht unterbrochen oder gestört werden. Sie machen schließlich eine Reise in Ihr Innerstes. Ich habe außerdem festgestellt, dass, wenn ich die Übung mit Musik im Hintergrund durchführe, die Songtexte Einfluss darauf haben, welche Themen sich mir zeigen. Deshalb an dieser Stelle ein kleiner Hinweis: Versuchen Sie, die Übung mit so wenig Ablenkung wie möglich durchzuführen!

WAS SIE BENÖTIGEN

Sie brauchen Ihr Traumtagebuch, ein paar Stifte und Textmarker in unterschiedlichen Farben sowie ein paar Blatt Papier. Sie können auch ein kostenloses Beispielblatt aus meinem Traumtagebuch auf meiner Webseite unter www.athenalaz.com herunterladen.

DIE ZENTRALEN THEMEN IM TRAUMTAGEBUCH AUFSPÜREN

Hier verfolgen wir das grundlegende Ziel, alle sich wiederholenden Traumsymbole, Gefühle, Bilder und Orte aufzuspüren, um die dahinterliegenden Themen zu erkennen, für die sie stehen. Dadurch wird es uns möglich, langjährige Verhaltens- oder Glaubensmuster zu identifizieren, die sich in unseren Träumen bemerkbar machen wollen. Wenn wir diese Themen ausfindig machen, können wir sie nutzen, um als Person zu wachsen und uns weiterzuentwickeln.

Die Kunst bei dieser Art von Traumdeutung liegt darin, alle wiederkehrenden Symbole und Bilder zu ermitteln. Versuchen Sie sich von vorgefassten Meinungen darüber, was Sie womöglich entdecken werden, loszulösen. Führen Sie die Übung einfach möglichst unvoreingenommen und ohne Erwartungen durch.

Gehen Sie Ihre notierten Träume mit bunten Stiften oder Textmarkern durch und markieren Sie jene Traumsymbole, die sich über mehrere Träume hinweg wiederholen. So könnte Ihnen beispielsweise auffallen, dass in den meisten Ihrer Träume ein »Haus« oder ein »Hotel« vorkommt. Sie würden dieses Haus dann als wiederkehrendes Symbol markieren. Das Ziel dabei ist es, die Einträge in Ihrem Traumtagebuch durchzugehen und jene Symbole zu unterstreichen, die in mehreren Träumen zu finden sind.

Vielleicht spielen die Elemente »Feuer« oder »Wasser« in Ihren Traumniederschriften eine wichtige Rolle. Möglicherweise fällt Ihnen auf, dass Sie immer ein bestimmtes Kleidungsstück (etwa Jeanshosen) tragen oder eine bestimmte Tätigkeit (sagen wir Auto fahren) häufiger ausüben. Oder womöglich erkennen Sie, dass Sie die Wörter »ängstlich« und »besorgt« immer wieder gebrauchen. Was auch immer bei Ihnen der Fall ist – fahren Sie mit dieser Technik so lange fort, bis Sie das Gefühl haben, alle wiederkehrenden Traumsymbole aus ihren notierten Träumen aufgespürt zu haben.

Überfliegen Sie nun die Markierungen und legen Sie eine Liste aller sich wiederholenden Symbole an. Schreiben Sie diese Liste auf einen der leeren Papierbogen. Hier die Liste eines meiner Klienten, dessen Tagebucheinträge über einen Zeitraum von drei Monaten gingen:

1. Haus

2. Schwimmbecken

3. ängstlich

4. Fahrstühle

5. Auto

6. Hotel

7. Zug

8. Schlüssel

9. Meer

10. Zuhause

11. Schule

12. Ozean

13. wegrennen

14. Autofahrerinnen

15. Menschen, die ich im wachen Leben nicht kenne

16. meine Partnerin

17. beunruhigt

18. Partys

19. Events

Die Länge der Liste ist nicht von Bedeutung. Was jedoch wichtig ist: Lesen Sie sich die Liste noch mal durch, nachdem Sie alle wiederkehrenden Symbole notiert haben. Schauen Sie, ob Sie einige der Symbole in einer Gruppe zusammenfassen können. Zum Beispiel könnte man die obige Liste wie folgt gruppieren:

1. Schwimmbecken/Ozean/Meer

2. Haus/Zuhause/Hotel

3. ängstlich/beunruhigt/weglaufen
   (vor etwas davonrennen = Vermeidung)

4. Fahrstühle/Schlüssel

5. Schule

6. Auto/Zug/Autofahrerinnen

7. unbekannte Personen

8. meinen Partner / meine Partnerin

9. Partys/Events

Die Kernliste sollte in einzelne Themen gefasst werden. Wie Sie vielleicht feststellen werden, haben die Wörter »Meer«, »Ozean« und »Schwimmbecken« eins gemeinsam: Sie stehen für Wassermassen. Somit ist das erste Thema, das wir identifiziert haben, Wasser.

Dann fällt Ihnen womöglich auf, dass »Häuser«, »Zuhause«

und »Hotels« zu einem weiteren Thema zusammengeschlossen werden können: Sie repräsentieren den Zustand der Psyche. Die nächsten Symbole, die wir zusammenfassen können, sind die sich wiederholenden Gefühle des Träumenden (ängstlich, beunruhigt oder ausweichend). Diese Gefühle beschreiben die Art und Weise, wie die träumende Person mit Schwierigkeiten in ihrem Leben umgeht (das Thema wären hier zum Beispiel ihre Bewältigungsstrategien). Und so weiter und so fort.

Versuchen Sie, so vielen Symbolen wie möglich ein zugrunde liegendes Thema zuzuordnen. Manchmal können die Symbole zusammengefasst werden, und manchmal stehen sie für ein eigenes Thema. Im Beispiel von oben können die Symbole »Schule«, »unbekannte Personen« und »Partner/Partnerin« keinem anderen Thema zugeschrieben werden, da sie den anderen Symbolen nicht ähneln. Jedes Symbol steht also für ein eigenes, neues Thema.

Zum Beispiel könnte »Schule« die vergangenen Kindheitserlebnisse des Träumenden repräsentieren und/oder für Lernprozesse stehen, die die Person gerade durchmacht. Die »Unbekannten« könnten für etwas Neues oder Unerwartetes stehen, das der Träumende im Innen und auch im Außen erlebt. Die Partnerin oder der Partner hingegen symbolisiert seine Intimität – oder ganz einfach die echte Person.

Hier geht es darum, die Symbole sehr pragmatisch und nutzbringend zu betrachten. Fragen Sie sich einfach: Womit verbinde ich dieses Symbol? Dann fragen Sie: Wofür steht dieses Symbol im Allgemeinen? Nutzen Sie Ihre Intuition ebenso wie Ihren Menschenverstand.

Die so ermittelten Themen lenken Ihre Aufmerksamkeit auf das, was in Ihrem Leben integriert, verändert oder transformiert werden will. Wenn Sie sich dabei erwischen, wie Sie bestimmte Symbole und Themen ausblenden oder sehr stark auf sie reagieren, dann notieren Sie sich diese unbedingt!

Diese unerwünschten Symbole sind hervorragende Hinweise, die Sie in Ihrem Transformationsprozess unterstützen und Veränderungen in Gang setzen! Vielleicht sind es nicht gerade die Symbole, die Sie sich gewünscht hätten, aber es sind mit Sicherheit diejenigen, die Sie *brauchen*. Themen, die bei Ihnen ein Unbehagen auslösen, sind auch der Schlüssel zu Ihrer persönlichen Freiheit. Wenn Sie sich in Ihren Träumen ständig in einem unordentlichen Haus befinden, ist das ein Zeichen dafür, dass Sie Ihren verstopften Energiefluss säubern und mit verstaubten Glaubenssätzen, alten Gefühlen und Verhaltensweisen aufräumen sollten. Fragen Sie sich: Was zieht mich runter? Welches Chaos muss ich beseitigen?

Letztlich geht es bei dieser Übung darum, die Themen (also Ihre Traumbotschaften) für Ihre persönliche Entwicklung zu nutzen. Denn was bringt es, Inspiration und Erkenntnisse zu empfangen, wenn wir nichts damit anfangen? Nutzen Sie die Informationen, die Sie bekommen! Selbstreflexive Fragen können dabei helfen, die entdeckten Themen zu entschlüsseln. Wenn Sie zum Beispiel feststellen, dass Vermeidung ein beständiges Thema in Ihren Träumen ist, könnten Sie sich folgende Fragen stellen:

Was versuche ich zu vermeiden? Warum vermeide ich es? Habe ich Angst vor Intimität? Fürchte ich mich davor, verurteilt oder abgelehnt zu werden? Wie würde ich mich fühlen, wenn ich bekäme, was ich will? Was würde passieren, wenn ich »Ja« anstatt immer »Nein« sagen würde? Wie würde sich mein Leben verändern, wenn ich wahrer Liebe begegnen würde? Schauen Sie tief in sich hinein, um herauszufinden, was Sie zurückhält. Lassen Sie sich von Ihren Träumen den Weg zeigen, indem sie Licht auf Ihre versteckten Ängste werfen.

Vielleicht gehen Sie davon aus, dass eine neue Situation genauso enden wird wie all die schmerzhaften Erfahrungen, die Sie in der Vergangenheit gemacht haben. Oder dass Sie kläglich versagen, wenn Sie etwas Neues ausprobieren. Was auch immer es ist, Sie können jedes innere Hindernis überwinden, indem Sie Ihre diesbezüglichen Gedanken ändern und anders handeln als bisher. Wenn Ihre Träume Sie auf Ihr vermeidendes Verhalten aufmerksam machen, könnten Sie im Wachzustand versuchen, sich bewusst den Erfahrungen, Gefühlen oder Beziehungen auszusetzen, die Sie bisher vermieden haben.

Wenn Sie mutig genug sind und eine neue Verhaltensweise in Ihrem Alltag ausprobieren, werden Sie sehen, dass sich Ihre nächtlichen Träume gemeinsam mit Ihnen ändern. *Träume passen sich der träumenden Person an!* Soll heißen: Wenn Sie Ihr alltägliches Verhalten ändern, ändern sich auch Ihre Trauminhalte. Nehmen wir beispielsweise an, Sie haben unter Albträumen gelitten, in denen Sie verfolgt wurden und wegrennen mussten — nun aber träumen Sie von freundlichen sozialen Interaktionen oder sogar von Tieren, die Sie mit einer Streicheleinheit verwöhnen.

Sollten Sie sich immer noch mit schwierigen Symbolen, Gefühlen oder Themen abmühen (wie wir alle), dann können Sie diese in Ihre Klarträume mitnehmen — wie das geht, werden wir in Kapitel 9 gemeinsam erforschen. Luzide Träume sind eine unglaubliche Hilfe, um zu verstehen, *warum* das betreffende Symbol eigentlich solche Probleme macht. Sie können Ihren Klartraum einfach darum bitten, Ihnen eine Ihrer Erinnerungen zu zeigen, die mit dem Problem in Verbindung steht. Für mich war das immer eine besonders aufschlussreiche Übung, und am nächsten Morgen habe ich mich schon um einiges besser gefühlt. Ich hoffe, dass es Ihnen auch so ergehen wird!

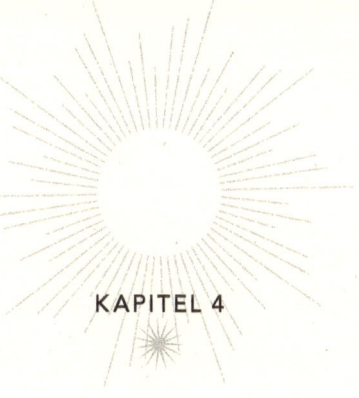

SICH VON DEN TRAUMTHEMEN
UND -SYMBOLEN FÜHREN LASSEN

Im vorigen Kapitel haben Sie zwei sehr hilfreiche Methoden zur Traumentschlüsselung kennengelernt: *meine AVK-Methode der Trauminterpretation* und die *themenbasierte Methode der Traumdeutung*. Beide Methoden zeigen, dass Traumarbeit eine meisterhafte Kunst ist, die man mit etwas Übung gut beherrschen kann. Träume sind die Schwelle, auf der sich unser Menschsein und unsere Göttlichkeit begegnen und diese nächtlichen Botschaften zu etwas überaus Heiligem machen.

Wenn es Ihnen gelingt, die Botschaft Ihres Traums zu entschlüsseln, dann sollten Sie die gewonnenen Informationen sinnvoll nutzen, indem Sie mit gezielten Handlungen Veränderung in Ihr Leben bringen. Genau darauf werden wir uns im Folgenden konzentrieren: den Teil der Umsetzung beim persönlichen Wachstumsprozess im Hinblick auf die erhaltenen Traumbotschaften.

Wenn ich Sie jetzt gerade fragen würde, wie es Ihnen geht, was würden Sie antworten? Wäre es eine Erzählung darüber, wie erschöpft und frustriert Sie sich fühlen, oder doch ein Gedicht von Glückseligkeit und Akzeptanz? Würde ich Ihnen im Vergleich dazu die Frage stellen, wie Sie sich denn gerne *fühlen möchten*, was wäre dann Ihre Antwort? Vielleicht streben Sie im Moment einfach nur nach Ruhe in Ihrem Leben. Vielleicht ist es aber auch etwas viel Grundlegenderes, wie zum Beispiel die Sehnsucht nach echter Veränderung.

Mit Letzterem kann ich mich ganz und gar identifizieren. Ich habe einen Großteil meiner Zwanziger mit der Suche nach Rückhalt und Inspiration verbracht. Meine Erfahrungen im Alltag sahen dabei aber ganz anders aus. Meistens war ich schlichtweg überfordert und verängstigt, und meine Lebensumstände haben diese Gefühle recht treffend reflektiert.

Vielleicht haben Sie sogar selbst ähnliche Erfahrungen gemacht? Dass eine große Lücke klafft zwischen dem Ort, an dem Sie jetzt stehen, und dem, wo Sie gerne sein möchten. Und gleichzeitig haben Sie keinen blassen Schimmer, wie Sie die Situation zum Besseren wenden können. Vielleicht fühlt sich diese Lücke wie eine riesige Schlucht an. Möglicherweise ist es aber auch nur ein einfacher Sprung hinüber zu einem schöneren Leben.

In welcher Situation Sie sich auch befinden mögen – ich glaube, es ist hilfreich zu wissen, dass unsere Träume genau da ansetzen und uns zur Seite stehen. Unsere Träume und Wünsche im Wachzustand (die großen und kühnen Lebensvisionen, die uns die Stimme unseres Herzens zuruft) ebenso wie die nächtlichen Träume – beide navigieren uns stets nach vorn in die richtige Richtung. Träume vermitteln uns, wie wir die Kluft von hier nach da überqueren können, indem sie uns mit eindrücklichen Bildern, Symbolen und Gefühlen wachrütteln.

Wie Sie feststellen werden, ist es jedem und jeder von uns möglich, mithilfe unserer regulären Träume diese Lücke zu schließen, weil wir die einschränkenden Überzeugungen, Gefühle und Verhaltensmuster unseres wachen Lebens durch die Botschaften unserer Träume transformieren können. Klarträumer hingegen schließen die Lücke, indem sie aktiv in das Traumgeschehen eingreifen und es mit ihrer bewussten Wahrnehmung verändern, um so die neu entstandene emotionale Schwingung in ihren Alltag mitzunehmen. Beides funktioniert gleichermaßen.

TÄTIG WERDEN UND DIE EIGENEN ZUKUNFTSZIELE ANERKENNEN

Wenn ich Menschen beibringe, ihre Träume zu analysieren, wählen sie für gewöhnlich erst die themenbasierte Methode der Traumdeutung. Meist liegt das daran, dass es ihnen Spaß macht und leichtfällt, die Themen in ihrem Traumtagebuch zu identifizieren. Einige Menschen haben jedoch so manche Schwierigkeiten damit herauszufinden, welche konkreten Handlungsschritte sie in ihren Alltag implementieren sollen. In diesem Fall kann es hilfreich sein, die Traumthemen in Zusammenhang mit den eigenen Zukunftszielen sowie dem momentanen seelischen Wohlbefinden zu betrachten.

Manchen Menschen fällt es leicht einzuschätzen, wie sie sich fühlen. So leicht, dass sie sich gar keine großen Gedanken darüber machen. Für viele von uns (ich gehörte auch eine Zeit lang dazu) ist es jedoch alles andere als einfach! Um den momentanen

Gefühlszustand festmachen zu können, ist es notwendig, sich über die eigenen Gefühle im Klaren zu sein und diese genau benennen zu können. Ich liste im Folgenden einige Gefühlszustände auf, die Ihnen helfen sollen, sich klarer zu werden.

- [ ] genährt, sicher, friedvoll, geliebt
- [ ] kreativ, fröhlich, aufgedreht, glücklich
- [ ] energisch, aufgeregt, freudvoll
- [ ] vertrauensvoll, überzeugt, sicher
- [ ] positiv erwartungsvoll, Optimismus, Eifer
- [ ] Vorfreude, vertrauensvoll, ermutigt
- [ ] zufrieden, Gelassenheit, Akzeptanz, hoffnungsvoll
- [ ] stumpfsinnig, gelangweilt, gleichgültig
- [ ] zynisch, misstrauisch, pessimistisch
- [ ] ausgebremst, aufgewühlt, irritiert, erschöpft
- [ ] empfindlich, verunsichert, nervös, panisch
- [ ] traurig, entmutigt, enttäuscht, bestürzt
- [ ] besorgt, beunruhigt, zweifelnd
- [ ] ängstlich, verängstigt, erschrocken
- [ ] verbittert, beschuldigt, nachtragend
- [ ] abgeschreckt, verunsichert, frustriert
- [ ] feindselig, verärgert, verletzt, gekränkt
- [ ] vergeltend, rachsüchtig
- [ ] Wut, Abscheu, Verachtung, Hass
- [ ] Neid, Unzulänglichkeit, Eifersucht
- [ ] beschämt, verlegen, zaghaft, unwürdig
- [ ] Angst, Schrecken, Panik

Gelingt es Ihnen zu ermitteln, welche Grundgefühle derzeit bei Ihnen vorherrschen? Vielleicht ordnen Sie sich im Moment irgendwo zwischen »enthusiastisch« und »hoffnungsvoll« ein. Oder womöglich fühlen Sie sich entmutigt und beunruhigt. Sehen Sie sich nun Ihre Traumthemen und die Botschaften Ihrer Träume an. Übermitteln diese eine ähnliche Gefühlslage, oder sind sie womöglich das genaue Gegenteil dessen, was Sie derzeit in Ihrem Leben erfahren?

In meinen Zwanzigern hatte ich oft wiederkehrende Träume, in denen ich mich in unterschiedlichen Transportmitteln befand, der Weg vor mir jedoch versperrt oder gefährlich war. Ich saß beispielsweise in einem Auto, doch es befand sich ein Hindernis weiter vorn auf der Straße. Oder ich war auf einem Schiff inmitten einer unruhigen und wilden See. Meine Träume fühlten sich alle sehr hektisch an, und meist wachte ich dann völlig erschöpft auf.

Zu dieser Zeit in meinem Leben war ich auf einem »spirituellen Vermeidungstrip« unterwegs – ich tat so, als wäre alles bestens, obwohl das so ganz und gar nicht der Realität entsprach! Ich wollte mich gelassen, souverän und selbstsicher fühlen. Meine Zukunftspläne drehten sich alle nur darum, mich in einem ständigen Gefühl der Sicherheit wiederzufinden. In Wirklichkeit war da aber eine große Diskrepanz zwischen dem, wie ich sein wollte, und der Situation, in der ich mich tatsächlich befand – sowohl bezüglich meiner Lebensumstände als auch hinsichtlich meiner Gefühlslage.

Eines Samstagnachmittags setzte ich mich also hin und fing an, meine Träume thematisch zu sortieren. Ich stellte fest, dass sich in den Traumaufzeichnungen aus einem Zeitraum von fast sechs Monaten folgende Themen wiederholten: Wasser, Transportmittel und sehr unstete Traumbewegungen. Meine monatelangen

Traumniederschriften suggerierten mir klar und deutlich: »Du bist emotional instabil und wirst in Kürze explodieren, wenn du nicht bald etwas unternimmst!«

Mir wurde offensichtlich zu verstehen gegeben, dass ich meine Aufmerksamkeit endlich auf meine Erfahrungen und Gefühle richten sollte, im Wachzustand wie auch in meinen Träumen. Ich verstand, dass ich mehr emotionale Stabilität entwickeln und mir Zeit zum Heilen nehmen musste. Wenn ich jetzt zurückblicke, hätten meine Träume nicht deutlicher sein können!

Zu der Zeit ließ ich mich jedoch kaum von meinen Träumen leiten. Ich schrieb sie in mein Traumtagebuch und tat sonst nicht viel damit. Ich glaube, dass meine Träume zum Teil aus diesem Grund über einen so langen Zeitraum (fast sechs Monate) ziemlich eintönig blieben. Ich hatte mit überhandnehmenden emotionalen Schwierigkeiten zu tun, also versuchten meine Träume die ganze Zeit über, meine Aufmerksamkeit durch wiederkehrende Traumthemen zu erlangen.

Ich befand mich auf einem Schiff inmitten stürmischer See. Oder ich stand auf einer Straße und unmittelbar vor mir war eine riesige Absperrung. Oder die Reifen meines Autos platzten urplötzlich. Oder die Autotüren sprangen einfach auf. Ich denke, Sie verstehen, was ich meine. Es war immer dieselbe Art von Traum, nur die Bildsprache war ein wenig anders. Aber die grundlegenden Themen der Symbole waren die gleichen: Transportmittel, Boote, Wasser, Straßen, Autos und Unbeständigkeit – ein Zeichen für mangelnde emotionale Beherrschung und Ausrichtung.

Sich wiederholende Träume (und Traumthemen) weisen deutlich auf den Kern der Sache hin. Zu dem Zeitpunkt, als diese Träume damals aufkamen, hatte ich mit Gefühlen zu kämpfen, die ich jahrelang von mir weggeschoben hatte. Die turbulenten Strömungen des Wassers also, oder die beschädigten Straßen – symbolisch standen sie für die Gefühle, die ich nicht auszudrücken vermochte. Es brodelte sozusagen unter der Oberfläche.

Interessanterweise war ich in diesen Träumen niemals am Lenkrad oder die Kapitänin des Schiffes. Es saß stets eine andere Person am Steuer. Man könnte sagen, dass meine unbewussten Überzeugungen und Triebe das Steuer übernommen hatten. Meine Träume zeigten mir, was in meinem Leben der nächste Schritt in die richtige Richtung wäre. Sie vermittelten mir symbolhaft, was zu tun ich vermied (ich steuerte niemals die Transportmittel) und was ich stattdessen tat (emotional durchdrehen). Das wurde mir alles deutlich, nachdem ich die Themen meiner Träume identifiziert hatte.

In meinem Alltag musste ich zur Fahrerin, zur Kapitänin auf See werden und einen besseren Kurs für mich einschlagen – und dazu gehörte es auch, meine Gefühle auszudrücken. Ich musste den Weg des Chaos verlassen und mich bewusst dafür entscheiden, die Kontrolle zu übernehmen. Traumthemen und Botschaften enthüllen immer die emotionalen, intimen und spirituellen Bedürfnisse einer Person. Die symbolische Botschaft unserer Träume führt uns stets zum richtigen Handlungsschritt – vor allem dann, wenn wir uns das Gesamtbild und die Zusammenhänge näher ansehen.

In meinen Fall sah das so aus: Ich ging zur Therapie und konnte einige schlimme Erlebnisse aus meiner Vergangenheit verarbeiten. Als sich meine Gefühle langsam änderten (indem ich meine Beziehung zur Vergangenheit veränderte), wandelten sich auch meine Träume. Wenn ich heute einen ähnlichen Traum habe, dann weiß ich, dass ich meine Gefühle missachte, und kann sofort darauf reagieren, indem ich mein seelisches Wohlbefinden wieder zur Priorität mache.

Mit anderen Worten handle ich heute viel schneller nach der Führung, die ich von meinen Träumen erhalte. Es kann auch sein, dass Sie im Rahmen Ihrer Traumarbeit Folgendes feststellen werden: Je länger Sie sich mit Ihren Träumen beschäftigen, desto klarer werden bestimmte Träume für Sie sein. Sie müssen also einen Traum nur noch einmal träumen, um die Botschaft dahinter zu verstehen – dem Himmel sei Dank!

Letztlich spiegeln all Ihre Traumthemen klar und deutlich, wie ausgeglichen Sie energetisch und emotional gerade sind. Sie zeigen Ihnen, wie Sie trotz aller Unsicherheiten den richtigen Kurs einschlagen und den nächsten Handlungsschritt *in Bezug auf Ihre vorherrschende Gefühlslage* setzen können. Wenn Sie in Ihrem wachen Leben dazu neigen, Ihre Gefühle zu vermeiden, zu verdrängen oder abzulehnen, dann sind Ihre Träume höchstwahrscheinlich sehr schonungslos und direkt.

Je geübter Sie also mit Ihren Gefühlen umgehen, desto klarer wird auch die Botschaft in Ihren Träumen erscheinen. Infolgedessen wird es auch immer leichter, die Lücke zwischen den Erwartungen sowie den Wünschen und dem tatsächlich Erlebten zu schließen, weil Sie ein besseres Verständnis dafür haben werden, welche nächsten Schritte Sie machen müssen.

HÄUFIGE TRAUMTHEMEN: DIE GEFÜHLE, FÜR DIE SIE STEHEN, UND DIE DAZUGEHÖRIGEN HANDLUNGSSCHRITTE

Wie Sie sich vielleicht vorstellen können, gibt es Tausende unterschiedlicher Traumthemen und Symbole, über die man schreiben könnte. Was ich Ihnen vermitteln möchte, ist kein Traumlexikon, sondern eine präzise und genaue Methode, Ihre Traumbotschaften zu verstehen und nachzuvollziehen. Ich kann Ihnen das am besten anhand einer Analyse der häufigsten Traumthemen und der dazugehörigen Gefühle näherbringen, wodurch es Ihnen möglich sein wird, die nächsten Schritte hin zu einer positiven Entwicklung in Ihrem Leben, Ihrer Arbeit und Ihren Beziehungen genau zu definieren.

Im Rahmen meiner Arbeit konnte ich ebenfalls feststellen, dass es einige weitverbreitete Traumthemen gibt, die unabhängig von Geschlecht oder Kultur auftreten. Es existiert eine große Anzahl wissenschaftlicher Studien, wie zum Beispiel jene von Patricia Garfield, die die Allgemeingültigkeit von Traumthemen bestätigen. Ich habe weiter unten ein paar dieser Themen aufgelistet.

Jedes dieser Themen besitzt sozusagen eine »positive« und eine »negative« Assoziation. Ich mag diese Begriffe nicht sonderlich, denn auch eine negative Assoziation ist letztlich da, um Ihnen zu helfen. Wenn wir unsere Wahrnehmung durch die voreingenommene Meinung trüben, etwas sei »gut« oder »schlecht«, dann laufen wir Gefahr, die Botschaften unserer Träume von vornherein zu verfärben. Versuchen Sie also, Ihren Träumen nicht gleich einen Stempel aufzudrücken, sondern begegnen Sie ihnen mit offenem Herz und Verstand!

HÄUFIGES TRAUMTHEMA NR. 1: HINAUF- UND HERABSTEIGEN

Eines Nachts hatte ich einen Traum, in dem das Licht eines Sternes auf meinen Körper herabtröpfelte. Ich weiß, dass das sehr abstrakt klingt, und das war es auch! In unseren Träumen beschreiten wir den mehrdimensionalen und kunstvollen Raum metaphorischer Bildsprache. Die Metaphern unserer Seele sprechen mit uns, um unseren Geist und unsere Gefühle zu wecken. Sie sprechen in voller Bildgewalt, die uns wieder unserer Mitte – unserem wahren Selbst – näherbringen soll.

Zurück zu meinem Traum: Ich stand also umgeben von tiefer nächtlicher Finsternis und blickte auf ein Feld. Die Dunkelheit umhüllte alles um mich herum außer den Himmel, der mir lebendig zu sein schien. Seine mystische Stille schien zu pulsieren. Plötzlich erregte das Flackern eines Sterns meine Aufmerksamkeit.

Neugierig fing ich an, mich auf den Stern zu konzentrieren, und sah zu, wie er funkelte und sich sodann bewegte. Ein schimmerndes Sternenlicht begann auf mich herabzuscheinen. Schillernde Tropfen fielen auf meinen Körper, als ich langsam nach hinten auf den Boden fiel. Ich glitt in die Erde und war in ihre Dunkelheit gehüllt, nur um mich wenige Augenblicke später zu erheben und zum Stern aufzusteigen, dessen Strahlen ich als Energie in mich aufnahm. Ich wachte mit einem nachklingenden Gefühl der Euphorie auf.

Sie werden feststellen, dass Ihre Träume über Ihr alltägliches Gefühlschaos und die psychologischen Projektionen hinausgehen, je mehr Sie sich darauf konzentrieren, die Arbeit mit ihnen zu meistern. Sobald Sie beginnen, diesen surrealen Raum, Ihr inneres Reich und Ihr göttliches Wesen in allen Bereichen des Lebens bewusst anzuerkennen, werden Sie immer deutlicher zu spüren bekommen, dass Ihre Träume mehr sind als nur ein psychologisches Abfallprodukt des vergangenen Tages.

Ihre Träume zeigen Ihnen alle Aspekte Ihres derzeitigen, vergangenen und zukünftigen Seinszustands. Wie im Traumthema des Hinauf- und Herabsteigens erkennbar wird, sind Sie ein kosmisches Bindeglied, das das Physische mit dem Nichtphysischen verbindet. Das Himmlische mit dem Irdischen. Das Mystische mit dem Gewöhnlichen.

In unseren Träumen können wir auf unterschiedlichste Art hinauf- oder herabsteigen. Wir fliegen. Wir fallen. Wir steigen Treppen und Leitern hinauf und hinunter. Wir fahren in Aufzügen nach oben und unten oder befinden uns im Flugzeug auf dem Steig- oder Sinkflug. Und all das, ohne einen blassen Schimmer von dieser außergewöhnlichen Verbindung mit dem Kosmos zu haben, von der uns unsere Traumsymbole erzählen.

In konkreter Hinsicht hat dieses Traumthema mit den Ebenen unserer Psyche zu tun. Es zeigt uns die Dinge auf, die wir in unserer Psyche vergraben haben oder mit denen wir uns überfordert fühlen. Was steckt unter der Oberfläche Ihres Bewusstseins? Was will aus den Tiefen Ihrer Psyche ausgegraben werden? Wonach müssen Sie suchen? Im Traum holen wir uns diese Aspekte unseres Selbst wieder zurück, indem wir sie an die Oberfläche unseres Bewusstseins bringen. Letztlich können wir nicht aufsteigen, wenn wir nicht wissen, wovon wir uns erheben. Und je tiefer der Abstieg, desto höher der Aufstieg.

Vielleicht kennen Sie die englische Redewendung »to fall from grace« (dt. abstürzen, »in Ungnade fallen«) – ein erniedrigender Zustand, der uns zeigt, was passiert, wenn wir die Verbindung zu der anmutigen Quelle unseres Seins verlieren. Träume über das Hinauf- und Herabsteigen wollen uns daran erinnern, unsere Seele zu nähren. (Sie können dies auf jede Art und Weise tun, die sich für Sie gut anfühlt. Hier ein paar Beispiele: Meditation, Selbsterforschung, den Menschen in Ihrer Umgebung helfen, die weniger Glück im Leben haben etc.) Es geht darum, weder am Ende des Abgrunds in Selbsthass zu ertrinken noch in so große Selbstverherrlichung zu verfallen, dass der tiefe Fall unvermeidlich wird. Hier will Vertrauen darin geübt werden, dass, wenn die Zeit reif ist, wir nach Bedarf auf- oder absteigen werden.

HÄUFIGES TRAUMTHEMA NR. 2: GEFANGEN SEIN ODER DAS GEFÜHL DER AUSDEHNUNG

Im Menschen existiert eine Urangst im Zusammenhang mit dem Gefühl festzustecken. Träume, in denen wir in der Falle sitzen, sind meist sehr unangenehm und rufen sogar schreckliche Angst hervor. Egal ob man davon träumt, in einem engen Raum festzustecken (etwa im Kofferraum eines Autos) oder von einer Person oder Situation festgehalten zu werden – in der Falle zu stecken ist keine angenehme Erfahrung. Wenn Sie sich oft mit diesem Traumthema im Schlaf konfrontiert sehen, dann ist dies ein klares Zeichen für Sie, Ihre ganze Kraft zu mobilisieren, um sich im wachen Leben zu befreien.

Man verfällt schnell dem Glauben, man wäre das bloße Opfer seiner Umstände. Und obgleich dies in Ihrem wachen Leben durchaus der Fall sein mag (wenn Sie ein Trauma erlebt haben oder das Opfer von Gewalt waren), ist das in Ihren Träumen anders. Es ist ein Weckruf Ihrer Träume: Holen Sie sich die Fähigkeit zurück, sich mit Ihrer Umgebung, Ihren Beziehungen und, wichtiger noch, Ihren Gefühlen auseinanderzusetzen. Ihre Träume und Ihre Seele werden Sie immer dabei unterstützen, schöpferische Freiheit und Wohlbefinden neu zu entdecken.

Manchmal liegt der einzige Ausweg in der radikalen Akzeptanz der momentanen eigenen Situation: ein Raum, der sich dermaßen erdrückend anfühlt, dass Sie gewillt sind, *alles* dafür zu tun, nur um da wieder herauszukommen. Mit anderen Worten, Ihre innere Stärke zu nutzen, um sich über die Begrenzungen hinweg auszudehnen und die Freiheit zu finden, die Sie brauchen.

Machen wir uns auf die Suche nach den verschiedenen Ausdrucksformen, die das Gefühl beschreiben, in der Falle zu sitzen: Beschränkung, Gefangenschaft, begraben, umzingelt oder festsitzend. Im Zusammenhang mit den anderen Symbolen und Themen in Ihrem Traum wird Ihnen sicher schnell klar, welches dieser Wörter Ihr Erlebnis am besten beschreibt.

Ein Traum, in dem man beispielsweise lebendig begraben wird, hat thematisch eine klare Bedeutung: der gewaltsame Tod von etwas, das noch am Leben ist. Dies kann ein psychologischer Instinkt sein, eine Beziehung, die innere Willenskraft, ein Gefühl, ein Ziel, ein Wunsch oder – um es etwas düsterer auszudrücken – ein Repräsentant eines Persönlichkeitsanteils, der begraben wurde.

Der Traum möchte die träumende Person ermahnen, mehr auf ihre innersten Wünsche zu achten, bis sie sich entfalten können.

Oder sich mehr Zeit zum Trauern zu nehmen, wenn ihr etwas sehr Kostbares plötzlich entrissen wurde. Wie wir schon wissen, werden die anderen Traumsymbole Auskunft darüber geben, welche Schritte es noch braucht.

Träume, in denen wir in der Falle sitzen, sind also auf die eine oder andere Weise eine Botschaft, wieder in die Selbstermächtigung zu gehen – auf welche Art auch immer es uns möglich ist. Selbst ein kleiner Schritt wird Großes bewirken! Bei dem Gefühl festzustecken kann es oft hilfreich sein, die eigene Stimme zu Hilfe zu rufen. Sprechen Sie laut darüber, weshalb Sie sich gefangen fühlen, und beschreiben Sie möglichst genau, wie es sich anfühlt. Dann erklären Sie laut, welche Erfahrung Sie stattdessen machen möchten, und unternehmen einen ersten Schritt in die Richtung.

Der Empfindung, in der Falle zu sitzen, steht das Gefühl der Ausdehnung und Expansion, der Leichtigkeit und der Freiheit gegenüber. Sandstrände, unbeschwerte Verspieltheit und großes Staunen – Träume der Expansion sind meist sehr angenehm. Wenn ich spontan davon träume, durch ferne Länder zu reisen, dann weiß ich, dass ich mich gerade in einem Zustand emotionaler Ausdehnung befinde. Ich liebe es, die Welt zu erkunden, deshalb geben mir solche Träume der Expansion einfach ein großartiges Gefühl.

Manchmal kommen diese Träume aus heiterem Himmel, und manchmal sind sie offensichtlich mit unserer momentanen Lebenssituation verbunden. In beiden Fällen wollen sie eine Botschaft des richtigen Timings vermitteln: Im ersten Fall lautet die Absicht, dass Sie die Gefühle der Ausdehnung und Expansion in den Alltag integrieren und darauf vertrauen sollen, dass sie sich in Zukunft realisieren lassen, trotz der momentanen Umstände. Der zweite

Fall ist ein klares Zeichen dafür, dass Sie mit den Dingen, die Sie gerade in Ihrem Leben unternehmen, erfolgreich sind oder der Erfolg sich in Kürze einstellen wird. Machen Sie weiter so!

Das Traumthema der Expansion kann aber auch unterschiedliche Möglichkeiten aufzeigen, die die träumende Person hat, um von einer Schwierigkeit oder einer einengenden Situation befreit zu werden. Denn: Expansion und Ausdehnung können auch symbolisch dargestellt sein. Zum Beispiel in Träumen, in denen Ketten gesprengt oder neue Räume und Durchgänge entdeckt werden. Ungeachtet des Traumszenarios ist der Handlungsschritt klar: Befreien Sie sich von dem, was Sie einschränkt, und öffnen Sie die Tür zur Expansion.

HÄUFIGES TRAUMTHEMA NR. 3: VERFOLGT ODER UMARMT WERDEN

Ich kann Ihnen nicht einmal annähernd sagen, mit wie vielen Menschen ich schon gearbeitet habe, die wiederholt von Träumen berichteten, in denen sie gejagt oder verfolgt wurden. Manchmal repräsentiert dieses Gejagtwerden einfach auf sehr verstörende Art eine bestimmte Angst, die sich vom Wachzustand in unsere nächtlichen Träume schleicht. Wenn Sie das Gefühl haben, dass Sie sich damit identifizieren können, dann möchte ich Ihnen Arianna Huffingtons Buch mit hilfreichen Schlafpraktiken wärmstens empfehlen: *Die Schlaf-Revolution. So ändern Sie Nacht für Nacht Ihr Leben.*

Im Traum gejagt oder verfolgt zu werden hat jedoch symbolisch oft eine viel größere Bedeutung als bloße Angst. Wenn es Ihnen ebenso wie vielen anderen Menschen geht und Sie bereits mehrmals davon geträumt haben, verfolgt zu werden, dann wird es Zeit, genauer hinzusehen und sich zu fragen, was Sie *wirklich* fühlen und wer Sie glauben zu sein. Vielleicht sind Sie davon überzeugt, sich auf bestimmte Weise verhalten oder geben zu müssen, um den Status quo in Ihrem Leben aufrechtzuerhalten. Wenn Sie dann im Traum verfolgt werden, wollen Ihre Träume Ihnen verständlich machen, dass Sie weder vor sich selbst noch vor Ihrer Vergangenheit oder Zukunft davonlaufen können!

Bei solchen Träumen ist es oft hilfreich, sich zu notieren, wovor Sie weglaufen oder von wem Sie gejagt werden – das kann schon sehr aufschlussreich sein. Werden Sie von Männern oder Frauen verfolgt? Jagen vielleicht Tiere hinter Ihnen her? Oder ist es eine größere Anzahl von Menschen (wie eine Gruppe von Soldaten), die hinter Ihnen her ist? Handelt es sich um eine zwielichtige oder unheimliche Gestalt? (Wir werden uns den Traumfiguren später näher widmen; hier geht es nur darum, möglichst viele Zusammenhänge zu erkennen und sie mit den häufigsten Traumthemen zu verbinden.)

Was, denken Sie, würde passieren, wenn Sie von Ihrem »Jäger« gefasst würden? Oder aber: Was wäre, wenn Sie sich umdrehen und sich dem Verfolger in Ihren Träumen freiwillig stellen – und das mit all der emotionalen Stärke, Kraft und sogar Liebe, die Sie aufbringen können?

Am anderen Ende des Spektrums stehen die schönen und angenehmen Träume, in denen wir umarmt und liebkost werden. Wenn man im Traum eine Umarmung bekommt, kann das ein Aufruf dazu sein, mehr Mitgefühl gegenüber sich selbst wie auch anderen gegenüber zu zeigen. Die Umarmung als Symbol könnte auch für die Sehnsucht nach mehr Intimität, Verbundenheit und Liebe in all ihren Formen (romantisch, sexuell oder platonisch) stehen. Als kennzeichnendes Thema signalisiert sie Ihnen, darauf zu achten, wie sehr Sie sich tatsächlich vom Leben getragen und umarmt fühlen, um dann wieder die erforderlichen Schritte zu gehen und all das Gute und Schöne anzunehmen, das das Leben Ihnen zu bieten hat.

HÄUFIGES TRAUMTHEMA NR. 4: LEBEN, TOD UND WIEDERGEBURT

Das Thema Leben/Tod/Wiedergeburt ist zutiefst ursprünglicher Natur, und ich müsste wohl ein ganzes Buch nur darüber verfassen, um diesem »Urthema« gerecht zu werden. Was ich jedoch hervorheben möchte, ist, dass Sie sich erst darüber im Klaren sein sollten, wie Sie zum Thema Tod und Sterben sowie Leben und Wiedergeburt stehen, bevor Sie sich in diese Traumthemen stürzen. Sobald Ihnen bewusst geworden ist, wie Sie persönlich über diese Dinge denken, wird die Art und Weise, wie sie sich in Ihren Träumen manifestieren, gleich viel mehr Sinn ergeben.

Das Traumthema Leben/Tod hat mit Anfängen und dem Ende, mit Veränderung und Wachstum zu tun. Beobachten Sie einmal, in welcher Verbindung Sie mit Ihren Lebenszyklen stehen. Leben und Tod markieren den Beginn von etwas Neuem, eine Initiation, einen Übergangsritus. Stellen Sie sich jetzt die Frage: Welche Situation, welche Person, welcher Prozess oder Umstand initiiert mich gerade?

Selbstreflexive Fragen helfen immer beim Prozess der Trauminterpretation und bei der Erforschung der persönlichen Wachstumspotenziale. Suchen und finden Sie die richtigen Fragen nach Gefühl. Dann beobachten Sie sich dabei, wie Sie mit den Fragen interagieren – im wachen Zustand und in Ihren Träumen.

Vielleicht halten Sie an etwas fest, das längst abgestorben und verrottet ist (Träume von Leichen). Oder Sie hauchen einer neuen Sache Leben ein. Ist da womöglich ein Baby in Ihrem Traum – sind Sie das, voller Potenzial und doch verletzlich? Sehen Sie sich auf einer Hochzeit trauern und auf einem Begräbnis feiern? Welcher Veränderungszyklus ist nun im Anmarsch? Befinden Sie sich auf einem Blumenfeld in voller Blüte?

Was stirbt dahin? Was wird geboren? Sehen Sie aus wie eine ältere oder jüngere Traumversion Ihres Selbst? Träumen Sie vielleicht von merkwürdigen Dingen, die nachts herumgeistern? Sie alle stehen symbolisch für das kosmische Zusammenspiel von Leben und Tod und gehören zu Ihrem Traumerlebnis.

Die Wiedergeburt hingegen trägt sowohl das Leben als auch den Tod in sich. Sie ist ein symbolischer Phönix, der aus seiner Asche steigt. Zunächst erscheint er verbrannt, leblos, verstaubt. Vermeintlich ohne Hoffnung verloren und dahin – das heißt, bis er aufersteht. Verändert durch den Staub des Todes atmet er erneut das Leben in sich ein. Er verkörpert Leben und Tod zugleich in jenem wunderbaren Kreislauf der Wiedergeburt.

Der Tod, das Leben und die Wiedergeburt sind Kräfte, die weitaus größer sind als wir, und doch werden sie auch durch uns erlebt und zum Ausdruck gebracht. Sie stehen für das Mysterium, das hinter allem Leben steckt. Deshalb ist in diesen Traumthemen und Botschaften auch immer eine gewisse Auf- oder Hingabe spürbar. Und wenn wir uns, wie bei jeder Initiation, völlig dem Prozess hingeben und ihn durchlaufen, erreichen wir irgendwann die andere Seite, wohl wissend, dass wir nicht mehr derselbe Mensch von früher sind.

DEN PERSÖNLICHEN BEZUG ZU KOLLEKTIVEN SYMBOLEN UND TRAUMTHEMEN VERSTEHEN

Oft ist es so, dass Traumthemen und -symbole bei vielen Menschen ähnliche Gefühle hervorrufen. Wir kennen alle das Gefühl, verfolgt zu werden, aber *wer* uns verfolgt, das ist bei jedem von uns ganz individuell. Aus dem gleichen Grund können wir etwa auch alle etwas mit dem kollektiven Traumthema des *Genährtwerdens* anfangen.

Unsere Träume können uns viele verschiedene Symbole und Bilder des Genährtseins spiegeln. Getreide, Essen und das Bild der eigenen Mutter sind nur drei solcher symbolischen Darstellungen. Alle drei verkörpern die übergeordnete Erfahrung davon, was es heißt, voller Inhalt und Liebe zu sein. *Genährt zu sein.*

Vielleicht aber haben Sie noch nie zuvor von der »Frucht der Erfüllung« gekostet, und nun tragen Sie schon so lange ein Gefühl des Ausgehungertseins mit sich, dass Sie sich an ein Leben ohne dieses gar nicht mehr erinnern können. Wie fangen Sie nun also an, sich selbst zu nähren, wenn Ihre eigenen Eltern es nicht konnten? Sie beginnen damit, den Hunger zu stillen, für den das Symbol in Ihrer inneren Welt steht.

Wenn wir mit Bildern und Symbolen arbeiten, ist es oft hilfreich, sich die kollektiven (oder häufig zutreffenden) Bedeutungen anzusehen und gleichzeitig auch die eigenen persönlichen Erfahrungen mit besagtem Symbol in Betracht zu ziehen. Wie auch die »Mutter« ein kollektives Symbol mit vielen Assoziationen ist, wird es für Sie persönlich etwas völlig Individuelles und Eigenes repräsentieren. Blumen sind ein weiteres hervorragendes Beispiel eines kollektiven Symbols. Auf der ganzen Welt werden Blumen in unterschiedlichen Kulturen verwendet, um wichtige Ereignisse oder Übergangsrituale wie Hochzeiten, Geburtstage, Jubiläen oder Begräbnisse zu begleiten. Ihrem Wesen nach stehen Blumen allgemein für folgende drei Zyklen: gesät werden, aufblühen, verwelken. (Wir können diese Zyklen sehr deutlich am Prozess des Alterns beobachten.) Wenn wir noch näher hinsehen, können wir erkennen, dass Blumen auch für das übergeordnete Symbol von Leben, Tod und Wiedergeburt stehen.

Wenn Sie also von Blumen träumen, ermitteln Sie die Blumensorte und schauen Sie, in was für einem Zustand die Blumen sind, um die Traumbotschaft dahinter zu verstehen. Ich erzähle Ihnen nun von meiner eigenen nächtlichen Blumenerfahrung.

Meine Schwester liebt Jasminblüten über alles, und das schon seit ihrer Kindheit. Als wir noch klein waren, spazierten wir oft durch die Nachbarschaft. Meine Schwester hielt dabei stets nach den Blüten der Jasminpflanze Ausschau und sammelte sie ein. Tatsächlich tut sie es heute noch! Jedes Mal, wenn ich Jasminblüten sehe, denke ich an meine Schwester und merke, wie die schönen Erinnerungen und Gefühle von damals in mir hochsteigen.

Wenn ich also von Jasminblüten träume, weiß ich, dass sie ein individuelles und eigenes Symbol für mich sind. Ihre starke Bildsprache und die damit einhergehenden Gefühle erinnern mich daran, wie es ist, eine liebevolle und geschwisterliche Beziehung zu haben. Jasminblüten tragen eine für mich eigene Bedeutung, repräsentieren aber auch ein kollektives Symbol. Hier also ein Traum, der meine persönliche Verbindung zu einem kollektiven Traumsymbol beschreibt:

Ich stand fröhlich und nichtsahnend auf einem weiten Feld, als ich plötzlich von Jasminreben umschlungen wurde. Die Ranken schlängelten sich meinen Körper hoch, bis sie mir den Hals zuschnürten und kurz davor waren, mich zu erdrosseln. Obwohl ich starr vor Angst war, schaffte ich es noch irgendwie mit lauter Stimme zu verkünden, dass ich nicht länger von den Jasminreben umschlungen sein wollte. In genau diesem Moment ließen die Ranken von mir ab. Die Jasminpflanze zog ihre Wurzeln aus dem Erdreich, entfernte sich von mir und bewegte sich zum anderen Ende des Feldes.

Ich war zu dieser Zeit in meinem Leben in einer toxischen Freundschaftsbeziehung gefangen, wollte die Situation aber nicht wahrhaben. Die Beziehung war alles andere als eine schwesterliche Gemeinschaft. In diesem Traum wurde mir meine Verleugnung vor Augen geführt, und ich bekam gleichzeitig gezeigt, dass das Aufrechterhalten dieser Freundschaft nicht gut für mich war. Ich erkannte, dass ich meine Wahrheit aussprechen und mich aus dieser Beziehung lösen musste (ein symbolischer Tod), um uns beiden die Möglichkeit zu geben, andernorts aufzublühen (eine symbolische Wiedergeburt).

Auch Sie werden feststellen, dass einige der Symbole und Traumthemen in Ihren Träumen von größerer Bedeutung für Sie sein können, einfach, weil sie von bestimmten Erinnerungen durchtränkt sind. In diesen Fällen ist es besonders wichtig, auf Ihre eigenen Erfahrungen und Erlebnisse zurückzugreifen, um zu verstehen, weshalb genau dieses bestimmte Symbol auf ebendiese Art und Weise und genau an diesem Zeitpunkt Ihres Lebens zu Ihnen spricht. Und wenn Sie noch immer unsicher sind, dann stellen Sie sich meine drei goldenen Fragen der Trauminterpretation: Warum gerade dieser Traum? Warum auf diese Art und Weise? Warum jetzt?

GÄNGIGE TRAUMLANDSCHAFTEN UND IHRE SYMBOLIK

ls Träumende reisen wir durch die Traumlandschaften der *Unterwelt*, der *Innenwelt* und der *Außenwelt*. Die Unterwelt: ein Spiegel des Unbewussten. Die Innenwelt: Landschaft des Herzens und der Seele. Unsere innere Verbindung zum Spirit. Das Schwellenreich grenzenloser Möglichkeiten, in das die klarträumende Person einzutauchen vermag. Die Außenwelt: eine Spiegelung unserer materiellen Welt, die wir als Leben oder Realität erfahren. Alle drei »Welten« werden durch die jeweilige Traumlandschaft repräsentiert und dadurch, wie wir uns durch sie bewegen.

Unsere Traumlandschaften können aus Häusern, Gebäuden, Büros, Einkaufszentren, Parkplätzen, Wäldern, Bergen, Höhlen, Wüsten, Gärten, Gewässern und sogar unterschiedlichen Ländern bestehen. Manchmal kennen wir die Orte gut, und manchmal sind sie uns völlig fremd. Mal bewegen wir uns stürmisch und hektisch durch die Traumlandschaft, mal ruhig und friedlich. Und so versuchen wir mit den Bildern unserer Traumlandschaften, *mehr Balance und Ausgleich zu unserer momentanen Situation zu schaffen und dementsprechend auch unser Tun und Handeln in diese Richtung zu lenken.*

Traumlandschaften können den Zustand unseres persönlichen Lebens sowie den kollektiven Seinszustand widerspiegeln. Mit dem kollektiven Seinszustand meine ich die Natur, das Leben an sich und den Zustand der gesamten Menschheit auf unserem Planeten. Mit anderen Worten: das größere Ganze. Sie werden nun die häufigsten Traumlandschaften kennenlernen, die ich von Teilnehmenden meiner Workshops und von meinen Klientinnen und Klienten gesammelt habe. Ich empfehle Ihnen im Zusammenhang mit den Traumlandschaften mit der Intention zu arbeiten, jegliche unstimmigen Elemente des Traumes zu säubern und wieder in Einklang zu bringen. Lassen Sie uns nun gemeinsam durch die unterschiedlichen symbolischen Traumkulissen reisen.

1: DIE HÖHLE. EINE LANDSCHAFT MIT VIELEN BEDEUTUNGEN

Die gesamte Menschheitsgeschichte hindurch waren Höhlen für uns Menschen von großer Bedeutung. Sie wurden als Grabstätten genutzt, stillten das Grundbedürfnis nach Schutz und Sicherheit und waren Kultstätten und Ritualorte zugleich. Die zahlreichen rund um den Globus entdeckten Höhlenmalereien zeugen von einer uralten und heiligen Verbundenheit, die sich über viele verschiedene Kulturen erstreckt.

Höhlen haben in ihrer historischen und spirituellen Verwendung eine Vielzahl an symbolischen Bedeutungen hervorgebracht. In Mythen oder Legenden stehen Höhlen oft für das heilige weibliche Prinzip. Die Höhle wird hier als eine Art kosmischer Mutterschoß gesehen, in der eine Person durch das Eintreten initiiert wird und beim Austreten eine Wiedergeburt erfährt. Höhlen stehen in Verbindung mit dem Thema Leben / Tod / Wiedergeburt, sie repräsentieren aber natürlicherweise auch das Urbedürfnis nach Schutz und Sicherheit. Höhlen können Orte der Heilung oder Orte des Grauens sein – je nachdem, welche Geschichte die träumende Person mitbringt.

Wir müssen uns nur die Mythen der Welt ansehen, um die kollektive Wahrheit in dieser so bedeutsamen Traumlandschaft zu erkennen. Im japanischen Shintoismus und der Geschichte über die Sonnengöttin Amaterasu wird uns die Macht der Höhle nähergebracht. Die wunderschöne Sonnengöttin zog sich verzweifelt in eine Höhle zurück, nachdem sich ihr Bruder ihr gegenüber immer wieder grausam verhalten hatte. Als sie sich in der Höhle versteckte, nahm sie ihr Licht mit, sodass die Welt in Finsternis gehüllt wurde. Durch das entstandene Chaos versammelten sich achthundert Götter vor dem Höhleneingang und versuchten sie zu überreden, wieder herauszukommen. Denn die Götter, wie auch die ganze Welt, waren von ihrem Licht abhängig. Erst als die Himmelsgöttin Amenouzume den Einfall hatte, Lachen und Leichtigkeit in die Situation zu bringen, begann sich die Lage allmählich zu verändern. Wild und unbändig tanzte sie vor der Höhle umher und ließ immer wieder einen ihrer nackten Körperteile vor der Schar der Zuschauenden aufblitzen. Ihr Spektakel versetzte die Götter in schallendes Gelächter. Neugierig, was es mit dem

Gelächter wohl auf sich haben möge, spähte die Sonnengöttin aus der Höhle heraus. Anstatt des Tumults erblickte sie ihr eigenes Spiegelbild in einem Spiegel, der zuvor präzise vor dem Eingang der Höhle platziert worden war. In diesem Moment wurde sie an ihre eigene Göttlichkeit und Schönheit erinnert. Sie schritt aus der Höhle heraus, und die Welt war wieder von ihrem Licht durchflutet.

Höhlen sind meist nicht sonderlich gut beleuchtet – so hat die in ihnen vorherrschende Dunkelheit eine wesentliche Bedeutung. Die Dunkelheit ist fruchtbar. Höhlen bringen wir auf psychologischer Ebene nicht gleich mit Freiheit in Verbindung. Sie sind als kollektives Symbol eher ein Ort des Rückzugs, des Überlebens, des Eintretens, der Zusammenkunft und Visionssuche. Sie sind die dunklen Schatzkammern innerer Einkehr.

Höhlen sind physische, natürliche Orte der Abschottung, des Rückzugs. Aber dieser Rückzug kann so unterschiedlich sein wie die Höhle selbst und die Person, die in sie hineintritt. Die Höhle wird ein sicherer Ort oder ein Ort der Gefangenschaft sein, je nachdem, wo sich die träumende Person gerade im Leben befindet.

Viele meiner Klientinnen und Klienten träumen während einer bedeutsamen inneren Übergangsphase oder Veränderung von Höhlen (etwa bei Umzügen, Lebensphasenwechsel, Jobwechsel, Scheidung etc.). Immer dann, wenn sie aktiv ihrem spirituellen Weg folgen und kurz davor sind, ihren eigenen Lebenswillen wiederzuentdecken.

Wir träumen oft von Höhlen, wenn wir in einen neuen Lebenszyklus initiiert werden, der uns viel Mut und Resilienz abverlangt. Wie beispielsweise das erste Mal Mutter oder Vater zu werden. Oder nach einem schweren Verlust, der sich auf die Innenwelt der trauernden Person auswirkt. (Hier kann es helfen, sich die Geschichte von der Sonnengöttin Amaterasu ins Gedächtnis zu rufen und sich daran zu erinnern, dass Lachen die Trauer lindern kann.)

Wenn Sie von einer Höhle träumen, ist es wichtig, darauf zu achten, wie Sie sich in dieser Höhle fühlen. Haben Sie sich in die Höhle gewagt? Hat Sie jemand im Traum in die Höhle gejagt? War der Eingang oder Ausgang zu sehen? Hatten Sie eine Lichtquelle bei sich, oder haben Sie eine gefunden? War die Höhle dunkel? Wie haben Sie sich im Traum gefühlt? Wie lief der gesamte Traum ab, und wie passte die Höhle zu dem Erlebten?

Wie bei jeder Traumlandschaft wird Ihre eigene Einstellung zur Symbolik (im Traum wie auch im Wachzustand) Ihnen weitere Hinweise auf die Bedeutung des Traumes liefern. Wenn Sie während eines Klartraums in eine Höhle eintreten, bitten Sie sie, Ihnen ihre Geschichte zu erzählen – Sie können sich auf etwas gefasst machen! Sie können die Höhle aber auch nach Ihrem Belieben erforschen.

Alternative Traumsymbole, die einen Zusammenhang mit Höhlen aufweisen, sind: Zelte, Grotten, Labyrinthe.

2: DER BERG. TRAUMLANDSCHAFT DER AUSDAUER UND STÄRKE

Im Traum können wir auf unterschiedlichste Art und Weise mit einem Berg in Kontakt treten. Wenn Sie zum Beispiel kurz davor sind, einen Gipfel zu erreichen, und Ihren Blick über die Weiten des Horizonts schweifen lassen, werden Sie wahrscheinlich ein großes Gefühl der Befreiung und Ausdehnung erleben. Sie werden in überwältigender Glückseligkeit und Zufriedenheit baden, weil Sie etwas geschafft haben, das so schwer zu erreichen war. Ein Gipfeltraum repräsentiert meist ein bedeutendes Erfolgserlebnis, das der Träumende vor Kurzem in seiner wachen Realität gehabt hat oder aber in absehbarer Zeit haben wird.

Wenn Sie sich abmühen, um auf den Berg zu klettern, dann sollten Sie sich die Frage stellen, wo Sie in Ihrem Leben gerade hinsteuern und warum. Was ist Ihre grundlegende Motivation? Wollen Sie aufgeben oder weitermachen? Müssen Sie all Ihre innere Stärke aufbringen, um weiterzugehen?

Mir wird oft von Träumen berichtet, in denen der Träumende in einem Fahrzeug sitzt und über einen Berg fährt, sich dabei aber durch enge Kurven zwängen und an steilen Klippen vorbeinavigieren muss. Er hat zwar die Kontrolle über das Auto, aber das Fahren ist kräftezehrend und anstrengend. Es ist ein adrenalingeladener Traum, denn nur eine falsche Bewegung mit dem Lenkrad könnte das Auto in den Abgrund stürzen lassen! Auf den ersten Blick können solche Träume eher negativ wirken, meist trügt jedoch der Schein.

Diese Art von Traum steht symbolisch für einen Metamorphoseprozess, den die träumende Person gerade durchlebt. Es braucht viel Mut und innere Stärke, um sein Leben in die Hand zu nehmen und zu ändern. Ein Bergtraum versinnbildlicht also die Reise, den Weg, auf dem sich der Träumende befindet. Der Traum ist eine Art innere Anerkennung seines Transformationsweges.

Wenn wir in einem Prozess emotionaler oder psychischer Veränderung stecken, können die notwendigen Lebensänderungen oft überfordernd oder sogar emotional bedrohlich erscheinen. Vor allem dann, wenn wir ein langjähriges Verhaltensmuster hinter uns lassen. Nehmen wir beispielsweise an, Sie wären süchtig nach etwas (oder jemandem) und sind nun dazu bereit (Sie meinen es wirklich ernst), diese Sucht zu überwinden und sich zu ändern. Es ist gut möglich, dass Sie in dieser Phase einen solchen Bergtraum haben werden, in dem sich alles um den steilen Abgrund dreht.

Das Risiko wäre hoch – und der Fall tief –, wenn Sie den Weg Ihres Wohlergehens wieder verlassen würden. Also schicken Ihnen Ihre Träume durch das Symbol des Berges, des Autos und des steilen Abgrunds eine Botschaft, um Ihnen Mut zu machen. Sie wollen Sie auf den notwendigen Bewusstseinssprung aufmerksam machen, der Ihnen zu einem besseren Leben verhilft. Ihr Traum möchte Sie dazu ermutigen, nicht aufzugeben! Damit Sie sich jeden Tag aufs Neue für eine bessere Version Ihres Selbst entscheiden.

Viele meiner Klientinnen und Klienten, die sich mit limitierenden Glaubenssätzen aus ihren Ahnenlinien beschäftigen, berichteten mir von ähnlichen Träumen. Eine solche ererbte Einschränkung stellt ein Problem oder Thema dar, mit dem sich Ihre Ahnenlinie (oder ein Großteil davon) schon länger auseinandersetzen musste. Ein Beispiel einer ererbten Einschränkung wäre ein sich wiederholendes Muster von gescheiterten Ehen innerhalb einer Familiengeschichte. Ob nun die Ehe mit einer Scheidung endete oder wegen Drogenmissbrauchs, einer psychischen Erkrankung oder anderen Hindernissen in die Brüche ging – das Muster der gescheiterten Ehen kann viele Generationen hindurch zurückverfolgt werden. Ererbte Einschränkungen der Ahnenlinie stehen oft in Verbindung mit generationsübergreifenden Traumata – Traumata, die von einer Generation zur nächsten weitergegeben werden.

Werfen Sie einmal einen Blick auf Ihre eigene Familie. Können

Sie womöglich erkennen, dass sich die Menschen in Ihrer Verwandtschaft meist irgendwie in denselben Situationen und Szenarien wiederfinden? Wenn ja, dann haben Sie es höchstwahrscheinlich mit einem weitervererbten Glaubensmuster zu tun. Vielleicht ist es nun für Sie an der Zeit, dieses Muster zu sprengen.

Es kann vorkommen, dass sich eine Familie über Generationen hinweg auf ein bestimmtes Wesens- oder Handlungsmuster versteift. Womöglich waren hier ererbte Einschränkungen oder Hindernisse am Werk, die die Familienmitglieder an einer Veränderung oder Anpassung gehindert haben – das heißt, bis unsere träumende Person in die Familie hineingeboren wurde. Sie träumt also davon, den Berg zu bezwingen, und bringt dadurch eine Veränderung, die bisher noch keinem Ihrer Vorfahren gelungen ist. Welch eine Errungenschaft!

Vielleicht haben Ihre Großeltern ihr Zelt am Fuße des Berges aufgeschlagen und Ihre Eltern haben es nur bis zur Bergmitte geschafft. Nun kommen Sie und fahren (nicht gehen!) den ganzen Berg hoch. Ihr Traum möchte Ihnen vermitteln, dass Sie weiter als all Ihre Vorfahren gehen und Ihren Blick auf den Weg nach vorn richten sollen.

Es braucht viel Kraft und Entschlossenheit, um einen echten Berg zu erklimmen, noch mehr Durchhaltevermögen aber braucht es, wenn man einen symbolischen Berg bezwingen möchte. Einen Weg zu gehen, den man noch nie zuvor beschritten hat, und einen Schritt ins Unbekannte zu wagen, kann sehr beängstigend sein. Aber das heißt nicht, dass es unmöglich ist oder dass Sie aufgeben sollten! Ihre Träume zeigen Ihnen genau das Gegenteil. Nehmen Sie Ihre Gefühle der Angst an, aber klettern Sie weiter, gehen Sie weiter auf Ihrem Weg.

Wenn Sie von einem Berg träumen, befinden Sie sich auf einer spirituellen Reise von Ausdauer und Geduld. Sie brauchen keine Landkarte, denn Ihre Träume sind das Navigationssystem, das Sie führen wird. Es gibt keine Fehler in Ihren Träumen und in der Art und Weise, wie sie zu Ihnen sprechen. Selbst wenn Sie gerne von etwas Angenehmerem träumen würden – manchmal ist eben ein solcher Bergtraum *notwendig*.

Berge können im Traum auch für unterschiedliche Versionen des Selbst oder für unterschiedliche Zeiträume stehen. Der Fuß des Berges kann eine vergangene Version Ihres Selbst und Ihre bisherige Lebensgeschichte symbolisieren. Die Bergmitte hingegen repräsentiert die Gegenwart und die Art und Weise, wie Sie sich gerade selbst sehen. Die Spitze des Berges wiederum kann die höchste und beste Version Ihres Seins darstellen, die sich in der Zukunft manifestiert.

Bergträume können sich von selbst klären und auflösen. Manchmal passiert das noch während des Träumens (vor allem, wenn die träumende Person nicht durch die beklemmenden Gefühle aus dem Traum erwacht). Es kann aber auch sein, dass wir eine Reihe von sich wiederholenden Träumen erleben, die jedes Mal ein kleines bisschen anders sind. Dies hängt dann meist damit zusammen, was im wachen Leben der träumenden Person gerade passiert und welche Schritte sie aktiv unternimmt, um den symbolischen Berg zu bezwingen. Unabhängig davon hat die träumende Person aber immer die Möglichkeit, die Spitze des Berges zu erreichen – im Traum wie auch im echten Leben.

Moderne, dem Berg entsprechende Symbole sind: Wolkenkratzer, Türme oder Hochhäuser sowie Aufzüge.

3: WEITE FELDER. TRAUMLANDSCHAFT DER AUSGEDEHNTEN MÖGLICHKEITEN

Wenn wir uns im Traum in einer offenen und weitläufigen Landschaft befinden, heißt das, dass die Antworten, die wir suchen, ganz deutlich zu sehen sind – ohne jegliche Sichteinschränkung. Ein Feld symbolisiert einen Ort, der reich an Gefühlen ist. Viele Menschen träumen genau dann von weiten Feldern, wenn sie gut daran täten, nach Alternativen zu ihren derzeitigen Lebensumständen Ausschau zu halten. Felder stehen für eine Fülle an Möglichkeiten, die es gilt wiederzuentdecken, indem man sich schlichtweg umsieht und seinen Blick schweifen lässt. Ein Feld bietet den symbolischen Nährboden für Lösungen und Antworten.

Wenn Sie in Ihrem Alltag das Gefühl haben, es gäbe nur *einen* Weg nach vorn oder nur eine richtige Antwort, dann wird Ihnen ein Feld in Ihren Träumen signalisieren, dass Sie selbst zu wenig Abstand zu der Situation haben und sich daher Hilfe von außen suchen sollten. Oder vielleicht müssen Sie einfach einen Schritt zurücktreten, um mehr Weitblick zu erlangen.

Die Bedeutung eines Feldes wird durch die Gefühle deutlich, die während des Traumes hochkommen. Wo befinden Sie sich auf dem Feld? Irgendwo am Rand oder genau in der Mitte? Wenn Sie am Rand stehen, fragen Sie sich: Stehe ich am Rande einer Möglichkeit? Wenn Sie durch ein überwuchertes Feld hindurchgehen, stellen Sie sich die Frage: Welches Thema muss ich in meinem Leben klären? Was muss ich bereinigen? Vielleicht befinden Sie sich aber auch schon auf einem Lebensweg voller unbegrenzter Möglichkeiten und sehen diesen in Ihren nächtlichen Träumen bestätigt.

Moderne, dem Feld entsprechende Symbole sind: Sportplätze, Parks, botanische Gärten, Golfplätze.

4: DAS HAUS. TRAUMLANDSCHAFT DER LIEBE, DER GRENZEN UND DES URGEFÜHLS VON SICHERHEIT

Ein Haus ist ein weiteres kollektives Traumsymbol, das eine sehr große individuelle Bedeutung aufweisen kann. Psychologisch betrachtet repräsentiert das Haus den psychischen Zustand der träumenden Person. Es kann aber auch (ebenso wie bei Autos) den körperlichen Gesundheitszustand des Träumenden reflektieren. Davon abgesehen ist nicht jedes Haus gleich ein *Zuhause*.

Wenn wir das Wort »Zuhause« benutzen, meinen wir damit so viel mehr als nur materielle Stabilität und Sicherheit. Im Idealfall ist das Zuhause ein von Liebe, Verbundenheit und Wärme durchfluteter Ort. Ja, es ist ein heiliger Raum: Ein Platz auf der Welt, der nur Ihnen allein gehört und Sie vor äußeren Einflüssen schützt. Die »vier Wände« des Zuhauses stehen für die klaren Grenzen zwischen Ihnen und der Außenwelt.

Beim Träumen erschaffen wir unsere Erinnerungen neu, und das nicht nur im Zusammenhang mit unserer erlebten Geschichte, sondern auch als Unterstützung zu unserer jetzigen Lebenssituation. Nehmen wir zum Beispiel an, Sie sind in einem Zuhause groß geworden, in dem Sie viele schwierige Erfahrungen gemacht haben. In diesem Fall werden Sie sich um Ihr inneres Haus (Ihre Psyche) kümmern müssen, um unbeschwert nach vorn blicken zu können.

Sie können lernen, neue Erfahrungen in Ihr Haus einzuladen, und Ihre Träume werden Ihnen dabei behilflich sein, wie Sie im

Laufe des Buches vielleicht schon gemerkt haben. Ihre Psyche kann zu einem inneren Tempel werden, der Ihnen Liebe, Sicherheit und Wohlbefinden schenkt – Erfahrungen und Qualitäten, die Sie dann nach außen in Ihre Beziehungen tragen können.

Wenn Sie von vorübergehenden Wohngelegenheiten träumen, wie zum Beispiel Hotels oder Motels, dann fragen Sie sich: Habe ich mich gerade in einen vorübergehenden Unterschlupf bei einer Person, einer Sache oder an einem bestimmten Ort geflüchtet? Wie fühle ich mich damit? Ihre emotionalen Reaktionen auf diese Traumlandschaft werden Ihnen einen Hinweis darauf geben, ob Ihnen die Entscheidungen, die Sie in Ihrem Leben gerade treffen, dienlich sind oder nicht. Wenn Sie hingegen eine starke Vorliebe für Hotels haben und von einem solchen träumen, wird die Traumbotschaft höchstwahrscheinlich eine ganz andere sein: ein Symbol von Geborgenheit, Entspannung und Luxus – im Gegensatz zu dem Gefühl, am falschen Ort zu sein.

Noch mal, Ihre persönlichen Assoziationen zu den kollektiven Traumsymbolen werden die Bedeutung Ihrer Traumbotschaften beeinflussen. Im weiteren Sinne steht die Traumlandschaft des Hauses für jenen Ort, in dem sich die Gefühle, Überzeugungen und Erfahrungen der träumenden Person befinden. Häuser repräsentieren ursprüngliche, grundlegende Themen. Sie spiegeln die Beziehung der träumenden Person zu diesen Themen wider, zum Beispiel dadurch, wie das Haus aussieht. Liegt das Haus in Trümmern? Befindet es sich in einem guten Zustand, oder ist es gar unverschämt luxuriös?

Andere »hausähnliche« Symbole sind Krankenhäuser, Bibliotheken, Kaufhäuser, Schulen und Kirchen. Das Krankenhaus ist ein Haus der Heilung. Die Bibliothek eine Lagerstätte des Wissens.

Die Schule ist ein Haus des Lernens. Das Kaufhaus ein Ort der Beschaffung. Die Kirche ein Haus des göttlichen Dienstes. Nehmen Sie sich selbstreflexive und offene Fragen zu Hilfe und entschlüsseln Sie so Ihre Traumbotschaften, indem Sie darauf achten, was Ihre Handlungen im Traum sind und wie Sie sich dabei fühlen.

Sie könnten sich beispielsweise fragen: Was will mich dieser Ort lehren? Wie unterscheidet sich der Ort von meiner gewöhnlichen Umgebung und meinen alltäglichen Erfahrungen? Oder fragen Sie sich: Welche Ähnlichkeit hat diese Traumlandschaft mit dem mir Bekannten? Wichtiger noch: Haben Sie durch eine Ihnen fremde Traumlandschaft neue Erfahrungen machen können, wie beispielsweise in einem verzauberten Schloss zu leben? Wenn ja, was könnten Sie tun, um dieses Gefühl in Ihren Alltag einzuladen und zu erleben?

Alternative Traumsymbole für das Haus sind: Tempel, Schlösser, Hotels, Frühstückspensionen, Motels.

5: WASSER. TRAUMLANDSCHAFT DER GEFÜHLE, DES UNBEWUSSTEN, DER SEELE UND DES ÜBERSINNLICHEN

Haben Sie schon einmal einen Wasserarm gesehen, der vom Rest des Flusses abgeschnitten wurde? Er stagniert und fängt an, übel zu riechen. Wasser muss im Fluss und in Bewegung bleiben, damit es nicht kippt. Das Gleiche gilt für unsere Gefühle. Wenn wir sie blockieren und abkapseln oder sich anstauen lassen, dann werden sie schlecht. Als Reaktion darauf werden unsere Träume den Gefühlsstau wieder zum Fließen bringen, um unsere Handlungen und Erfahrungen des wachen Zustandes auszugleichen.

Sie träumen dann womöglich von einer überlaufenden Wasserkanne (emotionale Wut) oder einem ausbrechenden Geysir (das Bedürfnis zu weinen). Oder Sie träumen davon, von stürmischen Fluten verschlungen zu werden (unbeständige Gefühle oder Menschen, von denen Sie sich überfordert fühlen) oder ungebetene Gäste in der Dusche zu bekommen (ein unbehagliches Gefühl der Verwundbarkeit). Ihre Träume werden tun, was immer nötig ist, um Ihr innerpsychisches Leben wieder ins Fließen zu bringen!

In seiner Essenz spiegelt Wasser unsere Lebenskraft wider. Es nährt uns und hält uns buchstäblich am Leben. Regen im Traum kann eine Situation reinwaschen, mit der Sie sich gerade herumschlagen. Vielleicht schwimmen Sie aber auch aus purer Freude mit Delfinen oder nehmen ein entspannendes Bad. Womöglich reicht Ihnen eine Traumfigur ein Elixier reinster Glückseligkeit. In jedem Fall erweckt das Wasser etwas *Ursprüngliches* in uns. Es steht für unsere angeborene Fähigkeit, uns dem Fluss des Lebens hinzugeben und uns in den emotionalen Gewässern unseres Daseins treiben zu lassen.

Wasser symbolisiert so viel mehr als nur unsere Gefühle. Es steht für das Thema der Schöpfung und Zerstörung. Denken Sie nur an eine Wüstenoase oder einen Tsunami, und Sie werden die Macht des Wassers erkennen.

Wasser ist der Kelch der Empfänglichkeit, die flüssig gewordene Weiblichkeit. Es kann, abhängig von den äußeren Gegebenheiten, drei verschiedene Formen annehmen: gasförmig, fest oder flüssig. In Ihren Träumen werden Sie mit jedem dieser Aggregatzustände in Kontakt kommen. Beobachten Sie, wie die Zustände Ihre Handlungen oder Gefühle im wachen Leben reflektieren.

Alternative Traumsymbole für Wasser sind: Regen, Schwimmbecken, See, Staudamm, Whirlpool, Wasserfall, Ozean, Meer,
Karsthöhle.

SICH DURCH DIE TRAUMLAND-
SCHAFTEN BEWEGEN

Im Alltag müssen wir meist auf irgendein Transportmittel zurückgreifen, um zu unserem Ziel zu gelangen. In unseren Träumen
tauchen wir aber meist wie von selbst in der nächsten Traumszene
auf. Wenn es Ihnen gelingt, sich dieses plötzlichen Erscheinens
bewusst zu werden, dann kann diese Erkenntnis einen Klartraum
auslösen. Die meisten Menschen träumen während einer Nacht
von mehreren Orten, Sie haben also viele Gelegenheiten, um in
einen luziden Traum einzusteigen! In jedem Fall ist es hilfreich zu
beobachten, wie Sie sich in Ihren Träumen fortbewegen, denn die
Art der Fortbewegung steht im Zusammenhang mit Ihrem persönlichen Wachstum. Sie zeigt Ihnen, wie Sie sich ein wenig elegan-
ter und anmutiger durch die Veränderungen in Ihrem Leben bewegen können.

Blättern Sie einmal durch Ihr Traumtagebuch und schauen
Sie sich an, wie oft Sie plötzlich einfach an einem anderen Ort
in Ihrem Traum erschienen sind. Finden Sie heraus, ob die Zeit-
punkte, an denen Sie zu einer anderen Traumlandschaft wechseln,
irgendwelche thematischen Ähnlichkeiten aufweisen. Diese Übergangsmomente sind sehr individuell und für jeden von uns einzigartig. Womöglich wechseln Sie jedes Mal die Traumszene, wenn
in Ihnen ein bestimmtes Gefühl hochkommt oder Ihnen eine bestimmte Traumfigur begegnet. Oder vielleicht befinden Sie sich in

einem Haus, wonach jedes Mal aufs Neue ein Strand als Traumlandschaft folgt.

Diese Wechselmomente Ihrer Traumlandschaften wollen ganzheitlich betrachtet werden, damit wir sie wirklich verstehen. Ich vergleiche diese Traumkomponenten gerne mit Geschichten oder Filmen, die mehrere parallel verlaufende Handlungsstränge aufweisen, die am Ende meist alle irgendwie wieder zusammenkommen. Wie kleine Ausschnitte von Kapiteln, die alle mit einer bestimmten Geschichte, oder Seele, zusammenhängen und eine weit größere Reise umfassen. Solche Übergangsmomente von Traumlandschaft zu Traumlandschaft helfen uns dabei, das Gesamtbild und all seine Zusammenhänge zu erfassen.

Wie man sich im Traum fortbewegt, kann ebenfalls sehr aufschlussreich sein, da das Transportmittel selbst reich an Symbolik und Bedeutung ist. Vielleicht laufen oder fahren Sie allein durch Ihre Träume, oder aber Sie pendeln mittels U-Bahn, Schiff, Zug oder Taxi. All diese Fortbewegungsmöglichkeiten haben ihre Eigenheiten, die vom kollektiven Bild der Fortbewegung geprägt sind.

Betrachten Sie das Transportmittel im Hinblick auf den Komfort, den es zu bieten hat. Ist es schick, futuristisch, altmodisch, gewöhnlich oder gar defekt? Handelt es sich um ein öffentliches Verkehrsmittel und sind auch andere Reisende zugegen? Beförderungsmittel für nur eine Person symbolisieren eine Reise, die wir allein antreten. Öffentliche Verkehrsmittel hingegen können für Ihren Platz innerhalb Ihrer Community stehen und beschreiben, wie Sie sich in dieser Gruppe oder unter den Menschen in Ihrer Umgebung fühlen.

Gesunder Menschenverstand kann hier auch sehr nützlich sein. Nehmen wir an, Sie fahren täglich mit der U-Bahn und sehen dann in Ihren Träumen auch ständig U-Bahnen – das kann auch schlicht und einfach Ihren Alltag widerspiegeln. Nutzen Sie Ihr eigenes Urteilsvermögen, um das für Sie Zutreffende herauszufinden. Meine Leitlinien sind nicht in Stein gemeißelt!

Züge sind wunderbar aufschlussreiche Traumsymbole. Sie fahren auf Gleisen nur in eine bestimmte Richtung (hört sich das vielleicht nach Ihnen, Ihren Überzeugungen oder Ihrem Leben an?). Sie fahren unter- und oberirdisch, durch Tunnel und Gleiskontrollpunkte. Schaffner sorgen im Zug für die Sicherheit der Passagiere, und Lokführer bedienen und lenken den Zug seinem Ziel entgegen. Alte Züge lassen Dampf ab – eine klare Botschaft für die träumende Person, dies auch mit ihrer Anspannung oder ihrem Zorn zu tun.

Schiffe hingegen durchqueren Gewässer, was so viel bedeutet wie: Sie bewegen sich an der Oberfläche dessen, was sich gerade in Ihrer Gefühlswelt ereignet. Ist es eine unruhige oder gar raue See, oder befinden Sie sich auf ruhigen, azurblauen Gewässern? Anders formuliert: Wie fühlen Sie sich *wirklich*? Ähnlich wie in meinem Traum, in dem ich wieder Kapitänin meines eigenen Lebens werden sollte – treffen Sie Ihre eigenen Entscheidungen im Leben, oder erlauben und hoffen Sie sogar, dass jemand anderes das Steuer für Sie übernimmt? Stehen Sie unter dem Einfluss ungebändigter Instinkte und Glaubenssätze?

Transportmittel zeigen uns, wie wir uns an äußere Gegebenheiten anpassen, und vermitteln uns gleichzeitig, wie wir im Alltag am besten damit umgehen können. Achten Sie darauf, ob Sie sich auf- oder abwärts bewegen (aufsteigen oder absteigen), sich spiralförmig fortbewegen (kreisförmige Muster oder Zyklen) oder ob Sie irgendwo in der Mitte feststecken.

Beförderungsmittel, wie auch die Bewegungen, die sie widerspiegeln, zeigen uns ganz genau, wie wir uns auf dieser emotionalen und spirituellen Reise unseres Lebens fortbewegen. Denken Sie daran: Wenn Sie die Fahrt nicht genießen, dann steigen Sie aus dem verfluchten Bus aus und gehen einen anderen Weg!

ÜBUNG NR. 1: MEHR WOHLBE-FINDEN DURCH DAS VISUALISIEREN BESTIMMTER TRAUMLANDSCHAFTEN

Sie sind der Tempel. Sie sind das Haus. Sie sind die Höhle. Sie sind der Berg. In all diese Orte können Sie wieder eintauchen und eine neue Facette Ihres Seins entdecken. Spazieren Sie durch alte Orte aus Ihrer Kindheit und entdecken Sie neue Traumlandschaften, um Ihre Inspiration neu zu entfachen und Ihre wahre spirituelle Größe anzunehmen.

Vielleicht hilft es Ihnen, sich während des Wachseins gedanklich in bestimmte Traumlandschaften zu vertiefen, um ein wohliges und angenehmes Gefühl in Ihnen zu erzeugen. Wenn Sie sich etwa erschöpft und ausgelaugt fühlen, meditieren Sie über eine Traumlandschaft, die Ihnen Kraft schenkt. Das könnte ein Wasserfall sein, in den Sie hineinschreiten und dem Sie erlauben, Ihre Sinne zu beleben. Oder Sie liegen auf einer herrlichen Wiese und fühlen, wie der Wind sanft um Ihren Körper weht.

Die Idee hinter dieser Übung ist, vollkommen in die Erfahrung einzutauchen. Sie versuchen dabei nicht, Ihre innere Visualisierung zu analysieren oder zu entschlüsseln. Sie geben sich ihr einfach hin und lassen sich von ihr leiten. Ich konnte beobachten, dass die meisten Teilnehmenden meiner Workshops diese Übung als besonders beruhigend und aufschlussreich empfunden haben. Ihre Vorstellungskraft kann und wird Sie auf wundersame Weise führen, wenn Sie es zulassen. Je öfter Sie die Übung wiederholen, desto leichter wird Ihnen die innere Visualisierung gelingen. Die Kunst besteht darin, sich voll und ganz auf den Prozess einzulassen und ihn nicht durch die Gedanken des Verstandes, des Egos oder durch wertende Gedanken zu unterbrechen.

ÜBUNG NR. 2: MIT IHREN TRAUMLANDSCHAFTEN TRÄUMEN

Vielleicht werden Sie feststellen, dass Sie genug mit Ihren Traumlandschaften gearbeitet haben, indem Sie sie einfach zum Entschlüsseln Ihrer Traumbotschaften genutzt haben. Wenn Sie jedoch noch tiefere Einblicke gewinnen und Ihre innere Welt besser kennenlernen möchten, dann ist dies die richtige Übung dafür. Wenn Sie ein erfahrener Klarträumer sind, dann können Sie die Übung auch während eines luziden Traums durchführen. Der Prozess bleibt dabei der gleiche.

Nehmen Sie ein paar tiefe Atemzüge und zentrieren Sie sich. Schließen Sie dann Ihre Augen und stellen Sie sich eine Traumlandschaft vor Ihrem geistigen Auge vor. Die Bilder tauchen wie von selbst auf – bleiben Sie stiller Beobachter und lassen Sie die Dinge ihren Lauf nehmen. Versuchen Sie dabei den Visualisierungsprozess nicht zu beeinflussen. Schieben Sie Ihre rationalen Gedanken so gut es geht beiseite und beobachten Sie die Bilder, die aufkommen.

Die Übung dauert meist nicht lang (meiner Schätzung nach zwischen dreißig Sekunden und drei Minuten). Wenn Sie fertig sind, öffnen Sie die Augen und strecken Sie sich. Sobald Sie bereit sind, rufen Sie sich das erste Bild in Erinnerung, das vor Ihrem geistigen Auge erschienen ist. Dies ist das Bild, mit dem Sie zu arbeiten beginnen sollten. Es handelt sich hierbei meist um das zutreffendste und aufschlussreichste Bild, das Ihnen Ihre Seele geschickt hat, um Ihnen zu zeigen, was Sie wissen müssen. Sie können mit der AVK-Methode der Trauminterpretation fortfahren, um seine Bedeutung zu entschlüsseln.

ÜBUNG NR. 3: GEDANKLICHES REKON-STRUIEREN REGULÄRER TRÄUME

Diese Übung soll Ihnen dabei helfen, alle scheinbaren emotionalen Unstimmigkeiten in Ihren Träumen in eine neue und bessere Vision Ihres Lebens zu integrieren. Bevor Sie mit der Übung beginnen, suchen Sie sich *ein* wiederkehrendes Traumthema aus, mit dem Sie arbeiten möchten. Sie können sich bewusst für ein Traumthema entscheiden, das Ihre Ziele für die Zukunft und Ihr seelisches Wohlbefinden betrifft. Oder Sie entscheiden spontan anhand Ihres Bauchgefühls. Jedenfalls sollten Sie die Übung zu einem Zeitpunkt und an einem Ort durchführen, an dem Sie nicht gestört werden.

Wenn Sie bereit sind, finden Sie eine angenehme Position im Sitzen oder im Liegen, um mit der Visualisierung zu beginnen. Stellen Sie sich vor Ihrem geistigen Auge ein Traumszenario vor, in dem das betreffende Traumthema sehr auffällig zutage tritt. Sie können entweder einen Traum wiederholen, den Sie auch wirklich hatten, oder Sie erschaffen einen völlig neuen. Die wichtigste Zutat für diese Übung ist das ausgewählte Traumthema.

Versuchen Sie sich das Thema und die damit verbundene Erfahrung so realistisch wie möglich vorzustellen. Erst wenn das Traumthema auch wirklich greifbar ist, sollten Sie damit beginnen, aktiv in die Visualisierung einzugreifen und sich ein großartiges, positives Ende auszumalen. Sie können die Visualisierung so realistisch oder realitätsfern gestalten, wie es Ihnen gefällt. Der Grundgedanke hierbei ist, die Bilder organisch und von selbst erscheinen zu lassen und sie dann aber in die Richtung Ihrer Wahl zu lenken.

Wenn Ihnen immer wieder das Traumthema begegnet, in der Falle zu sitzen, stellen Sie sich ein ebensolches Traumszenario vor. Sie erlauben es sich, die unangenehmen Gefühle des Gefangenseins zuzulassen, und visualisieren dann ein Best-Case-Szenario, das den gesamten Traumverlauf ins Positive kehrt. Vielleicht sind Sie in einem engen und angsterregenden Raum im Keller Ihres Hauses gefangen. Sie bemerken, wie Panik in Ihnen aufsteigt, aber dann fällt Ihnen plötzlich ein, dass Sie ein Taschenmesser bei sich haben, mit dem Sie das Türschloss aufbrechen. Sie stoßen die Tür mit aller Kraft auf: Sie sind frei!

Dann steigen Sie die Treppe hoch und gehen aus dem Haus. Beim Herausschreiten atmen Sie die frische Luft ein und spüren die Sonnenstrahlen auf Ihrem Gesicht. Sie sehen ein weites Feld voller blühender Rosen. Während Sie durch das Rosenfeld schreiten, stellen Sie fest, wie ihre Schönheit und Anmut jegliche noch verbliebenen Gefühle der Anspannung in Ihnen zum Schmelzen bringen. In einem Moment der Inspiration entscheiden Sie, das Haus zu kaufen und es komplett neu zu gestalten – vor allem den Raum, in dem Sie zuvor gefangen waren!

Sie schauen zu, wie das alte Haus niedergerissen und an seiner Stelle ein wunderschönes Haus in japanischem Stil errichtet wird.

Beim Durchschreiten der typisch kleinen und engen Räume (der begehbare Kleiderschrank, die Speisekammer, der Keller) merken Sie, dass nun alle riesengroß und lichtdurchflutet sind und die wahre Essenz des Zen verkörpern. Himmlisch! Es besteht kein Zweifel: Sie wissen, dass es keine Möglichkeit gibt, in diesem Haus jemals festzustecken oder gefangen zu sein, denn es wurde speziell nach Ihren Wünschen entworfen. Sie sind begeistert, dass alles so zu Ihrer Zufriedenheit geschehen ist!

Ziel dieser Übung ist es, Ihren Traum mithilfe Ihrer Vorstellungskraft im Wachzustand nachzubessern. Ihre wache Fantasie nimmt aktiv Einfluss auf Ihre unbewussten Prozesse, Gefühle und psychischen Instinkte. Mit dieser Übung wirken Sie von außen auf Ihre inneren Prozesse ein und beeinflussen diese zum Positiven. Das Ergebnis: Ihre wiederkehrenden Träume werden sich mit großer Wahrscheinlichkeit ändern, weil Sie Einfluss auf Ihre psychische Landschaft genommen haben.

KAPITEL 6

DIE BEDEUTUNG
DER TRAUMFIGUREN

Hatten Sie jemals in Ihrem Leben oder in Ihren Träumen das Gefühl, als würden alle Fenster Ihres Verstandes offen stehen und als käme endlich frische Luft herein? Wie ein *Luftstoß befreiender Inspiration*, der mit einem Mal durch Sie hindurchsaust. Und genauso elektrisierend fühlt es sich an, wenn man in direkter Verbindung mit seinem innersten Wesen, seinem Selbst steht. In der spirituellen Selbsthilfeszene wird im Zusammenhang mit dem *Selbst* meist vom In-Kontakt-Treten mit dem Höheren Selbst gesprochen – dem inneren Wesen, dem Göttlichen in uns, dem göttlichen Funken. Wenn wir mit unserem Höheren Selbst verbunden sind, dann fühlen wir uns lebendig, inspiriert und entspannt zugleich.

Ebendiese Verbindung zu unserem Höheren Selbst ist der Grund, weshalb jeder Lehrer des Metaphysischen oder der Traumdeutung darauf beharren wird, dass seine Schüler ihren Willen, ihre Interpretation und Intention für einen positiven Zweck und auf korrekte Weise benutzen. So geht es darum, die Traumgeschichte (wie auch die Geschichte des tatsächlichen Lebens) zu wirksamer Entfaltung zu bringen, sodass sie als Ausdruck der Seele und des göttlichen Funkens in uns von Güte und Wohlbefinden erzählt – anstatt von den Begierden unseres Egos gefärbt zu sein, die oft entweder großspurig oder aber sehr beschränkt sein können.

Wir Menschen neigen dazu, in einer bestimmten Mentalität, einem Problem oder einer Beziehung stecken zu bleiben, die einfach nicht gut für uns ist. Man verfällt so leicht in bestimmte Denk- und Gefühlsmuster – vor allem, wenn es um unser Selbstbild und die Welt um uns herum geht. Wir haben so oft eine beschränkte und verzerrte Sicht auf das Leben. Also bringen uns unsere Träume die Perspektive unserer Seele wieder näher – durch die nächtlichen Geschichten, die sie uns erzählen, und die Traumfiguren, die darin vorkommen.

Im Allgemeinen existieren drei Lehrmeinungen darüber, wer oder was Traumfiguren sind:

1. Traumfiguren sind psychologische Projektionen des eigenen Verstandes und repräsentieren einen bestimmten Aspekt unserer Psyche. Das können Schattenfiguren sein, die unsere unbewussten Impulse, Glaubenssätze, Gefühle und Triebe widerspiegeln. Meist ist das der Stoff, aus dem unsere Albträume gemacht sind!

2. Alle Traumfiguren sind das Produkt unserer Fantasie.

3. Traumfiguren sind Teil einer nichtphysischen Essenz und können eigenständige, fühlende Wesenheiten sein.

Ich persönlich arbeite mit der ersten und dritten Denkrichtung. Ich glaube nicht, dass Traumfiguren einfach nur unserer Fantasie entspringen. Dafür habe ich in meinen luziden und regulären Träumen zu viele tiefgreifende Erkenntnisse gewonnen. Ich bin mir aber sicher, dass Sie sich Ihre eigene Meinung bilden werden, während Sie sich mehr mit Ihren Traumerlebnissen beschäftigen.

Die Traumfiguren, die Ihnen in Ihren nächtlichen Träumen begegnen, können oft einen bestimmten Aspekt Ihres Seins, Ihrer Geschichte und der Erfahrungen aus Ihrem Alltag darstellen. Eine aufdringliche oder anmaßende Traumfigur wird für das gleiche Verhalten oder die damit zusammenhängenden Glaubenssätze aus dem wachen Leben stehen. Dies kann als eine Art psychologische und intuitive Erkenntnisarbeit verstanden werden, die beim Interpretieren der Träume gemacht wird. Sie versuchen zu erkennen, wie der Traum Ihnen *in seiner Gesamtheit* (Traumschauplatz, Symbole, Figuren und Handlungen) Botschaften der Führung durch das Zusammenspiel aller Faktoren überbringt.

Während wir uns des Nachts mit unserer spirituellen Essenz verbinden, kann es sein, dass wir von uns nahestehenden Personen träumen, die uns den Weg weisen wollen. Oder von anderen geistigen Führern, die uns Hilfe anbieten, uns Trost schenken und Frieden bringen, wenn wir in Not sind oder in einer Krise stecken. Solche Traumfiguren erkennen wir dadurch, dass sie uns emotionale Kraft spenden.

Wie können wir aber feststellen, ob eine Traumfigur einer höheren Natur entspringt oder einfach eine Projektion unseres Geistes und unserer Psyche ist?

Wenn Sie das Klarträumen beherrschen, dann könnten Sie die Traumfiguren nach Informationen fragen, die Aufschluss bringen würden. In meiner Erfahrung, und der Erfahrung vieler anderer Menschen, ist es das Gefühl, das diese Traumfiguren bei uns hinterlassen. Es wird etwas tief in uns berührt, und wir erkennen und wissen einfach, dass es real ist. Ob es sich um einen regulären oder luziden Traum handelt – das Gefühl der Resonanz bleibt dasselbe. Auf solche Traumerfahrungen folgen meist (aber nicht immer) Erlebnisse der Synchronizität oder »Bestätigung« im echten Leben.

Auf jeden Fall war das bei meiner Mutter so, als sie in ihren Dreißigern einen bedeutenden Traum hatte. Sie war damals seit fünf oder sechs Jahren verheiratet. In ihrem Traum stand sie auf einem weiten und offenen Feld. Dann begann sie, wie es in Träumen eben so ist, ohne ein bestimmtes Ziel zu haben, in Richtung eines Hügels zu gehen, der sich vor ihr erstreckte. Meine Mutter spazierte den Hügel hinauf, und als sie ganz oben ankam, war sie plötzlich in ein weißes Hochzeitskleid gehüllt. Ein Gefühl der Gelassenheit und des Friedens überkam sie, als sie ihren Vater in weiter Ferne stehen sah. Sie winkten einander zu. Ein paar Augenblicke später wachte sie auf.

Einige Wochen später starb ihr Vater unerwartet.

Ihr Traum war reich an Symbolen und zudem von prophetischer Natur. Meine Mutter befindet sich also im Traum auf einem offenen Feld (ein Ort voller Möglichkeiten) und sieht einen Hügel vor sich. Wie der Berg ist auch der Hügel ein Symbol spiritueller Kraft und ein Aussichtspunkt auf höherer Ebene. Im Traum geht sie dem Hügel entgegen und steigt ihn empor. (Erkennen Sie auch hier wieder das Thema des Aufsteigens?)

Oben auf dem Hügel angekommen bemerkt sie, dass sie ein Hochzeitskleid trägt. Das Hochzeitskleid ist ein Symbol der Ver-

einigung und der Einheit und steht kennzeichnend für Lebenszyklen und Initiationsphasen. Es zeigt uns, dass der Bund, die
Verbindung, spiritueller Natur ist. (Dies erkennen wir durch das
Zusammenwirken der beiden Traumsymbole: des Hochzeits-
kleides und des Hügelgipfels.)

Sie verspürt ein Gefühl des Friedens und der Gelassenheit, als
sie ihren Vater erblickt (eine angenehme und tröstliche Traumerfahrung, die auch die liebevolle Beziehung der beiden in der Realität widerspiegelt). Traditionell übergeben Väter auf Hochzeiten ihre
Töchter an den Bräutigam, und mir scheint, dass meine Mutter in
diesem Traum ihren Vater »freigegeben«, dem allumfassenden Geist
wiedergegeben hat. Zum Schluss winken sie einander zu.

Als meine Mutter aufwachte, wurde sie das Gefühl nicht los,
dass der Traum von Bedeutung war. In den Wochen nach dem
Tod ihres Vaters fand sie großen Trost in der Erinnerung an diesen Traum. Vor allem deshalb, weil sie keine Gelegenheit gehabt hatte, sich von ihrem Vater zu verabschieden, bevor er starb.
Durch diesen Traum konnte sie damit abschließen, was ihr in den
Monaten der Trauer um seinen unerwarteten Tod sehr half.

Nicht all unsere Träume sind prophetischer Natur, doch jene,
die es sind, üben eine gewisse emotionale Anziehung auf uns aus.
Dies können wir bei dem folgenden Traum einer meiner Freundinnen sehr gut beobachten. In ihrem Traum befindet sie sich wieder in ihrer alten Highschool. Ihre Lehrerin schreibt etwas an die
Tafel, aber es fällt ihr schwer, es zu entziffern. Das wiederum fällt
der Lehrerin auf, also sagt sie ihr, sie solle sich »Vitamin B_{12}« notieren. Daraufhin wird sie wach und erinnert sich an den Traum.

In ihrem Wachzustand litt meine Freundin zu dieser Zeit an
schwerer Erschöpfung. Der Traum brachte sie dazu, ihren Vita-

min-B12-Spiegel untersuchen zu lassen. Sie hatte tatsächlich einen Mangel an Vitamin Bl2, ihre extreme Müdigkeit rührte mit hoher Wahrscheinlichkeit daher.

Als ich sie fragte, warum sie der Traum zum Handeln animiert hat, sagte sie mir, dass sie diese Lehrerin auch im echten Leben in ihrer Highschool-Zeit sehr geschätzt und respektiert hatte. Sie war ihr auch in außerschulischen Angelegenheiten oft zur Seite gestanden. Daher auch die Schlussfolgerung meiner Freundin: Wenn ihre Lehrerin ihr auch heute noch etwas zu sagen hat, dann ist es wohl von Bedeutung, und sie sollte es sich zu Herzen nehmen!

Man kann also sagen, dass die Traumfigur in diesem Beispiel – ihre Lieblingslehrerin also – einen Teil ihrer Psyche dargestellt hat, der sie mit einer Symbolik auf ein gesundheitliches Ungleichgewicht aufmerksam machen wollte, die sie auch verstehen konnte und nach der sie handeln würde. Der Traum war für sie von großem Nutzen, denn er half ihr dabei, gesünder zu werden und wieder mehr Lebensenergie zu verspüren.

Das Verhalten und die Handlungen der jeweiligen Traumfigur sind Teil der Traumbotschaft. Wenn eine geliebte Person in Ihrem Traum auftaucht, achten Sie darauf, was sie tut, sagt oder Ihnen zeigt. Denken Sie dabei daran, was Sie der Person gegenüber im echten Leben empfinden, und verbinden Sie dieses Gefühl mit dem Traum. Wenn eine Person Sie im Traum beispielsweise anschreit und dieses Verhalten das Gegenteil dessen ist, was Sie in wacher Realität von ihr gewohnt sind, dann stellen Sie sich die Frage: Welche Situation würde sie zu so einer Handlung bringen?

Achten Sie auf alle Hinweise in Ihren Träumen. Womöglich schreien sie förmlich nach Ihnen, weil Sie die Warnhinweise im Wachzustand ignoriert haben. Oder sie versuchen Ihre Aufmerksamkeit zu gewinnen, um Ihnen zu zeigen, wie Sie Ihre Wut endlich rauslassen können. Dass Sie schreien und toben oder, im Gegenteil, endlich Ruhe geben sollten! Vielleicht wollen sie Ihnen auch mitteilen, dass Sie Ihre Herzenswünsche nicht aufgeben dürfen, wenn eine herausfordernde Situation Sie in Selbstzweifel versinken lässt. Alle Hinweise sind dazu da, Sie auf Ihrem Weg voranzubringen. Sie wollen, dass Sie durchhalten und letztlich Ihr Ziel erreichen.

Traumfiguren erscheinen uns oft als Menschen, denen wir großes Vertrauen entgegenbringen. Durch unsere Verbundenheit mit ihnen schenken wir ihnen Gehör und vertrauen auf die Botschaften, die sie uns übermitteln wollen. Die Traumbotschaft ist in jedem Fall zu unserem Besten, auch wenn das Geschehen zunächst etwas seltsam und eigenartig erscheinen mag.

Wenn unsere Traumfiguren also so viele Einsichten und Erkenntnisse für uns bereithalten, was bedeutet es dann, wenn sie furchterregend oder gar grauenhaft sind?

Schwierige Traumfiguren können einen Teil Ihres Selbst repräsentieren, den Sie leugnen oder ablehnen. Oder sie stehen für einen Aspekt Ihrer Psyche, zu dem Sie keinen bewussten Kontakt haben. Das können Persönlichkeitsanteile sein, unbewusste Antreiber, vergangene Erlebnisse und sogar schwierige oder unterdrückte Gefühle, die es zu verarbeiten gilt. Der folgende Traum kann Ihnen dies veranschaulichen.

Die Träumende befindet sich auf einer Veranstaltung. (Der Anlass ist ihr nicht bekannt.) Es ist viel los, sie fühlt sich wohl und bewegt sich entspannt durch die Menge. Sie erkennt viele der Gäste und nickt ihnen zu. Sie geht auf die erste Sitzreihe zu und sieht, dass vorn eine Bühne aufgebaut ist.

Sie erwischt einen sehr guten Sitzplatz und wartet gespannt auf den Vortrag des Festredners. Doch anstatt des Festredners spaziert ganz unerwartet eine Frau auf die Bühne. Die laute und schroffe Dame beginnt plötzlich wie ein Huhn zu gackern. Die Träumende versinkt in Scham, denn ihr wird klar: Sie kennt diese Frau! Zuerst bricht in der Menge schallendes Gelächter aus. Dann nimmt der Traum eine jähe Wendung. Plötzlich lachen die Menschen nicht mehr nur über die Frau auf der Bühne, sondern auch über die Träumende! Wenige Augenblicke später wacht sie auf.

Was zu Anfang wie ein völlig entspannter Traum wirkt, endet plötzlich in tiefer Scham. Die Träumende wird mit der Tatsache konfrontiert, dass sie sich selbst in dieser Frau auf der Bühne erkennt – sie ist so untrennbar mit ihr verbunden, dass das Publikum über beide gleichermaßen lacht. Sie schämt sich und kommt sich zutiefst lächerlich vor.

In ihrem wachen Leben wurde die Träumende oft für ihre forsche und unangebrachte Ausdrucksweise kritisiert – tatsächlich fanden viele ihrer Beziehungen aufgrund dieser Verhaltensweise ein plötzliches Ende. Sie hat immer ihren Partnern die Schuld daran gegeben, aber in Wahrheit war sie es, die die Beziehungen meist in bissigem Ton beendete.

Die Frau hatte jedes Mal das Gefühl gehabt, kaltherzig verurteilt worden zu sein. (Erkennen Sie schon das allgemeine Muster dahinter?) Nach außen hin mag es durchaus den Schein erweckt haben, dass die anderen ihr gegenüber verurteilend waren – und vielleicht war dies auch tatsächlich der Fall. Der Traum signalisierte ihr jedoch, dass da etwas Grundlegenderes am Werk war. Etwas mehr als nur das äußere Verhalten der Menschen in ihrem Umfeld.

Die Traumfigur auf der Bühne verkörpert einen personifizierten Verhaltensaspekt der Träumenden. Die gackernde Dame ist ein Teil von ihr, den sie nicht gerne anerkennen möchte.

Dies wissen wir, weil die Träumende sie persönlich kennt und sich schämt, mit ihr in Verbindung gebracht zu werden. (Die Menge lacht sie *beide* aus.) In gewisser Weise weiß sie, dass die Frau auch ihre Verhaltensweise widerspiegelt, doch will sie dies nicht zugeben oder überhaupt irgendetwas mit ihr zu tun haben.

Also wird sie im Traum wie ein Huhn angegackert, damit sie versteht, dass sie tatsächlich so ein Verhalten an den Tag legt wie die gackernde Dame auf der Bühne – ob sie dies nun wahrhaben will oder nicht. Man könnte sagen, dass die Frau sich so aufgeblasen und unpassend verhält, um im Mittelpunkt zu stehen und Aufmerksamkeit zu erregen, anstatt eine beidseitige und freudvolle Unterhaltung zu führen.

Ihr Traum kam als eine Art böses Erwachen, das dennoch eine große Hilfestellung für sie war. Durch die Botschaft ihres Traumes begann sie, mehr Empathie für sich selbst und andere zu entwickeln. Sie verließ die Ebene von Schuld und Scham. Anstatt weiterhin nach Bestätigung und Akzeptanz seitens des Publikums zu suchen, übte sie sich in Selbstbestätigung. Dadurch konnte sie mehr Intimität in ihren Beziehungen erfahren, und sie erlebte, wie es ist, wahrhaftig von den Menschen in ihrer Umgebung unterstützt zu werden.

Wenn Sie in einem Ihrer Träume eine starke Abneigung gegen eine bestimmte Traumfigur verspüren, dann sehen Sie genauer hin und fragen Sie sich, ob die Figur auf irgendeine Weise Ähnlichkeit mit Ihnen hat. Wir alle haben Schwächen und sollten uns deshalb keinesfalls schämen! Solche Traumfiguren sind dazu da,

Licht auf jene verborgenen Aspekte unseres Geistes zu werfen, die unser Verhalten aktiv beeinflussen. Diese versteckten und meist recht unbehaglichen Schattenfiguren sind Repräsentanten für unbewusste Antreiber und tief verankerte Überzeugungen. Sie zeigen sich auf diese Art, weil sie gesehen und thematisiert werden wollen. Somit wird uns die Möglichkeit gegeben, uns von ihrem Einfluss zu lösen.

Allerdings können furchterregende Traumfiguren, die uns aus der Fassung bringen, auch eine äußere Situation widerspiegeln oder kommentieren, in die wir uns freiwillig begeben haben. Oder sie stehen für Gefühle, die uns möglicherweise gerade zu verschlingen drohen. Hierzu folgendes Beispiel: Eine meiner Klientinnen stand in ihrem Traum draußen auf der Straße vor ihrem Haus. Zunächst betrachtete sie das Haus einfach und dachte an nichts Bestimmtes. Wie man es in Träumen eben tut, drehte sie sich plötzlich um und richtete den Blick nach vorn auf die Straße. In der Ferne sah sie mehrere verschleierte Gestalten mit dunklen Umhängen stehen. Sie wirkten bedrohlich. Zuerst waren es drei, doch als sie noch einmal hinsah, erkannte sie fünf Gestalten, die sich nun langsam in ihre Richtung bewegten.

Sie geriet in Panik und begann hektisch nach ihrem Hausschlüssel zu suchen. (Zu diesem Zeitpunkt befand sie sich nicht mehr direkt vor ihrer Haustür, sondern weiter weg.) Der Schlüssel fiel zu Boden, und als sie sich herunterbückte, um ihn aufzuheben, sah sie, dass sie nun von einer ganzen Bande umzingelt war. Die vermummten Gestalten verlangten Einlass in ihr Haus! Einen Augenblick später erwachte sie mit blankem Schrecken aus dem Traum.

Bei näherer Betrachtung kam die Bedeutung des Traumes ans Licht. In ihrem Alltag hatte meine Klientin oft das Gefühl, von diversen sozialen Medien verschlungen zu werden. Tatsächlich hatte sich ihr Verhalten schon zu einer Abhängigkeit entwickelt, mit der sie nicht zurande kam. Mit eigenen Worten beschrieb sie den Einfluss, den die sozialen Medien auf sie hatten, wie folgt: »Es ist wie ein Autounfall, den man in Zeitlupe beobachtet und dabei rein gar nichts tun kann ...« Ihr wurde bewusst, dass sich beim Scrollen durch die diversen Plattformen ihre Angstzustände drastisch verschlimmerten.

In ihrem Traum steht sie also vor ihrem Haus (ein Ort der Sicherheit). Sie befindet sich auf der Straße (ein gemeinschaftlicher Ort, den viele Menschen tagtäglich überqueren, was für Social Media stehen kann). Sie steht vor dem Haus. Das Haus hat hier eine doppelte Bedeutung. Erstens repräsentiert es den Zustand ihrer Psyche. Zweitens bedeutet es das »Haus« innerhalb der Social-Media-App. (Bei den meisten dieser Apps gibt es eine sogenannte *Homepage*.) Ähnlich wie die Möbel eines Hauses können wir auch unsere persönliche Seite im Netz *einrichten* und »Gäste« einladen. Umgekehrt werden wir auch von anderen Menschen eingeladen.

Sie steht also außerhalb ihres sicheren Ortes (dem Haus), befindet sich aber ganz in der Nähe auf der Straße (zunächst fühlt sie sich in Sicherheit). Sie tut und denkt an nichts Großartiges. Sie steht einfach nur da. (Das sind die Umstände, die sie meist dazu bringen, soziale Medien aufzusuchen – Langeweile und das Bedürfnis nach Ablenkung, wenn sie gerade nichts zu tun hat.)

In der Ferne erscheinen drei dunkle Gestalten, die ihr bedrohlich vorkommen. Zuerst sagt sie sich, es sei nicht so schlimm – es sind doch nur ein paar Menschen in weiter Ferne. (Diese Situation zeigt, wie sie im Alltag ihre Instinkte ignoriert. Sie fühlt die

Bedrohung und ist beunruhigt, übergeht jedoch die Signale ihres Körpers, die ihr zeigen, dass etwas nicht stimmt.) Die Traumfiguren tragen Umhänge und sind verschleiert, was auf Menschen hindeutet, die sie in ihrem realen Leben nicht gut kennt. Oder vielleicht sind es auch Aspekte ihres Selbst, die sie nicht sehen möchte (sie sind vor ihrem Bewusstsein »verschleiert«).

Plötzlich merkt sie, dass sie nicht mehr vor ihrem Haus steht (sie hat unerwartet die Grenze ihres psychischen Wohlbefindens überschritten). Ich glaube, wir alle kennen solche Situationen, in denen wir willkürlich in einer App herumscrollen und uns plötzlich, zwanzig Minuten später, völlig zerstreut, ängstlich und unbehaglich fühlen.

Die Träumende ist immerhin bewusst genug, um nach ihrem Hausschlüssel zu suchen (in diesem Moment möchte sie in die Sicherheit zurückkehren). Schlüssel sind hervorragende Traumsymbole, denn sie entsperren Räume für uns. Das Wort selbst trägt die Bedeutung: der Schlüssel! Es handelt sich um etwas sehr Wichtiges – passen Sie also gut auf.

Sie findet also ihren Schlüssel, lässt ihn jedoch fallen. (Soll heißen, sie findet einen Weg aus der Situation heraus, verliert ihn aber wieder.) Der Traum will ihr damit begreiflich machen, dass es sehr wohl in ihrer Hand liegt, ihr Verhalten zu ändern, sie jedoch einen zu schwachen Handgriff hat. Ihre Willenskraft ist der Schlüssel, aber sie muss noch daran arbeiten. Sie ist nicht motiviert genug.

Plötzlich ist die Meute schon um sie versammelt. Sie bemerkt die Gestalten, während sie sich nach ihrem Schlüssel bückt. (Ihre Position ist verwundbar, sie ist jedoch nicht völlig machtlos, da sie ja den Schlüssel gefunden hat.) Die Gestalten verlangen Einlass in ihr Haus.

Meine Klientin erzählte mir, dass sie in Angst und Schrecken versetzt war, die Gestalten aber nicht die Absicht hatten, ihr an Ort und Stelle physisches Leid zuzufügen. Die Tatsache, dass die Meute *zuerst* in ihr Haus eindringen wollte, erschreckte sie am meisten. Genau dieser Gedanke ließ sie aus ihrem Albtraum erwachen! Nachdem sie den Traum und seine Botschaft verstanden hatte, brachte sie ihr Verhalten im Umgang mit sozialen Medien unter Kontrolle und verbesserte damit ihr psychisches Wohlbefinden.

Wenn es Ihnen ebenso ergeht und Sie von dunklen, verschleierten, angsteinflößenden oder gar aggressiven Traumfiguren träumen, dann stellen Sie sich folgende Fragen: Ähnelt mir diese Traumfigur in irgendeiner Art? Repräsentiert die Figur meine Gefühle? Steht sie für die männlichen oder weiblichen Anteile in mir? Verfolgen mich diese Traumfiguren, um mich auf eine entsprechende Situation in meinem Alltag aufmerksam zu machen?

Letztlich stellen wir uns diese Fragen, damit wir herausfinden können, wie wir im Wachzustand handeln sollten, um größtmögliches persönliches Wachstum und Wohlergehen zu generieren. Das Unbehagen, das dabei entsteht, wenn wir uns diesen unangenehmen Aspekten und Gefühlen stellen, rüttelt uns wach und lässt uns nach einem tieferen Sinn und persönlicher Weiterentwicklung streben.

Mithilfe unserer Kreativität können wir sogar mit Aspekten unserer Träume arbeiten, die nicht schlüssig oder schwierig zu sein scheinen. Wir geben der Kreativität ihren Spielraum und wandeln so die Traumfiguren (oder Traumszenen und Symbole) nach Bedarf in etwas anderes um oder holen sie einfach stärker in unser Bewusstsein. Das geht mittels Musik, Tanz, kreativen Webens, Töpfern oder jeder anderen künstlerischen Tätigkeit, die Ihnen liegt. Diese Herangehensweise funktioniert bei allen Menschen. Diejenigen, die noch tiefer gehen wollen, können den Weg des Klarträumens einschlagen, der sie zu ultimativer Veränderung und persönlichem Wachstum führen wird.

Nun, da Sie über ein umfangreiches Verständnis dafür verfügen, wie Gefühle, Gedanken und Instinkte Ihre Träume beeinflussen, sind Sie bereit für den nächsten Schritt: die Erforschung luzider Träume. Alles, was Sie bisher gelernt haben, kann sich auch auf Ihre Klarträume auswirken, denn ein besseres Verständnis der eigenen Psyche ist ein wichtiger Schritt auf dem Weg, eine erfahrene Klarträumerin, ein erfahrener Klarträumer zu werden.

DIE SCHWELLE ZWISCHEN SCHLAF- UND WACHZUSTAND

Ich möchte Sie nun auf eine Reise in den Raum zwischen Wachsein und Schlafen mitnehmen. Schließen Sie also jetzt bitte kurz die Augen und denken Sie an jenen Moment, an dem Sie kurz davor sind einzuschlafen. Sie wissen schon, dieses schläfrige Gefühl direkt vor dem Einnicken, wenn man immer mehr den Fokus verliert. In genau diesem Moment übertreten Sie die Schwelle zum Raum zwischen Wach- und Schlafbewusstsein. In der Wissenschaft spricht man beim Übergangsstadium vom Wachbewusstsein zum Schlaf vom sogenannten hypnagogen Zustand.

Im hypnagogen Zustand sind wir weder vollständig wach, noch schlafen wir richtig. Wir sind an der Schwelle zwischen Wachsein und Schlaf. Mit dieser Bewusstseinsänderung beginnt sich auch unsere Wahrnehmung zu verändern. Die etymologische Bedeutung des Wortes »hypnagog« lautet »in den Schlaf führen«. Die Hypnagogie zeigt uns, dass wir Bewusstsein als eine Art Kontinuität erfahren. *Es existiert ein ganzes Bewusstseinsspektrum zwischen Wachzustand, Schlafen und Träumen.*

Nehmen wir uns folgende Metapher zur Veranschaulichung dieses Bewusstseinsspektrums her: Stellen Sie sich vor, Sie stehen im Schlafzimmer eines Hauses. Sie öffnen die Tür und blicken auf einen langen Flur. Am Ende befindet sich eine weitere Tür, die zu einem anderen Schlafzimmer führt. Sie verlassen den ersten Raum, gehen durch den Flur, öffnen die Tür und treten in den zweiten Raum ein.

Das erste Schlafzimmer repräsentiert Ihren Wachzustand. Der Flur steht für den hypnagogen Zustand. Das zweite Zimmer ist Ihre Traumrealität.

Wenn es Ihnen gelingt, achtsam vom ersten ins zweite Zimmer zu schreiten, dann haben Sie es geschafft, in vollem Bewusstsein vom Wachzustand in Ihre Traumrealität überzutreten!

Schamanen praktizieren dies oft im Rahmen ihrer Visionssuche, um als eine Form von Hilfestellung Luzidität zu erlangen und in ein anderes (Über-)Bewusstsein zu treten, um sich mit dem *Spirit* zu verbinden. Ich selbst leite im Rahmen meiner Workshops die Teilnehmenden gern durch diesen Prozess. Wenn Sie möchten, können Sie die Übung gleich heute Nacht ausprobieren.

Das nächste Mal, wenn Sie im Bett liegen, aber noch nicht kurz vorm Einschlafen sind, versuchen Sie einfach darauf zu achten, was vor Ihrem geistigen Auge auftaucht, sobald Sie die Augen schließen. Zunächst werden Sie nur Dunkelheit sehen, aber seien Sie nicht überrascht, wenn Sie allmählich Lichtpunkte, Formen und Muster erkennen, die sich hin und her bewegen.

Vielleicht hören Sie aber auch Töne oder Geräusche.

Diese visuellen Bilder und akustischen Klänge können auf manche Menschen beunruhigend wirken – vor allem, wenn sie sie zum ersten Mal wahrnehmen. So kann es hilfreich sein, sich in Erinnerung zu rufen, dass diese Eindrücke einfach ein Zeichen dafür sind, dass man sich im hypnagogen Zustand befindet. (Falls Sie Angst verspüren, bewegen Sie einfach Ihren Körper und öffnen die Augen – Sie gelangen somit wieder in den Wachzustand.)

Erzwingen Sie nichts. Beobachten Sie einfach Ihre Wahrnehmungen aus einem Standpunkt der Leichtigkeit und Losgelöstheit heraus. Wenn es Ihnen gelingt, sich in diesen Zustand hineinzuentspannen und gleichzeitig in Ihrer Bewusstheit verankert zu bleiben, dann werden Sie beobachten können, wie die Formen und Lichter langsam zu Bildern werden.

Diese Bilder sind zunächst meist statisch – als würde man ein Foto betrachten, das an einer Wand befestigt ist. Irgendwann jedoch wandeln sie sich zu dreidimensionalen Szenen um, ähnlich unserer Erfahrung im Wachzustand. Die Kunst bei dieser Übung besteht darin, die bewusste Wahrnehmung aufrechtzuerhalten, um vom Wachbewusstsein achtsam ins Schlafbewusstsein zu gehen.

An dieser Stelle möchte ich ausdrücklich betonen, dass wir in dem Fall nicht wie üblich unser Bewusstsein verlieren, wenn wir einfach zu Bett gehen und einschlafen. Diese Methode fühlt sich so an, als würden wir uns selbst in den Schlaf »begleiten« und folglich (wenn wir die Aufmerksamkeit lange genug beibehalten können) in die Traumwelt.

Die statischen Bilder im hypnagogen Zustand sind zunächst flach und leblos, bis sie sich zu bewegen beginnen und sich plötzlich überall um uns herum befinden. Genauso wie all die Menschen oder die Möbel, von denen Sie in dem Zimmer, in dem Sie gerade sitzen und dieses Buch lesen, umgeben sind. Heben Sie kurz Ihren Blick und sehen Sie sich um, damit Sie begreifen, was ich meine.

Vor diesem Hintergrund möchte ich Ihnen sagen, dass mich meine erste Erfahrung mit dem hypnagogen Zustand wirklich zutiefst erschüttert hat. Als ich meine Augen schloss, sah ich nichts als schwarze Dunkelheit. Ich musste mich wirklich in Geduld üben, bis ich endlich die schnörkeligen Linien, Lichter und Formen wahrnahm, die für gewöhnlich in diesem Zustand auftauchen. Normalerweise schlief ich entweder ein und verlor damit die für die Übung so essenzielle bewusste Wahrnehmung, oder ich blieb wach, weil ich mich zu sehr auf die Formen konzentrierte, die sich mir im hypnagogen Zustand zeigten. Es war einfach frustrierend. Ich musste mehr als eine Woche lang üben, bevor ich irgendein Ergebnis sehen konnte.

Eines Nachts entschloss ich mich, es noch einmal zu versuchen, und diesmal konzentrierte ich mich darauf, mit einem Gefühl der Leichtigkeit an die Sache heranzugehen. Ich dachte an all die Momente im Leben, in denen ich mich im sogenannten Flowzustand befunden hatte – als alles leicht war und mir auf wundersame Weise zufiel. Ich dachte an Erlebnisse, die sich gut angefühlt hatten und an die ich mich gern zurückerinnerte. All das brachte mich allmählich in einen angenehm ruhigen Zustand der Entspannung und Gelassenheit. Ich ließ los und entspannte meinen ganzen Körper und Geist. Ich verweilte in dem Raum zwischen meinen Atemzügen und wurde langsam immer müder, also versuchte ich das Ganze noch mal.

Ich schloss die Augen und ließ die unvermeidliche Finsternis kommen. Ich entspannte mich und sah den weißen Mustern einfach dabei zu, wie sie sich formten. Zuerst sahen sie wie runde Schnörkel aus, dann bekamen sie eine längliche Form. Ganz locker richtete ich meine Aufmerksamkeit auf die Bilder, die ich sah. Ich konnte spüren, dass mein Körper einfach nur in den Schlaf gleiten wollte, also konzentrierte ich mich wieder, diesmal jedoch mit einer sanfteren Wahrnehmung als bei den vorherigen Versuchen. (Wenn Sie wissen wollen, ob Sie eine sanfte Form der Wahrnehmung praktizieren, müssen Sie nur Ihre Gesichtsmuskeln beobachten. Sind sie angespannt? Wenn ja, dann strengen Sie sich zu sehr an – Entspannen ist angesagt.)

Langsam veränderten sich die länglichen weißen Muster und begannen sich zu einem Bild zusammenzusetzen. Ich betrachtete das Bild, und es sah aus, als hätte es aus einer Henri-Rousseau-Ausstellung stammen können. Es war eine wunderschöne Abbildung eines Regenwaldes, mit Affen und leuchtend grünen Blättern im Vordergrund. Ich trat näher an das Bild heran, um mir die Affen genauer anzusehen. Plötzlich schaute ich nicht mehr von außen auf das Bild. *Es war, als befände ich mich nun mitten im Bild*, als würde das Bild mich nun umgeben und der Affe direkt neben mir stehen.

Es fühlte sich so echt an wie alles andere, was ich jemals erlebt habe. Die Verwunderung, die ich nach dieser Erfahrung verspürt habe, kann ich nicht einmal annähernd beschreiben! Ich wachte völlig überwältigt auf und konnte mehrere Stunden später noch immer nicht schlafen. (Ich finde es sehr amüsant, dass in meinem ersten Bild im hypnagogen Zustand ausgerechnet Affen zu sehen waren – womöglich eine sehr symbolträchtige und überdeutliche Darstellung des Gedankenkarussells in meinem Kopf, auch bekannt als *Monkey Mind*!)

Zu diesem Zeitpunkt konnte ich noch gar nicht richtig begreifen, welche Auswirkungen dieses »Durchschreiten der Bewusstseins-felder« auf einige meiner vorherrschenden Glaubenssysteme hatte. Und das, obwohl ich vor diesem Erlebnis bereits viele Klar-träume gehabt hatte!

Der springende Punkt ist, dass ich bisher immer erst Bewusst-heit im Traum erlangt hatte, *nachdem* ich richtig eingeschlafen war. Das heißt, bis zu jenem Erlebnis mit dem hypnagogen Zu-stand. Bis dahin hatte ich mich einfach in die Federn gelegt – dann hieß es »Licht aus« für mein Bewusstsein! Später im Traum erst wurde meine bewusste Wahrnehmung wieder durch irgendetwas getriggert, und ich erkannte, dass ich mich in einem Traum be-fand. Ähnlich wie im Traum, von dem ich Ihnen in der Einleitung erzählt habe, in dem eine Frau sich plötzlich auf einer Straße wiederfand und keine Ahnung hatte, wie sie dort hingekommen war. Durch selbstreflexives Hinterfragen der Situation erlangte sie Klarheit, Luzidität. *Wie bin ich hierhergekommen? Wo befand ich mich davor?*

Da lag ich also und »begleitete« mein Wachbewusstsein aktiv durch den hypnagogen Zustand, direkt in einen Traum hin-ein (und das mit aktiver Wahrnehmungskraft) – ich kann Ihnen sagen, das hat meine Welt verändert!

Der Grund dafür: In unserer Vorstellung sind unsere wache Realität und unser Traumleben zwei völlig getrennte Welten. Zu-mindest war das für mich so – bis zu jenem Zeitpunkt, als ich die hypnagoge Erfahrung gemacht habe. In Wahrheit aber haben wir unseren wachen Alltag, dort, wo das echte Leben passiert, und dann gibt es die Traumwelt, wo diese anderen, verrückteren Dinge geschehen. Meine Klarträume hatten dieses Trennungs-gefühl zunächst verstärkt, da ich ja immer zuerst einschlief und erst irgendwann im Traum wieder Bewusstheit erlangte.

Das bewusste Erleben dieses hypnagogen Zwischenzustandes hat meine Illusion der Trennung jedoch zerstört. Ich schätze, ich habe ab diesem Zeitpunkt aufgehört daran zu glauben, dass mein waches Leben die Realität ist, in der alle Dinge geschehen und die bestimmt, wer ich wirklich bin. Jetzt, da ich weitaus mehr Erfahrungen mit dem hypnagogen Zustand gesammelt habe, verstehe ich, wie wertvoll er als spirituelle Praxis sein kann. Wenn es Ihnen gelingt, sich mit dieser Praxis vertraut zu machen, dann werden Sie aus dem gesamten Spektrum Ihrer Träume schöpfen können. Und damit einhergehend werden Sie umfangreichere spirituelle Führung und Hilfestellung erbitten können, die sich auf einfachere Art und Weise zeigt, als dies bisher vielleicht der Fall war. (Wir werden in den nächsten Kapiteln genauer erforschen, wie das funktioniert.)

Meist ist es so, dass Sie in Ihren regulären (nicht luziden) Träumen die Person verkörpern, die Sie im Traum zu sein glauben. Sie identifizieren sich also mit Ihrem Traumselbst. Erst beim Aufwachen wird Ihnen klar, dass Sie geträumt haben. Sobald wir träumen, vergessen die meisten von uns, wer wir im Wachzustand eigentlich sind. Im Traum sind wir einfach.

Zum Beispiel: Haben Sie je davon geträumt, eine andere Abstammung, ethnische Zugehörigkeit oder ein anderes Geschlecht zu haben? Sie sind fest davon überzeugt, diese Person zu sein, bis zu dem Moment, an dem Sie aufwachen und sich in Ihrem eigenen Körper wiederfinden. Solche Traumerlebnisse verändern unsere Vorstellungen von Identität radikal. Sie erzählen uns auch von dem natürlichen Gefühl des Einsseins mit allen Menschen.

Unser waches Leben und unsere Traumwelt sind nicht wirklich voneinander getrennt. Wir haben kein getrenntes Bewusstsein, nur unsere Wahrnehmung dessen ist es – und unsere Wahrnehmung wird durch viele Dinge beeinflusst, wie zum Beispiel dadurch, mit welchem Glauben wir erzogen wurden oder welche Gefühle in uns vorherrschen und welche Erfahrungen wir gemacht haben.

Vielleicht sehen Sie es von der Warte aus: Haben Sie schon einmal überlegt, ein bestimmtes Auto zu kaufen, und ist Ihnen dann aufgefallen, dass Ihnen derselbe Wagentyp nun überall begegnet, wo auch immer Sie hinsehen? Ähnlich verhält es sich auch damit. Ihre Wahrnehmung ist wie ein Laserstrahl, der sich nach Ihrer Aufmerksamkeit richtet. Das geschieht, weil Sie sich geistig darauf ausgerichtet haben, die gleichen Dinge wieder und wieder zu bemerken, *ungeachtet der anderen Informationen (oder Autos!), die vielleicht auch noch da sind.*

Dies trifft auch auf unsere Identität zu. Wir verlieren uns so schnell in Identitätsetiketten (ethnische Zugehörigkeit, Geschlecht, Gesellschaftsschicht etc.), wo wir doch in Wahrheit so viel mehr als nur physische Geschöpfe sind. Ebenso verhält es sich auch mit dem, was wir als Realität beziehungsweise als Träumen bezeichnen.

Es gibt nicht nur das Wachbewusstsein. Auch gibt es mehr als nur das Traumbewusstsein. Durch unsere Wahrnehmungsfähigkeit können wir uns zwischen verschiedenen Bewusstseinsebenen frei bewegen. Diese Wahrnehmungsfähigkeit hat im Grunde nichts mit physischem Sehen oder körperlichen Eindrücken zu tun.

Perspektivwechsel und die Wahrnehmung des Bewusstseins sind großartige Fähigkeiten. Ja, es sind Eigenschaften der Selbstverwirklichung. Wer oder was sind wir, jenseits der Persona, die wir im Traum verkörpern, und jenseits unseres wachen Selbst? Und was würden wir als Bewusstsein gerne erfahren und erleben? Die Freewriting-Übung am Ende dieses Kapitels wird Ihnen dieses Bewusstseinskonzept sicher etwas näherbringen.

DER HYPNOPOMPE ZUSTAND

Wenn es uns also möglich ist, zusammen mit unserem Bewusstsein vom Wachzustand in den Traum hinüberzutreten, können wir es dann auch vom Traum in den Wachzustand begleiten? Die Antwort lautet: Ja, das können wir! Bedienen wir uns wieder derselben Metapher mit den zwei Schlafzimmern und dem Flur, der diese verbindet, so ist der hypnopompe wie der hypnagoge Zustand, bloß umgekehrt.

Sie befinden sich also im zweiten Schlafzimmer und öffnen die Tür zum Flur. Sie durchschreiten diesen und treten wieder ins erste Schlafzimmer ein. Das zweite Zimmer ist der Ort, an dem Sie träumen. Der Flur steht für den hypnopompen Zustand. Das erste Schlafzimmer symbolisiert Ihre Realität im Wachzustand.

Der hypnopompe Zustand wird in der Arbeit mit Träumen oft hintangestellt, da es den meisten Menschen heutzutage nicht möglich ist, viel Zeit für den Aufwachprozess zu erübrigen. Wenn Sie jedoch ein Bewusstsein für den hypnopompen Zustand entwickeln, dann werden Sie sich an einer gesteigerten Kreativität erfreuen und sich besser an Ihre Träume erinnern können – und Sie werden überaus nützliche und aufschlussreiche Informationen in unerwarteten Momenten der Erkenntnis empfangen können, wie bei einem Aha-Erlebnis. Oder wie ich sie gerne bezeichne: »Aha-Einsichten«.

Diese Einsichten hängen oft mit den Träumen zusammen, die

Sie davor gehabt haben. Sie können Licht auf die Probleme werfen, mit denen Sie sich herumschlagen. Meist sind es ganz kurze Botschaften, die leicht zu merken sind. Ein Beispiel: Ich ging abends gestresst ins Bett, denn ich war mir nicht sicher, ob ich so kurz vor einem bestimmten Ziel, das ich erreichen wollte, aufgeben sollte. Natürlich wollte ich mir diesen Traum verwirklichen, aber es ging alles so schleppend voran, und ich hatte bis zu dem Zeitpunkt noch keinerlei Erfolgserlebnisse gehabt.

Während des Aufwachens hatte ich folgende Aha-Einsicht: »Nur ein Narr gibt so kurz vor dem Ziel auf!« Diese Einsicht brachte mich dazu, all meinen Mut zusammenzunehmen und weiterzumachen, und – siehe da – ich erreichte mein Ziel ein paar Wochen später. Solche hypnopompen Aha-Einsichten können sich auch wie eine Stimme aus dem Nichts anhören (nicht Ihre eigene Stimme), die Sie in Ihrem Kopf hören. Zum Beispiel hatte meine Klientin Priyanka* folgende Aha-Einsicht beim Aufwachen: »Unterschreibe den Vertrag nicht.«

Zu diesem Zeitpunkt war Priyanka gerade dabei, ihr Unternehmen mit einer anderen Firma zusammenzuführen, und alles schien dabei nach Plan zu laufen. Doch dann wurde sie mit dieser Einsicht wach und konnte das Gefühl nicht loswerden, dass sie gut daran täte, auf die Botschaft zu hören. Vom Verstand her machte es keinen Sinn – der Deal schien rechtlich einwandfrei zu sein. Tatsächlich würde er sie zu einer reichen Frau machen. Warum also diese Botschaft?

Sie entschloss sich schließlich, die Vertragsunterzeichnung aufzuschieben. Drei Wochen später war das Unternehmen, mit dem sie sich zusammenschließen wollte, in ein Gerichtsverfahren verwickelt. Wäre es zur geplanten Fusionierung gekommen, wäre ihre Marke in einem schlechten Licht dagestanden und ihr Unternehmen in Mitleidenschaft gezogen worden. Ihre hypnopompe Aha-Einsicht kam ihr hier im richtigen Moment zu Hilfe.

Dies sind nur zwei Beispiele für die unterschiedlichen Aha-Einsichten, die Ihnen begegnen können. Ich habe einfach gelernt, diesen Botschaften der Erkenntnis ernsthaft zuzuhören. Manchmal sind sie groß und dramatisch, wie jene von Priyanka. In anderen Fällen sind es bloß Kommentare eines inneren Prozesses, in dem wir uns gerade befinden. Sie können aber auch eine Zusammenfassung des Traumes sein, den Sie gerade hatten – irgendetwas aus dem Traum, das wirklich wichtig war. Hilfreich sind sie in jedem Fall!

EINE FREEWRITING-ÜBUNG: DAS »ICH BIN« ENTDECKEN

Glauben Sie, dass Sie selbst Teil Ihres Bewusstseins sind, oder sind Sie der Meinung, dass Sie Bewusstsein bloß erfahren? Dies ist eine tiefgehende Frage und deshalb hoffe ich, Sie nehmen sich etwas Zeit, um herauszufinden, was das für Sie bedeutet. Wenn Sie in der Lage sind, Ihre Handlungen im Traum zu steuern, wer oder was steuert dann die gesamte Traumlandschaft? Die folgende Übung soll Ihnen dabei helfen, Ihre eigenen Antworten auf diese großen Fragen zu ergründen.

Sie brauchen:

☐ einen Stift und ein Notizbuch
☐ etwas Zeit und einen Ort, an dem Sie ungestört sind.

Wenn Sie bereit sind:

☐ Beenden Sie einfach folgenden Satz: Ich bin …

Beim Freewriting, dem assoziativen Schreiben, geht es darum, einfach alles niederzuschreiben, was Ihnen in den Sinn kommt. Machen Sie sich keine Gedanken darüber, ob Ihre Sätze grammatikalisch korrekt oder schön formuliert sind. Schreiben Sie einfach immer weiter. Setzen Sie den Stift nicht ab, bis Sie das Gefühl bekommen, auch den Satz völlig ausgeschöpft zu haben.

Einmal habe ich eine ganze Stunde für diese Übung gebraucht, und an einem anderen Tag dauerte es bloß zehn Minuten. Die Zeit ist hier nicht von Bedeutung. Wichtig ist jedoch, dass Sie sich wirklich darauf einlassen und jede mögliche Antwort auf den Satz »Ich bin« herausholen. Dies ist eine wunderbare Übung, auf die man immer wieder zurückgreifen kann, wenn man wieder einmal das Gefühl hat, sich der Selbstkritik oder Selbstgefälligkeit hingegeben zu haben!

Ein paar Beispiele:
Ich bin Bewusstsein, das sich selbst erfährt.
Ich bin Geist, der sich selbst ausdrückt.
Ich bin ein Sohn.
Ich bin ein Mann.
Ich bin eine Frau.
Ich bin am Leben.
Ich bin ein friedlicher Aktivist.
Ich bin Techniker/Mutter/Freund/Geliebter/Ehefrau.
Ich bin mir sicher, Sie verstehen, worum es geht.

Wenn Sie mit der Übung fertig sind, gehen Sie alles noch einmal durch und streichen jene Begriffe der Selbstidentifizierung heraus, die sich ändern können. Zum Beispiel all das, was verloren gehen oder sich mit der Zeit ändern kann (beispielsweise eine Berufsbezeichnung oder Haarfarbe). Wenn Sie dies machen, passieren zwei Dinge: Erstens decken Sie Ihre eigenen Vorstellungen darüber auf, wer Sie sind (zum Guten oder zum Schlechten). Zweitens erforschen Sie auf tiefer Ebene Ihre Überzeugungen im Hinblick auf Beständigkeit und Vergänglichkeit.

BEWUSST TRÄUMEN

Nach einer Reihe unglücklicher Ereignisse fühlten mein Mann und ich uns völlig erschöpft und reif für den Urlaub.

Um wieder in die Gänge zu kommen, buchten wir eine Ferienwohnung in einer kleinen Küstenortschaft und freuten uns auf eine Zeit wahrhaftiger Erholung und Ruhe. Es war ein Ort wie aus dem Bilderbuch, mit weißen Sandstränden und türkis schimmerndem Wasser.

Kaum dort angekommen, begann sich unser Stress auch schon im Meeresrauschen aufzulösen, Welle um Welle, in Einklang mit Ebbe und Flut. Das Strandapartment war für unsere Bedürfnisse ideal: Es war ruhig, gemütlich, und alles, was wir brauchten, lag in unmittelbarer Nähe. Wir waren ausgesprochen zufrieden und schwelgten förmlich in der Leichtigkeit des Seins. Zumindest, bis unsere Nachbarn eintrafen.

Frank und Marlene waren toll, aber sie waren äußerst laute Menschen. Er ein Musiker, sie eine Nachteule. Nachts um drei kamen die beiden nach Hause und knallten mit Türen und Schränken. Tagsüber sangen sie lauthals. Für zwei Menschen, die sich gerade neu ordnen wollten, war das nun wirklich nicht die Art Zen-Urlaub, die wir uns vorgestellt hatten. Als wir dann eines Tages dasselbe Lied zum dritten Mal über uns ergehen ließen, war uns klar: Wir mussten mit ihnen reden.

Schließlich nahmen wir all unseren Mut zusammen und sprachen die Sache an. Sie schienen überrascht – ihnen sei überhaupt nicht bewusst, so laut gewesen zu sein. Sie bemühten sich etwas halbherzig, den Geräuschpegel niedrig zu halten, und wir versuchten, nicht so verärgert über die ganze Situation zu sein, aber mehr war da nicht zu machen.

Wir gaben uns alle Mühe, so viel Freude und Schlaf aus unserem Urlaub herauszuholen wie möglich, während wir uns mit jedem ihrer schief gesungenen Töne in Gelassenheit übten. Schneller als erwartet, war der Urlaub vorbei, und kaum zu Hause angekommen, holte uns der Alltag mit vollem Schwung wieder ein.

Eines Nachts, ich schlief tief und fest, träumte ich gerade von einer Arbeitssitzung (wie spannend!), als ich Frank plötzlich singen hörte. In meinem Traum murmelte ich vor mich hin: »Frank, warum musst du so verdammt laut sein?« Wie sich herausgestellt hat, fluche ich im Traum wie ein Bierkutscher, gerne und laut, mit Betonung auf »verdammt«, um auch wirklich gehört zu werden. Bevor Sie jetzt vielleicht damit anfangen, mein Fluchen als Zeichen von Verdrängungen aus meinem Wachleben zu interpretieren, kann ich Sie beruhigen: Wahrscheinlich fluche ich in sämtlichen Raum-Zeit-Dimensionen, in denen ich existiere.

Aber zurück zu Frank.

»Frank, was zum Teufel tust du hier und musst du so dermaßen laut sein?« Mein Ärger über Frank hatte mich bis in meine Träume verfolgt. Wir waren nicht mehr im Urlaub und hatten auch das Strandapartment verlassen. *Frank kann nicht hier sein. Ich bin wieder zu Hause. Das muss ein Traum sein. Ich träume. Ich muss aufhören, Frank anzuschreien!*

Jeder Klartraum beginnt mit dem Moment, in dem man sich des Träumens vollständig bewusst wird. Genau genommen ist dies auch schon die Definition eines luziden Traums. Ich wusste, ich träumte, als ich begriff, dass Frank unmöglich bei meiner Arbeitssitzung sein konnte. Sogleich erforschte ich meinen Traum mit einer unerwartet hohen Bewusstheit, die ich während des Traums versuchte beizubehalten, um möglichst lange klar zu bleiben.

Zu meiner Belustigung macht sich die Stimme von Frank seit diesem Erlebnis immer wieder in meinen gewöhnlichen Träumen bemerkbar, in etwa wie bei einer Flughafendurchsage: »Hallo, Athena. Ich bin's wieder, Frank. Wie geht's denn so?« Manchmal träume ich auch von einer Straße, die nach ihm benannt ist, oder eine Person im Traum erwähnt seinen Namen.

Mir gefällt der Begriff des »bewussten Träumers«, denn er spiegelt viel davon wider, wie wir uns selbst erleben. Wir sind die bewussten Träumer unserer Traumwelt und unseres Wachlebens zugleich. Auch Sie sind bewusste Träumende!

Meine »Frank-Erlebnisse« und meine Arbeit mit anderen Träumern überzeugten mich davon, dass wir alle einen Teil in uns tragen, der durchaus will, dass wir uns des Träumens bewusst werden. Denken Sie nur daran, wie oft Sie von Dingen geträumt haben, die Ihnen irgendwie komisch oder fehl am Platz vorkamen.

Vielleicht sind all diese Dinge Zeichen oder Traumsignale, die Ihr Bewusstsein zum Erwachen bringen wollen. *Ihre eigene Version von Frank, sozusagen.*

Beim Weiterlesen werden Sie viele verschiedene Methoden und Techniken kennenlernen, die Sie ausprobieren können, um sich des Träumens bewusst zu werden. Jeder Mensch kann klarträumen – auch Sie! Am Anfang sind Einsatz und Durchhaltevermögen gefragt. Suchen Sie sich ein paar Techniken heraus und wenden Sie diese konsequent an, bis Sie Ihren ersten luziden Traum erleben, oder sich die Klarträume häufen.

EIN HÖHERES MASS AN SELBST-REFLEXION KANN LUZIDE TRÄUME AUSLÖSEN

Kritisches und selbstreflexives Denken hat mir schon zu vielen Klarträumen verholfen. In dem eben beschriebenen Traum stellte ich mir die Frage: Warum ist Frank auf meiner Arbeit? Mein Gehirn versuchte sich die Traumkulisse, in der es sich wiederfand, rational zu erklären. Ich musste erst erkennen, dass Frank unmöglich hier sein konnte, bis mir mein Träumen bewusst wurde. Selbstreflexives Denken war der Auslöser für diese Erkenntnis.

Jener Traum ist auch ein passendes Beispiel für eine bekannte Klartraumtechnik, die man unter dem Begriff »Klarheit gewinnende Techniken« (engl. *dream initiated lucid dreaming*, kurz DILD) kennt.

Aus meiner Beobachtung, und viele meiner Klientinnen und Klienten haben die gleiche Erfahrung gemacht, führt ein höheres Maß an Selbstwahrnehmung und Achtsamkeit im Wachzustand auch zur Verbesserung ebendieser Fähigkeiten während des Träumens. Wer über genügend Bewusstheit verfügt, die Realität im Traum zu hinterfragen, wird erkennen, dass er oder sie träumt. Meditation ist nur eine der Techniken, die helfen können, diese Bewusstheit zu schärfen.

Während der Meditation wird man allmählich zum Beobachter der aufkommenden Gedanken. Je erfahrener man im Wahrnehmen des eigenen Bewusstseinsstroms wird, desto weniger ist man ihm ausgeliefert. Regelmäßiges Meditieren lässt die Lücke zwischen einem Reiz und der Reaktion darauf größer werden. Durch den so entstandenen Zwischenraum wird selbstreflektierendes Denken gesteigert. Genau diesen Raum heißt es bewusst auszudehnen, um luzide Träume herbeizuführen.

Ein praktisches Beispiel aus dem Alltag: Anstatt sogleich auf die bissigen Bemerkungen Ihrer Arbeitskollegin zu reagieren, können Sie beim nächsten Mal einfach in den Raum zwischen Auslöser und Reaktion eintauchen. Sie unternehmen nichts, außer zu beobachten, was in Ihnen hochkommt.

Vielleicht fangen Sie bei Ihren Gedanken an: »Was ist eigentlich ihr Problem? Für wen hält sie sich? Warum trampeln immer alle auf mir herum?« Danach versuchen Sie es mit Ihren Gefühlen und körperlichen Empfindungen: »Ich bin so wütend, und es kotzt mich an!« Wenn Sie dann das Gefühl haben, dieser innere Raum sei groß genug, können Sie Ihre Reaktion bewusst steuern: »Mit ihr zu streiten wird mir nichts bringen. Stattdessen werde ich liebevoll meine Grenzen behaupten. Ihr Verhalten hat nichts damit zu tun, wie ich darauf reagiere. Ich werde einfach einen Schritt zurücktreten.«

Wie das obige Beispiel verdeutlicht, werden Alltagssituationen so zu hervorragenden Übungsgelegenheiten für Achtsamkeit und

Selbstbehauptung. Diese Technik der Wachmeditation können Sie immer und überall durchführen. Sie richten einfach all Ihre Aufmerksamkeit auf die gegenwärtige Situation, in der Sie sich befinden, aufs Hier und Jetzt.

Indem Sie Ihre volle Aufmerksamkeit auf das richten, was Sie gerade erfahren, fangen Sie an, sich selbstreflexive Fragen zu stellen, die Ihre Bewusstheit steigern können: Was sehe ich? Welche Geräusche höre ich? Welche Gerüche nehme ich wahr? Wie fühlt sich mein Körper an?

Anschließend beobachten Sie einfach den Gedankenfluss Ihres Verstandes: Was denke ich gerade? Gleichzeitig registrieren Sie jegliche Reaktion, die im Zusammenhang mit Ihren Gedanken und dem, was Sie äußerlich wahrnehmen, in Ihnen aufkommt: Wie reagiere ich auf diese Situation?

All diese Reflexionsfragen helfen Ihnen, eine objektive Distanz zu entwickeln und Ihre Fähigkeit zu stärken, bewusst auf das zu reagieren, was in Ihrer gegenwärtigen Realität passiert. Sie erschließen sich allmählich den inneren Raum zwischen Reiz und Reaktion und geben sich dadurch mehr Reaktionsmöglichkeiten.

Ein Vorteil einer solchen Praxis ist das Bewusstwerden der eigenen Gedanken und Gefühle und des daraus resultierenden Verhaltens. Letztlich bietet sich Ihnen die Möglichkeit, all die Verhaltensweisen zu ändern, die Ihnen nicht mehr dienlich sind, um somit ein schöneres Leben zu führen. Für mich ist das eine der am meisten befreienden Methoden, die man auf dem Weg der persönlichen Entwicklung praktizieren kann.

Es ist eine Praxis, die gleichsam befreiend in puncto Traumarbeit wirkt, da sie die Bewusstheit steigert. Somit fällt es Ihnen leichter, Dinge wahrzunehmen, die Ihnen in Ihrer Traumwelt fehl

am Platz vorkommen und infolgedessen einen Klartraum auslösen. So, als würden Sie einen Affen in Ihrem Büro sehen und
dann mittels Selbstreflexion feststellen, dass Sie ja gar nicht in
einem Büro arbeiten, von dem Affen ganz zu schweigen! Folglich muss es sich um einen Traum handeln. Oder Sie träumen von
einem Verstorbenen und werden sich seines Ablebens bewusst.
Selbsterkenntnis ist nicht bloß ein wichtiger Teil des Weges hin
zum Klarträumen (und zur bewussten Co-Kreation im täglichen
Leben), sie ist dessen Notwendigkeit und Ziel.

Das Max-Planck-Institut für Psychiatrie hat eine interessante
Studie durchgeführt, um herauszufinden, welche Teile des Ge-
hirns bei Klarträumen und welche bei gewöhnlichen Träumen
aktiv sind. Die Forscher haben dazu die Hirnaktivität der Ver-
suchsteilnehmenden während luzider und gewöhnlicher Träume
gemessen und miteinander verglichen. Sie konnten die Gehirn-
areale, die bei einem luziden Traum aktiv waren, mittels Magnet-
resonanztomografie (MRT) ermitteln.

Die Ergebnisse zeigten eine erhöhte Aktivität in einem bestimmten kortikalen Netzwerk und den dazugehörigen Hirn-
regionen (wie etwa der präfrontale Cortex und dem Precuneus)
während der Klarträume. Den Neurowissenschaftlern zufolge
sind das diejenigen Regionen im Gehirn, die im Zusammenhang
mit der Selbsteinschätzung, der Fähigkeit, die eigenen Gedanken
und Gefühle zu beurteilen, sowie der Selbstwahrnehmung (Meta-
kognition mittels Selbstreflexion) stehen.

Diese Forschungsergebnisse sind bahnbrechend, da es sich um
die ersten Abbildungen von neuronalen Netzen während eines luziden Traumstadiums handelt. Zudem bestätigen sie, dass Selbstreflexion in direktem Zusammenhang mit Klarträumen steht.

VIELE WEGE FÜHREN ZUM KLARTRAUM

Sie erweitern also Ihre Selbstreflexionskompetenz, indem Sie in den Raum zwischen Reiz und Reaktion eintauchen. Obendrein könnten Sie aber auch mehrere Techniken gleichzeitig üben, um die Chancen auf einen luziden Traum zu erhöhen. Ich werde Ihnen im Folgenden einige der Techniken vorstellen. Die Methoden basieren auf wissenschaftlicher Forschung, schöpferischer Weisheit und den gesammelten Erfahrungen der Klartraum-Community sowie meiner Wenigkeit.

Realitätscheck Nr. 1: Bin ich in einem Traum?

Während Ihres ganz normalen Tagesablaufs »überprüfen« Sie bewusst Ihre Realität. Das bedeutet, Sie stellen sich die Frage, ob Sie gerade träumen. Fragen Sie sich das mehrmals am Tag. Sie können dies zum Beispiel immer beim Essen tun, oder auch zu jeder vollen Stunde. Sie fragen wortwörtlich: Ist dies ein Traum? Die Idee dahinter: Wenn Sie dann tatsächlich träumen, sollte diese Frage instinktiv in Ihrem Verstand auftauchen. Die Antwort wird lauten: Ja, ich träume.

Für viele meiner Klientinnen und Klienten war dies eine äußerst zielführende Methode. Zu einem bestimmten Zeitpunkt in meinem Leben – ich versuchte gerade, meine Klartraumfähigkeiten wieder aufleben zu lassen – praktizierte ich diese Technik ungefähr drei Monate lang ohne jeglichen Erfolg. Damit möchte ich Sie keinesfalls entmutigen. Ich will damit sagen, dass der Weg hin zum Klarträumen ein Erfahrungsprozess ist. Es kann durchaus sein, dass Sie viele verschiedene Techniken wiederholt anwenden müssen, um zum Erfolg zu gelangen. Geben Sie also bitte nicht auf, wenn es länger dauert als erwartet. Üben Sie einfach und genießen Sie den Prozess.

Realitätscheck Nr. 2: Erleben Sie Ihre Realität aus erster Hand oder als dritte Person?

Diese Technik half mir in der Tat dabei, viel öfter Klarträume zu erfahren. Hatten Sie jemals einen Traum, bei dem Sie sich in einen Film versetzt gefühlt haben? Sie erleben also Ihren Traum wie aus der dritten Person, sprich, Sie beobachten sich selbst beim Interagieren mit Traumfiguren aus der Vogelperspektive (oder aus der Distanz) und werden sich so des Träumens bewusst.

Normalerweise sehen wir nie unser ganzes Erscheinungsbild, Videoaufnahmen und Spiegel mal ausgenommen. Wenn Sie nun regelmäßig darauf achten, aus welcher Perspektive Sie die Welt erleben, können Sie diese Achtsamkeit mit in Ihr Traumbewusstsein nehmen, was dann zu einem Klartraum führen könnte. Fragen Sie sich über den Tag verteilt: Erfahre ich mein Leben aus der Ich-Perspektive?

Obwohl diese und viele der anderen Methoden für sehende Menschen konzipiert sind, geht es hier nicht nur um die Sehfähigkeit, sondern vielmehr darum, selbst zu hinterfragen, wie Sie die äußeren Informationen auf- und wahrnehmen – tagsüber, und auch nachts. Wir erfahren das Leben durch unsere Sinne; im Einklang mit ihnen zu sein kann helfen, die Eigenwahrnehmung zu erhöhen, was wiederum dem Klarträumen dienlich ist.

Forschungen haben gezeigt, dass blinde Menschen in einigen Fällen auch visuell basierte Träume haben können. Dies hängt oft mit dem Zeitpunkt der Erblindung zusammen: Relevant ist, ob die Träumenden vor oder nach dem Alter von sieben Jahren ihr Augenlicht verloren haben oder ob sie blind zur Welt gekommen sind. Meines Wissens gab es bisher jedoch noch keine Studien darüber, ob Blinde tatsächlich auch Klarträume haben können. Mein Bauchgefühl sagt mir, dass es beim luziden Träumen darum geht, wie wir Bewusstsein erfahren, und nicht um das Sehvermögen. Das Sehen sollte also nicht notwendigerweise eine Voraussetzung sein. Vielleicht kennt der eine oder die andere Leserin jemanden, auf den dies zutrifft?

Realitätscheck Nr. 3: Sehen Sie aus wie Sie selbst?

Hier ein weiterer Realitätstest, den Sie während des gewöhnlichen Wachzustandes durchführen können: Jedes Mal, wenn Sie sich im Spiegel betrachten, achten Sie genau auf Ihr Aussehen. Konzentrieren Sie sich ein paar Momente lang nur auf Ihr Spiegelbild. Für meine Klientinnen und Klienten ist diese Methode dann am effektivsten, wenn es ihnen gelingt, aufkommende Urteile und Bewertungen beiseitezuschieben. Wenn Sie sehr selbstkritisch im Hinblick auf Ihr Aussehen sind, sollten Sie sich vielleicht lieber auf eine der anderen Methoden konzentrieren.

Oft sehen wir in unseren Träumen etwas anders aus als in der Realität. Unser äußeres Erscheinungsbild kann einige Unterschiede aufweisen, etwa eine unterschiedliche Haarfarbe oder Körpergröße. Es kommt auch vor, dass Träumende völlig anders aussehen. So verkörpern Sie im Traum vielleicht einen 1,80 Meter großen Mann mit markanten Gesichtszügen, wo Sie doch in Wirklichkeit eine zierliche Frau sind. Ziel all dieser Realitätschecks ist es, Ihr Bewusstsein zu sensibilisieren, damit Sie erkennen, wenn etwas anders ist als üblich.

Realitätscheck Nr. 4: Schauen Sie auf Ihre Hände

Schauen Sie tagsüber immer wieder auf Ihre Hände. Sehen Sie wirklich genau hin und richten Sie Ihre gesamte Aufmerksamkeit darauf. Im Traum können Ihre Hände vielleicht anders aussehen. Wenn Sie einen Unterschied bemerken, kann dies einen Klartraum hervorrufen. Sie können noch einen Schritt weitergehen und Ihre Finger gegen die Handfläche Ihrer anderen Hand oder gegen einen Tisch drücken. In einem Traum ist es durchaus möglich, dass sich Ihre Finger durch den Gegenstand hindurchbewegen.

DIE WAKE-UP-BACK-TO-BED-TECHNIK (WBTB) VON SPARROW

Dies ist eine der einfachsten und effektivsten Techniken, wenn es Ihnen nichts ausmacht, Ihren Schlaf zu unterbrechen. Das Tolle daran ist, dass sie so simpel ist! Stehen Sie einfach ein paar Stunden früher auf als üblich und bleiben Sie ungefähr eine Stunde wach. Danach gehen Sie noch mal schlafen, bis der Wecker regulär klingelt. Viele meiner Klienten lassen sich für diese Übung um 5:30 Uhr wecken. Damit haben sie meist genug Zeit für einen Klartraum, bevor sie sich für den Tag bereit machen müssen.

DIE MILD-TECHNIK VON DR. STEPHEN LABERGE

MILD steht für *Mnemonic Induced Lucid Dream* (wörtlich: »Gedächtnis-induzierter Klartraum«). Bei dieser Technik werden Gedächtnis, Absicht und Visualisierung genutzt, um Klarträume auszulösen. Ich werde nun die vier Schritte dieser Methode erläutern, sodass Sie die Möglichkeit haben, mit unterschiedlichen Techniken zu experimentieren.

Als ersten Schritt müssen Sie sich an Ihre Träume erinnern können. Wenn Sie sich Ihre Träume nicht ins Gedächtnis rufen können, werden Sie folglich auch nicht wissen, ob Sie einen luziden Traum hatten oder nicht. Es geht also darum, die Traumerinnerung so gut wie möglich zu schulen, um sie zur Gewohnheit werden zu lassen.

Um die Erinnerung schnell aufzufrischen, bleiben Sie nach dem Aufwachen kurz liegen und wiederholen den Traum vor Ihrem geistigen Auge. So helfen Sie Ihrem Verstand, die Erinnerung abzuspeichern. Schreiben Sie unbedingt Ihre Träume nieder. Sobald es Ihnen leichtfällt, sich an Ihre Träume zu erinnern, sind Sie bereit für die nächste Übung.

Im zweiten Schritt führen Sie gezielt Realitätschecks durch, indem Sie sich beispielsweise fragen: Ist das ein Traum? Tun Sie dies tagsüber so oft wie möglich.

Den dritten Schritt üben Sie im Bett, kurz vor dem Schlafengehen. Sie arbeiten hier mit einfachen Affirmationen. Zum Beispiel können Sie sich sagen: »Ich bin ein vollkommen bewusster Klarträumer« oder »heute Nacht werde ich einen Klartraum erleben«. Mir persönlich gefallen folgende Affirmationen besonders gut: »Luzides Träumen fällt mir sehr leicht« und »Klarträumen ist für mich einfach und selbstverständlich«. Der Kernpunkt solcher Affirmationen ist, dass Sie sie so äußern, als würden Sie fest daran glauben. Sie sprechen sie mit voller Überzeugung und Entschlossenheit aus.

Der vierte Schritt besteht darin, einen Traum zu visualisieren, an den Sie sich erinnern können. Es ist sehr wichtig, dass

Sie sich während dieser letzten Übung völlig entspannen. Sobald Sie tiefenentspannt sind, lassen Sie einen Traum, den Sie als angenehm empfunden haben, vor Ihrem geistigen Auge auftauchen. Visualisieren Sie diese Traumszene so lebhaft wie möglich.

Nachdem Sie dies eine Weile lang getan haben, suchen Sie nach einem Zeichen, das ein Hinweis für einen Traum sein könnte. Visualisieren Sie aktiv dieses Symbol oder den Realitätscheck, der Ihnen signalisiert, dass Sie sich in einem Traum befinden. Vielleicht bemerken Sie eine seltsame Person, einen Ort oder ein Objekt. Sobald Ihnen diese Unregelmäßigkeit auffällt, sagen Sie sich: »Das ist ein Traum!« Somit visualisieren Sie gezielt, wie Sie sich des Träumens bewusst werden.

Denken Sie daran: All dies tun Sie noch, *bevor* Sie einschlafen. Die Idee ist, eine möglichst lebendige Fantasievorstellung von einem Klartraum zu erschaffen, basierend auf einem authentischen Traum – wie eine Kostümprobe vor der eigentlichen Aufführung.

Dann stellen Sie sich vor, dass Sie gerade Luzidität erlangt haben. Was würden Sie nun gerne tun? Vielleicht fliegen Sie davon, oder Sie ändern andere Kernaspekte der Traumrealität. Es bleibt alles Ihnen überlassen.

Sie werden wahrscheinlich während des Visualisierens einschlafen, und das ist völlig in Ordnung. Die eigentliche Absicht der MILD-Technik liegt darin, dass Ihr letzter Gedanke vor dem Einschlafen von einem Klartraum handelt. Meist führt dies dazu, dass Sie im Laufe der Nacht in einen luziden Traum einsteigen.

Wenn das bei Ihnen nicht sofort klappt, üben Sie einfach so lange weiter, bis es funktioniert.

MIT TRAUMZUSTÄNDEN WÄHREND DES MITTAGSSCHLAFS EXPERIMENTIEREN

Der Surrealist Salvador Dalí schrieb in seinem Buch *50 magische Geheimnisse* über das kreative Potenzial des Wachschlafes. Tatsächlich brachte er den Ursprung vieler seiner Bilder mit den Dingen in Verbindung, die er während des hypnagogen und hypnopompen Zustandes wahrnahm. So kann man sein Buch fast schon als Bedienungsanleitung für Künstlerinnen und Künstler bezeichnen, die das Schlafen und Träumen zur Schöpfung von Kunst nutzen wollen.

Mir ist bewusst, dass nicht jeder und jede sich den täglichen Luxus eines Mittagsschläfchens gönnen kann. Wenn Sie jedoch ein bisschen Zeit für die folgende Übung finden, die Dalí das »Schlummern mit einem Schlüssel« nannte, dann werden Sie womöglich angenehm überrascht. Vor allem, wenn Sie gerne Ihre eigene Kreativität entdecken und entfalten möchten.

Laut Dalí benötigen Sie folgende Utensilien: einen harten Lederstuhl (bestenfalls in spanischer Handarbeit gefertigt!), einen schweren Schlüssel und einen Teller.

Gehen Sie nun so vor: Legen Sie den Teller umgekehrt auf den Boden und lehnen Sie sich im Stuhl zurück. Positionieren Sie nun den schweren Schlüssel vorsichtig auf Ihrer linken Hand, sodass er auf Daumen und Zeigefinger liegt. Das Wesentliche an dieser Übung ist, dass Sie nicht mehr als einige Minuten lang schlafen sollten. Dalí behauptete sogar, alles über einer Minute sei schon zu lange!

Deshalb wird auch der Schlüssel so behutsam auf der Hand platziert, denn kurz nachdem Sie eingeschlafen sind, werden Sie durch das laute Klirren des Schlüssels geweckt, der auf den Teller gekracht ist. Dalí zufolge sind ein oder zwei Minuten des Schlummerns ausreichend, um die inneren Prozesse in Gang zu bringen, die Ihre schöpferische Kraft entfachen.

Beim Abrufen der Bilder aus dem hypnopompen Zustand gehen Sie sogleich ins kreative Schaffen über, ohne sich von logischen Gedanken irritieren zu lassen. Vor allem sollten Sie sich nicht von irgendwelchen Gedanken darüber, wie ein Kunstwerk auszusehen habe, beim Schaffensprozess beeinflussen lassen. Nutzen Sie einfach Ihre Erfahrungen und Erlebnisse aus dem Kurzschlaf als Medium für Ihre Kreativität.

Ich mag Dalís Technik aus mehreren Gründen. Erstens ist es eine tolle Sache, sich bewusst Zeit für Kreativität und fürs Träumen zu nehmen. Es signalisiert Ihnen und den Menschen um Sie herum, dass Sie Ihre innere Welt würdigen. Aus psychologischer Sicht würden wir sagen, dass sich hier die Gelegenheit bietet, die eigenen intrapsychischen Prozesse gezielt zu erforschen. Folglich wird mit jedem Mittagsschläfchen das instinktbasierte und das spirituelle Dasein gestärkt.

Ich liebe diese Methode auch, und vielleicht gerade deshalb, weil sie einen derart wachrüttelt und somit die Erinnerung an den Traum fast schon garantiert ist. Dies allein hilft, das Traumgedächtnis zu schulen. Und wenn es Ihnen gelingt, auf einem so harten Stuhl einzuschlafen, dann können Sie sich selbst zum »Meisterschläfer« krönen, für den kein Billigflieger zu unbequem ist! Zu guter Letzt fördert die Methode Kreativität und Leichtigkeit – zwei essenzielle Fähigkeiten in einer allzu ernsten Welt.

STABILISIEREN LUZIDER TRÄUME MITTELS ACHTSAMKEIT DER GEFÜHLE

Sie haben also Ihren ersten Klartraum – was für ein wunderbarer Moment des Erwachens! Die Aufregung ist so groß, dass sie Sie aus dem Schlaf katapultiert. Ich selbst bin viel öfter, als mir lieb ist, wach geworden, nur weil ich so aufgeregt war, als mir mein Träumen bewusst wurde. Das passiert vor allem in der Anfangsphase sehr häufig und sollte Sie auf Ihrem Weg zur Klartraummeisterschaft nicht entmutigen.

Zur Praxis einer bewussten träumenden Person gehört auch die Fähigkeit, die eigenen Gefühle unter Kontrolle zu halten. Um Ihre Luzidität zu bewahren und dadurch so lange wie möglich im Klartraum verweilen zu können, sollten Sie gelassen bleiben und Ihre Gefühlslage beherrschen, wie auch immer diese aussehen mag. Für ein effektives Training dieser Art von Selbstregulation empfiehlt es sich, eine Achtsamkeitspraxis Tag für Tag (oder sogar Moment für Moment) zu kultivieren.

Wenn Sie Ihre Gefühle im Wachzustand gut beherrschen, können Sie diese Fähigkeit auch in Ihre Träume mitnehmen und gelassen bleiben, sobald Sie bemerken, dass Sie sich in einem Traum befinden. Je öfter es Ihnen gelingt, die eigenen Gedanken und Gefühle während des Alltagsbewusstseins wahrzunehmen (oder zu beobachten), desto leichter wird es Ihnen im Traumzustand fallen, nicht sofort darauf zu reagieren und sie bei Bedarf zu verändern.

EINE ACHTSAMKEITSPRAXIS: SICH AUF DIE FÜSSE KONZENTRIEREN

Eine wunderbare Methode, um während des Klarträumens möglichst gelassen zu bleiben, ist, sich auf die Füße zu konzentrieren. Ich empfehle Ihnen, diese Übung sowohl im Traum als auch im wachen Zustand zu praktizieren. Üben Sie gelegentlich über den Tag verteilt, jedoch vor allem dann, wenn Sie eine äußere Situation zu übermannen droht.

Es ist im Grunde ganz einfach: Sie lenken Ihre Aufmerksamkeit bewusst auf Ihre Füße, zu beliebigen Zeiten während Ihres Tagesverlaufs. Nehmen Sie Ihre Füße auf dem Boden oder in Ihren Schuhen wahr. Wie fühlen sich Ihre Zehen an? Sind sie warm oder kalt? Fühlt es sich bequem an oder haben Sie vielleicht steife Füße? Bewegen Sie sie und nehmen Sie jede neue Empfindung bewusst wahr. Üben Sie so lange wie nötig. Es geht darum, Ihre Aufmerksamkeit voll und ganz auf die Füße zu richten und somit das Bewusstsein zu fokussieren.

Durch die bewusste Ausrichtung Ihrer Aufmerksamkeit können Sie auch unaufgeforderte Gedanken und Gefühle unterbinden. Ich übe diese Technik mindestens zwölfmal am Tag: wenn ich in einer Schlange stehe, im Stau feststecke, beim Kochen, Fernsehen, Kaffeetrinken und bei vielen anderen Routinetätigkeiten. Sie hat mir dabei geholfen, mich wieder auf das Hier und Jetzt konzentrieren zu können.

So ähnlich verhält es sich, wenn ich einen Klartraum habe. Ich versuche meinen Fokus rasch auf meine Füße zu richten, um die aufkommende Erregung zu unterbinden. Da ich diese Praxis im Wachzustand zur Gewohnheit gemacht habe, fällt es mir nun leichter, sie auch im Traum abzurufen. Also, sobald Sie sich des Träumens bewusst werden und Ihre Aufregung steigt, versuchen Sie schnellstmöglich, sich auf Ihre Füße zu konzentrieren, um Ihrer Aufregung Einhalt zu gebieten und ein Aufwachen zu verhindern!

Die Übung birgt noch einen weiteren Vorteil: Wenn wir uns beim Träumen auf unseren Körper konzentrieren, wird durch die Fokussierung unserer Aufmerksamkeit der gesamte Traum stabilisiert. Manche Klarträumende gehen noch einen Schritt weiter, indem sie laut in die Traumlandschaft hineinrufen: »Traum, stabilisiere dich!«, um ebendies zu bewirken. Das hat schon vielen Träumenden geholfen, mich selbst eingeschlossen, und deshalb möchte ich es auch Ihnen für den Anfang ans Herz legen.

EIN KLARTRAUM – UND NUN?

Die Details sind verschwommen, aber das Gefühl sticht klar und deutlich hervor: Ich bin nervös. Mein Körper ist angespannt, weil ich mich im freien Fall befinde. Ich rase mit alarmierender Geschwindigkeit durch die Luft, dem Boden entgegen. Beim Herunterfallen sehe ich eine Wolkenfront, die sich vor mir aufbaut. Ich tauche in die Wolken ein. Plötzlich bemerke ich voller Unbehagen: Die Wolken fühlen sich eiskalt an.

Jetzt wird mir bitterkalt, und ich kann Kälte nicht ausstehen. Auch wird mir bewusst, wie schmerzhaft der Aufprall auf den Boden sein wird. Ich sehe die Umrisse des blassblauen Himmels und der grauweißen Wolken blitzartig an mir vorbeirauschen, obwohl ich mich gegen die Wahrnehmungen sträube. Ich drehe meinen Kopf zur Seite und schließe meine Augen, um die Bilder auszublenden. Das Fallen löst Übelkeit in mir aus.

Dann übertönt ein lebensrettender Gedanke meine Reizüberflutung: *Wann genau bin ich eigentlich aus einem Flugzeug gesprungen?* Daraufhin der Folgegedanke: *Wie ist dies überhaupt möglich?* Und wumm! Ein Aha-Erlebnis: Ich weiß jetzt, dass ich träume. Im Bruchteil einer Sekunde wandeln sich das Gefühl des freien Falls und die gefürchtete Erwartung des Aufpralls in ein aktives und bewusstes Fliegen durch die Traumlandschaft meines luziden Traums.

Ich fliege durch die Wolken und finde es amüsant, dass sie mir immer noch ein Gefühl der Kälte vermitteln, obwohl ich jetzt bewusst träume und es sich fantastisch anfühlt! Empfindungen in Klarträumen sind sehr real. Sie werden es selbst erleben, sobald sich die Klarträume bei Ihnen häufen.

Ich halte an und entschließe mich, in der unbekannten Traumlandschaft unter mir zu landen. In diesem Klartraum reicht der Gedanke daran zu landen, und schon finde ich mich auf dem Boden wieder. In der Ferne kann ich meinen Bruder erkennen. Tatsächlich leben wir im Wachzustand in unterschiedlichen Ländern, und somit wäre die Aussage, dass ich mich freue, ihn in diesem Traum zu sehen, weitaus untertrieben. Ich möchte seine Aufmerksamkeit erregen und winke ihm so enthusiastisch zu, dass ich mich aus Versehen selbst aufwecke!

Sobald Sie tiefer in die Welt der Klarträume eintauchen, werden Sie sehen, dass es beim bewussten Träumen unglaublich wichtig ist, seine Gefühle während des Traumes unter Kontrolle zu haben – oder es eben so lange wie möglich zu versuchen. Davon ganz abgesehen sind Ihre Klarträume so grenzenlos wie die Absichten, die Sie anstreben mögen. Also, was wollen Sie in Ihren Klarträumen erleben?

Sie wollen fliegen? Fokussieren Sie Ihren Willen darauf. Oder unter Wasser atmen können? Sie müssen es nur wollen. Bereit, die Vergangenheit zu erkunden? Nur zu. Oder wollen Sie erfahren, was Ihr nächster Schritt sein soll? Stellen Sie die Frage in die Traumlandschaft. Wenn Sie dann mit dem »spaßigen Teil« durch sind, können Sie noch tiefer gehen und herausfinden, warum Sie überhaupt hier sind und was Ihre persönliche Seelenaufgabe ist! Oder bitten Sie darum, Ihren geistigen Führer kennenzulernen. Die Möglichkeiten sind unbegrenzt.

Mir wird oft von Klartraumeinsteigern die Frage gestellt, ob luzides Träumen denn einer »Virtual Reality«, kurz VR, ähnelt. Ich antworte stets mit Nein. In einer »Virtual Reality«-Umgebung können wir die Dinge visuell sehr realitätsgetreu sehen, sie aber nicht spüren oder anfassen. Zum Beispiel können wir im Rahmen einer VR-Experience Italien erkunden, aber eben nicht das italienische Gelato schmecken! (Wie überaus enttäuschend – wozu dann das Ganze?) Aber in einem luziden Traum können wir uns mit unserer Willenskraft nach Italien versetzen und dort ein Eis essen – und es wird sich real und greifbar anfühlen, und ohne Zweifel köstlich schmecken!

Luzides Träumen ist wie die Realität des Wachseins, bloß mit anderen Naturgesetzen, die unser Erlebtes beherrschen. Es fühlt sich so echt an wie das reale Leben, mit dem Unterschied, dass Sie sich mit bloßer Willenskraft in der Traumwelt bewegen und mit ihr interagieren können. Zum Beispiel können Sie sich selbst durch bloßes Handauflegen und die richtige Intention heilen. Sie können fliegen oder unter Wasser atmen. Tatsächlich ist dies ein Zeichen dafür, dass Sie schon geübt im Klarträumen sind, denn Ihr physischer Körper ist beim Atmen unter Wasser nicht anwesend – sondern nur Ihre feinstoffliche oder energetische Essenz. Als hätte die es nötig zu atmen!

Jedenfalls wird Ihnen, je öfter Sie Klarträume erleben, bewusst werden, dass Sie sich nicht an die gleichen physikalischen Gegebenheiten halten müssen, denen wir im wachen Leben ausgesetzt sind. Sie müssen in einem Klartraum beispielsweise nicht unbedingt die Tür öffnen, denn Sie können genauso gut geradewegs durch sie hindurchspazieren! (Wie es auch die typischen Geister in Filmen machen! Ha!) Sie werden nicht von physikalischen Gesetzen eingeschränkt, aber dennoch sind Sie in der Lage zu fühlen. Es ist ein wundervolles Paradoxon, das vielleicht schwer zu begreifen ist, bis man es selbst erlebt hat.

Auch Ihre umfassendere philosophische Weltanschauung hat einen Einfluss darauf, wie Sie sich in Ihren luziden Träumen verhalten. Es kann auch hilfreich sein, sich in Erinnerung zu rufen, dass die anfängliche Traumlandschaft ohne Ihr bewusstes Zutun entsteht. Denn meist verhält es sich so, dass wir uns bereits in einem Traum befinden, bevor wir uns dann erst des Träumens bewusst werden und mit der Traumlandschaft interagieren. Dies bedeutet, dass wir so manches steuern können, aber eben nicht die Kontrolle über alles haben. Wir *erleben* immer noch die Traumwelt, obwohl wir Teile von ihr manipulieren oder beeinflussen können. Darüber hinaus werden Sie im Kapitel über luzide Traumfiguren feststellen, dass es sich bei der Traumwelt höchstwahrscheinlich nicht um einen gedanklich konzipierten und allein vom Verstand entworfenen Ort handelt – aber dazu später mehr!

Alles in allem sind Klarträume etwas ganz Wunderbares. Sie werden ebenso bemerken, dass sich Ihre Gedanken, Gefühle und Erinnerungen auf das Erleben während eines luziden Traums auswirken können und auch werden. Deshalb habe ich auch einen so großen Teil des Buches dem Unbewussten, dem Einfluss von Gefühlen und der Symbolik der Träume gewidmet. Sie müssen auf allen drei Themen gut bewandert sein, denn der bewusste Umgang mit ihnen kann große Auswirkungen auf die Erfahrungen in Ihren Klarträumen haben. Des Weiteren werden Sie feststellen können, dass sich die symbolische Natur der Träume auch in Klarträumen zeigen kann. Es kann also hilfreich sein, ein gutes Verständnis von Symbolen zu haben (was Ihnen allein mit dem Durchlesen der vorangegangenen Kapitel gelungen sein dürfte).

Lassen Sie uns nun gemeinsam ein paar der gängigsten Bereiche erforschen, auf die sich Klartraumeinsteiger gerne konzentrieren: körperliche Heilung, ein verbessertes seelisches Wohlbefinden, Reisen im Traum, die Kunst der Gestaltwandlung und das Empfangen spiritueller Führung. Denken Sie daran: Ihre Klartraumerfahrung ist ganz individuell und einzigartig. Sie können sich also aussuchen, worauf Sie sich konzentrieren möchten.

DIE BASICS

Wenn Sie noch nie einen Klartraum hatten, dann könnte es hilfreich sein, einige Dinge im Voraus zu wissen. Das Erste, was Sie bemerken werden, wenn Sie sich in einem luziden Traum wiederfinden, ist, dass die Symbolik, der Ort oder die Menschen, die Ihre Luzidität ausgelöst haben, nicht verschwinden, sondern an Ort und Stelle bleiben. Sie sind also gerade aus Ihrer Unbewusstheit erwacht (das Erwachen im Traum, sozusagen). Was umgibt Sie? Sie können nun dazu übergehen, Ihre Traumrealität zu erkunden, so wie ich in meinem Traum vom Fliegen, den ich Ihnen am Anfang dieses Kapitels geschildert habe. Ich ließ mich einfach treiben, und so konnte sich der Traum entfalten.

Oder Sie fangen ganz von vorn an und steigen in einen Traum mit klarer Absicht ein.

Möchten Sie beispielsweise einen Klartraum dafür nutzen, um ein Problem zu beheben, das Sie im Wachzustand einfach nicht lösen können, dann wird Ihnen das Fliegen keine Hilfe sein. Zunächst sollten Sie schleunigst zusehen, dass Sie den Traum stabilisieren, um Ihre Bewusstheit so lange wie möglich aufrechtzuerhalten. Sie stabilisieren also den Traum, um sich im Prozess zu verankern. Wie bereits erläutert, können Sie das tun, indem Sie Ihre Aufmerksamkeit auf die Füße lenken und sich im Traum entspannen. Sie können auch einfach die Worte »Traum, stabilisiere dich!« laut aussprechen oder Ihre Handflächen aneinanderreiben. Worte sind in Träumen überaus machtvoll, also wählen Sie sie mit Bedacht!

Als Nächstes räumen Sie sämtliche psychologischen Projektionen aus dem Weg, die sich in der Traumlandschaft herumtreiben. Der Buchautor und Klarträumer Robert Waggoner beschreibt eine wundervolle Übung, in der er empfiehlt, einfach folgende Worte laut auszusprechen: »Hinfort mit allen gedanklichen Formen!« Ziel dieser Übung ist es, die psychologischen Projektionen des Verstandes zu beseitigen, was uns wiederum ermöglicht, mit den lichteren Aspekten des Selbst und des Spirits zu arbeiten. Was dann in der Traumlandschaft zurückbleibt, sind keine gedanklichen Projektionen, sondern reiner Geist, Spirit, Essenz. (Wir werden uns dieses Konzept im Kapitel über Klartraumfiguren näher ansehen. Haben Sie fürs Erste einfach Vertrauen in den Prozess.)

Sobald Sie also die Projektionen des Verstandes aus Ihrem

Klartraum entfernt haben, verkünden Sie dem Traum Ihre Absicht. Sie können das in Gedanken machen, oder aber Sie sprechen es laut aus. Tun Sie dies so oft wie eben nötig, oder bis sich in der Traumlandschaft etwas verändert. Ich persönlich benutze gerne folgende Worte: »Kraft, die diesen Traum erschaffen hat, bitte hilf mir bei ...«, und dann äußere ich meine Absicht.

Wenn Sie es für nötig befinden, aus Ihrem Klartraum auszusteigen, weil Ihnen irgendetwas Angst macht oder Sie sich einfach überfordert fühlen (das passiert uns allen mal!), dann wecken Sie sich *mit reiner Willenskraft* selbst auf. Sie können sagen: »Wach auf«, oder Sie konzentrieren sich darauf, Ihre Augen zu öffnen. Ich hatte schon Klarträume, in denen ich heftigen Vibrationen und intensiven Tönen ausgesetzt war, die in mir eine gewisse Nervosität ausgelöst haben (obwohl es dazu keinen Grund gibt) – also weckte ich mich selbst auf. Mit ein wenig Übung werden Sie sich immer souveräner in Ihren Klarträumen zurechtfinden!

Die meisten von uns eifrigen Klarträumern stehen vor der Herausforderung, länger im Klartraum zu verweilen und eben nicht so schnell wieder aus dem Traum herauszukommen. So oder so, *wir haben große Macht in unseren Träumen*, und wir können diese Macht nach unseren Vorstellungen nutzen. Denken Sie daran: Sie können alles, was Sie brauchen, durch bloße Willenskraft erschaffen!

DAS HEILEN IN KLARTRÄUMEN

Ist es möglich, sich während eines Klartraums zu heilen und am nächsten Tag eine physische Veränderung im Körper oder ein Nachlassen der Symptome zu bemerken? Meiner eigenen Erfahrung nach – und der Erfahrung meiner Klienten – können körperliche Symptome beeinflusst werden, wenn unsere Absicht kristallklar ausgerichtet ist und wir ein gewisses Durchhaltevermögen an den Tag legen. Den bahnbrechenden Forschungsergebnissen von Robert Waggoner und Ed Kellogg zum luziden Träumen zufolge ist die Antwort auf die Frage, ob wir uns im Traum heilen und am nächsten Morgen körperliche Veränderungen beobachten können, *Ja* und *Nein* zugleich. Es hängt alles von der träumenden Person ab.

Ihre Studien zeigen, dass manche Menschen nach einem Klartraum feststellen, dass ihre Schmerzen nachgelassen haben oder dass sich ihr Genesungsprozess verkürzt, oder das vorher bestehende Problem ist komplett verschwunden, nachdem sie in ihrem Traum aktiv an ihrer Heilung gearbeitet hatten. Bei anderen Menschen bleiben Heilungsversuche trotz Klarträumen leider vollkommen erfolglos.

Waggoner fand heraus, dass Menschen, die weitgehend Erfolge erzielten und eine Erkrankung mithilfe eines luziden Traums heilen konnten (oder eine allgemeine Verbesserung der Symptome erreichen konnten), folgende fünf Kerneigenschaften in ihren Klarträumen aufwiesen: Sie hatten ihren Glauben, ihre Erwartungshaltung, ihren Fokus, ihre Absicht und ihren Willen aktiv und bewusst auf die Heilung ausgerichtet.

Sie wollten, um es noch bildlicher auszudrücken, *um jeden Preis gewinnen!*

Jene Menschen, die mit ihrem Klartraum Erfolg hatten, träumten oft von einem Arzt oder einem inneren Heiler, einem Hüter, der ihnen dabei half, an Ort und Stelle zu heilen. Oder sie stellten sich einen symbolischen Ort der Heilung vor, wie etwa einen

Springbrunnen oder das Meer, in dessen Wasser sie badeten. Ein Träumender beschwor sogar einen Becher herauf, den er mit heilender »Medizin« füllte und diese dann ganz bewusst zu sich nahm – als er anschließend aufwachte, fühlte er sich schon viel besser.

Hier ist es wichtig zu erwähnen, dass alle Träumenden, die erfolgreich waren, schon *im Traum* Heilung erfuhren. Sie glaubten daran, dass sie es schaffen würden, und so war es dann auch. Sie empfingen keinerlei Botschaften darüber, nach dem Aufwachen etwas Bestimmtes tun zu müssen (obwohl dies auch manchmal der Fall sein kann, wie Sie später in einem anderen Traumbeispiel sehen werden).

Manche Menschen behaupten, dass wir es mit einem Placeboeffekt zu tun haben. Ich antworte dann meist, dass selbst wenn es so sein sollte (und ich glaube nicht, dass dies der Fall ist), dann ist es doch um Welten besser, ohne ein körperliches Leiden wach zu werden, als sich weiterhin krank zu fühlen – Placeboeffekt hin oder her. Ich bin ebenfalls der Meinung, dass die Kraft des Glaubens in einem Klartraum viel stärker wirkt, weil hier mit dem Energiekörper gearbeitet wird und nicht mit dem physischen Körper per se.

Waggoners Forschungsergebnisse und auch meine eigenen Erfahrungen mit der Traumarbeit lehrten mich, wie wichtig Beharrlichkeit und Durchhaltevermögen sind. Der Anzahl an Heilversuchen sind keine Grenzen gesetzt, im wachen wie auch im Traumleben. Gehen Sie mit Motivation und Neugier an die Sache heran und schauen Sie, wohin Sie das Klarträumen führt. Viele Wege führen zum Wohlbefinden und luzides Träumen kann Ihnen so manchen Weg dorthin ebnen.

Die meisten schamanischen Praktiken konzentrieren sich ebenfalls auf diesen Aspekt des Klarträumens: die Fähigkeit, durch Träume die physische Realität bewusst und direkt zu beeinflussen. Aus metaphysischer Sicht würden wir dieses Phänomen wie folgt erklären: Wir heilen, weil wir uns mit der Quelle des Ursprungs in heilender Absicht verbinden. Sie erinnern sich vielleicht, dass die physische Welt der Traumwelt unter dem Gesichtspunkt ähnelt, da sie mittels klarer Intention und durch die spirituelle Essenz, den Spirit, verändert werden kann. Letztlich ist nichts unveränderlich, denn alles kann sich wandeln!

Hier noch ein weiteres konkretes Beispiel, das zeigt, wie Sie Ihre Zeit im Schlaf nutzen können, um ein Ziel aus Ihrem Wachleben zu verfolgen. Nehmen wir an, Sie spielen Violine oder Gitarre und wollen das Instrument besser beherrschen. Nutzen Sie einfach die Zeit im Klartraum, um zu üben, und ich garantiere Ihnen: Es wird funktionieren!

Die im *Journal of Sports Sciences* veröffentlichten Untersuchungsergebnisse sowie Forschungsarbeiten der Harvard University haben dieses Phänomen bestätigt. Zum Beispiel: Das Üben bestimmter motorischer Fähigkeiten (wie Gehen, Laufen oder Springen) während eines luziden Traums hat erwiesenermaßen zu einer Verbesserung ebendieser Fähigkeiten im wachen Leben geführt. Und nicht nur das, denn die Fortschritte waren sogar genauso groß, wie wenn man im Wachzustand geübt hätte. Sie können also während des Klarträumens an einer Fähigkeit arbeiten und eine wirkliche Verbesserung im Wachleben feststellen. Können Sie sich vorstellen, was das bedeutet?

Manche Menschen befürchten, dass man bei so viel Aktivität in einem Klartraum am nächsten Morgen doch sicher völlig übermüdet aufwacht. Normalerweise passiert das nicht. Die meisten Menschen wachen keineswegs erschöpft nach ihren Klarträumen auf. Natürlich gibt es vereinzelt Ausnahmen, aber das sollte Sie nicht vom Klarträumen abhalten. Sie werden sicher selbst herausfinden, was für Sie am besten funktioniert.

Das Wesentliche hierbei ist, dass es eine wirksame und kraftvolle Wechselbeziehung zwischen der Realität des Wachzustandes und der Traumrealität gibt. Luzides Träumen ist wie eine Brücke zwischen diesen beiden Realitäten, und Ihre bewusste Absicht ist hier von entscheidender Bedeutung. Verstehen Sie nun, warum ich Sie als bewusste und mächtige Träumende bezeichne?

Was wollen Sie in Ihrem Alltag erschaffen oder verändern? Wobei benötigen Sie Hilfe? Inwieweit sind Sie dazu bereit, aktiv mit den höheren und göttlichen Aspekten der Existenz in Kontakt zu treten? Was brauchen Sie? Setzen Sie Ihre Absicht bewusst in Ihren Klarträumen ein, um Unterstützung bei all diesen Fragen zu erhalten.

Es folgt ein weiteres wunderbares Traumerlebnis, das zeigt, worauf ich hinauswill: Eine Frau litt an schwerer Schuppenflechte. Die Krankheit begleitete sie schon über zehn Jahre, und trotz unzähliger medizinischer Untersuchungen ließ sich ihr Problem scheinbar nicht lösen. Sie hatte einfach irgendwann gelernt, mit ihren Hautproblemen zu leben, zumindest bis sie das Klarträumen erlernte. Eines Nachts »erwachte« sie also aus ihrer Unbewusstheit und ihr wurde klar, dass sie sich in einem Traum befand. In ihrem Klartraum rief sie nach einem geistigen Führer, der ihr bei ihrem Problem helfen konnte.

Im Bruchteil einer Sekunde (in Klarträumen bewegen sich die Dinge blitzschnell) stand plötzlich ein Mann vor ihr. Er sprach kein Wort, reichte ihr jedoch ein winziges Kissen, das so klein war, dass es in ihre Handfläche passte. Als sie auf das Miniaturkissen blickte, löste es sich in ihrer Handfläche auf. Doch bevor es sich ganz auflösen konnte, bemerkte sie, dass der untere Teil des Kissens eine seltsame Form hatte.

Sie schaffte es noch, sich die Kissenform einzuprägen, bevor sie spontan aus ihrem Traum erwachte. Wach geworden stieg sie aus ihrem Bett und zeichnete das Kissen auf ein Blatt Papier. Ihre Schuppenflechte war durch diesen Traum nicht geheilt – beim Aufwachen war die Krankheit noch da –, aber sie hatte eine wertvolle Information erhalten. Ihr Führer hatte ihr dieses Miniaturkissen gegeben, aber was bedeutete es?

Nach einiger Überlegung erkannte sie schließlich, wie symbolträchtig dieses Kissen war. Die Frau kam aus dem englischsprachigen Raum und das englische Wort für »Kissen« heißt »pillow«. *Pill-ow*. Sie sollte also eine *Pill-e* nehmen, damit es ihr besser ging. Für jemanden, der jahrelang versucht hatte, die Krankheit medizinisch unter Kontrolle zu bringen, war dies nun wirklich keine Offenbarung. Welche Pille denn? Medikamente hatten bis dato keinerlei Wirkung gezeigt. Dann rief sie sich in Erinnerung, dass das Kissen eine sehr eigenartige Form hatte. Einige Nachforschungen später fand sie heraus, dass die Kissenform der chemischen Struktur von Penizillin sehr ähnelte. Daraufhin suchte sie einen Arzt, der ihr half, und nach einem Monat gezielter Behandlung verschwand die Schuppenflechte und kehrte nicht wieder zurück.

An diesem Beispiel wird die Beziehung zwischen Traumwelt und Wachleben sehr deutlich. Wir können ein körperliches Leiden schon im Klartraum verändern, oder aber wir nutzen die Informationen aus dem Traum, die uns im Wachzustand helfen können. Bleiben Sie dran, bis Sie alle Möglichkeiten ausgeschöpft haben!

GEFÜHLE FREISETZEN DURCH DIE KRAFT LUZIDER TRÄUME

Einer der positivsten Aspekte beim Klarträumen ist es, dass man seine Gefühle aufarbeiten und aktiv Probleme lösen kann. Wenn Sie das nächste Mal klarträumen, rufen Sie Ihr Problem oder das Gefühl, mit dem Sie kämpfen, bildlich herbei. Fragen Sie dann die Traumlandschaft um Rat, wie Sie die Herausforderung am besten bewältigen können.

Eine Teilnehmerin meines Traumworkshops erzählte einmal von einem Problem, das sie durch luzides Träumen zu lösen versucht hat. Sie hatte vor Jahren einen schrecklichen Streit mit ihrer Schwester gehabt, woraufhin beide nicht mehr miteinander reden wollten. Jede hielt an ihrem Standpunkt als dem einzig »richtigen« fest. Es gab keine Familientreffen mehr, da keine von beiden bereit war nachzugeben. Ihr Streit ließ eine riesige Kluft innerhalb der gesamten Familie entstehen. Der Zorn und die Wut, die in Shelly*, meiner Workshopteilnehmerin, wüteten, waren förmlich greifbar, und irgendwann wandelte sich ihre Wut in Verbitterung und ein Verlustgefühl dessen, was einst eine großartige schwesterliche Beziehung gewesen war. Die zerbrochene Beziehung hatte ihr einen tiefen seelischen Schmerz zugefügt, doch wollte sie es sich nicht eingestehen. Also entschied sie, davon zu träumen.

In ihrem Klartraum angekommen, stabilisierte sie diesen zunächst, beseitigte jegliche Projektionen und bat dann um Hilfe bei ihrem Problem. Just in dem Moment erschien ein weißer Licht-beziehungsweise Energieball vor ihr. Sie wusste nicht, was zu tun war, also sagte sie: »Bitte hilf mir.« Der Ball schwebte um sie herum und wanderte dann in den Bereich ihrer Brust (und spä-ter in den Unterleib), wobei sie ihren Körper nicht richtig sehen konnte. Als sie wach wurde, fühlte sie sich, als hätte die emotio-nale Schwere sie verlassen. Sie fühlte sich um so viel leichter, dass sie gleich ihre Schwester anrief und ihr ein Friedensangebot machte, das diese annahm.

Im Hinblick auf extremere Gefühlslagen sind aktuell einige Untersuchungen im Gange, bei denen herausgefunden werden soll, ob posttraumatische Belastungsstörungen (PTBS) durch luzides Träumen beeinflusst werden können. Die Forschungs-arbeiten sind sehr vielversprechend und deuten darauf hin, dass Menschen mit einer PTBS, die das Klarträumen erlernen, eine positive Veränderung hin zu mehr seelischem Wohlbefinden und Ausgeglichenheit erleben können. Dies geschieht meist durch die Konfrontation mit dem Albtraum und dem Ändern der Land-schaft / der Bilder in der Klartraumszene. Erstaunlicherweise scheinen die Albträume sich danach aufzulösen.

Von einer PTBS mal ganz abgesehen, werden wir in den meis-ten unserer Albträume mit beängstigenden Schattenfiguren kon-frontiert. Mit Schattenfiguren meine ich einfach Menschen, Bilder oder Situationen im Traum, die uns Angst machen. Wir können uns diesen Schattengestalten im Klartraum stellen, um zu mehr seelischer Ausgeglichenheit und persönlichem Wachstum zu ge-langen. Sie stehen meist für unsere unbewussten Überzeugungen oder für verdrängte Erinnerungen und schwierige Gefühle, mit denen wir uns herumschlagen.

Wir können mit allen Schattenfiguren unserer Psyche arbeiten, indem wir uns ihnen stellen und sie mit Liebe und Güte umhüllen (geraten Sie nicht mit ihnen in Kampf). Wenden Sie sich ihnen einfach zu, wenn Sie sich in einem Klartraum befinden. Das Wichtigste ist, ihnen mit Liebe zu begegnen und, wenn möglich, mit ihnen zu sprechen.

Sich seinen Schattenfiguren zu stellen kann jedoch beängstigend sein. In den Klartraumpraktiken der buddhistischen Bön-Tradition müssen Klarträumende erst lernen, die Grundelemente der Traumlandschaft zu beherrschen (zum Beispiel durch das Berühren von Feuer), bevor sie überhaupt einen Versuch wagen, sich bestimmten Traumfiguren zuzuwenden. Dies soll der träumenden Person demonstrieren, dass ihr im Traum absolut nichts Schaden zufügen kann. Es kann hilfreich sein, diesen Gedanken in Erinnerung zu behalten – nichts in Ihrem Traum kann Ihnen wehtun, aber einige Situationen erfordern ein gewisses Maß an persönlicher Beherrschungskunst.

Sie sollten schon Erfahrung im Klarträumen haben, bevor Sie sich an Ihre Schattenaspekte oder Ihre schwierigen Gefühle und Triebe heranwagen. Wie schon an früherer Stelle im Buch erwähnt, gibt es glücklicherweise mehr als nur einen Weg, um mit seinen Schattengestalten oder Trieben zu arbeiten. Man kann dies in regulären Träumen und im Wachzustand tun. Zum Beispiel durch freies Malen, Gesprächstherapie und reguläre Traumarbeit.

Sobald Sie merken, dass es Ihnen leichtfällt, mit der Klartraumlandschaft zu spielen und sie zu verändern, und Sie dies regelmäßig machen, sind Sie höchstwahrscheinlich bereit dafür, sich auch Ihren Schattengestalten im Traum zu stellen. Ich möchte

Ihnen hier ein Beispiel nennen, in dem ich einen meiner eigenen Schatten während eines Klartraumes integrieren konnte.

Ich befand mich auf einem Pfad und stieg ein paar sehr eigenartig aussehende Stufen hinunter. Erst als ich sah, dass die Stufen aus Knochen bestanden, wurde ich mir meines Träumens bewusst. Plötzlich tauchten aus dem Nichts unzählige körperlose Arme auf und griffen nach meinen Fußknöcheln. Sie machten mir schreckliche Angst, also versuchte ich hektisch, sie abzuschütteln. Schließlich sagte ich laut: »Ich weiß, dass ich träume. Ich weiß, dass ihr mir nicht wirklich wehtun könnt!«

Dann verschwanden die »Arme«, und ich konnte wieder durchatmen.

Doch die Erleichterung war nur von kurzer Dauer, denn plötzlich tauchten zwei sehr bedrohliche Gestalten direkt vor mir auf. Sie fingen an, mich auszulachen und anzuknurren. Ich wiederholte dasselbe noch einmal und sagte: »Ich weiß, dass ich träume. Ich weiß, dass ihr mir nicht wirklich wehtun könnt!« An dieser Stelle war ich tatsächlich starr vor Schreck. Bedenken Sie: Alles fühlt sich real an, für diese Art von Traumarbeit ist also eine gehörige Portion Mut notwendig.

Ich zentrierte mich und sah, wie sie mir entgegenkamen und zu einer einzigen überragenden Figur zusammenschmolzen. Dann fing die riesige Gestalt an, mich zusammenhanglos anzuschreien. Ich ließ sie zu mir kommen, streckte meine Arme weit aus und sagte: »Ich weiß, dass du verletzt bist, und ich liebe dich.« In diesem Moment verwandelte sich die Gestalt in ein kleineres Geschöpf, das ich in die Arme nahm und fest an mich drückte. Danach konnte ich den Klartraum nicht länger aufrechterhalten und wachte mit einem merkwürdigen Gefühl von Trost und Zuversicht auf.

Denken Sie daran, dass Sie bei Bedarf immer die Möglichkeit und die Macht besitzen, sich selbst aufzuwecken oder die gesamte Traumszene jedes Klartraumes völlig umzugestalten. (Sie müssen im Traum lediglich »Wach auf!« sagen.) Wenn es Ihnen also ein wenig zu heftig wird, dann machen Sie Gebrauch von Ihrer Macht. Vergessen Sie nicht: Bei der Arbeit mit Schattengestalten geht es immer darum, ihnen Liebe und Mitgefühl entgegenzubringen. Es könnte sogar sein, dass Sie weinend oder mit einem großen Gefühl der Erleichterung wach werden, wie viele Klarträumende berichten.

Sie können Ihre Traumlandschaft aber auch bitten (und eigentlich möchte ich auch dazu raten), Ihnen die Themen zu zeigen, mit denen Sie zu kämpfen haben. Bitten Sie einfach darum, auf einer Leinwand gezeigt zu bekommen, was Sie gerade sehen müssen. Dies erfordert meist ein hohes Maß an Konzentration und Aufmerksamkeit, also ist es hier wichtig, so lange wie möglich luzid zu bleiben.

Wie bei der menschlichen Psyche gibt es auch beim Klarträumen unterschiedliche Ebenen und Ihre Absicht kann und wird Einfluss auf den Traum nehmen. Wenn Sie Ihre Absicht (und Aufmerksamkeit) fokussieren, werden Sie sowohl in Ihrem Klartraum als auch im Wachzustand klare Ergebnisse erzielen. Wenn wir uns um persönliches Wachstum und Wohlbefinden bemühen, arbeiten wir im Wesentlichen mit einem in sich vollendeten System. Mit der Psyche und unserer spirituellen Essenz. Es ist nicht notwendig, das System zu beseitigen, zu entfernen oder sogar zu transzendieren; wir müssen einfach lernen, uns selbst zu vertrauen und unsere Träume weise zu gebrauchen.

IM KLARTRAUM AUF REISEN GEHEN

Da Sie bereits einige der nützlicheren und praktischen Anwendungsmöglichkeiten luzider Träume kennengelernt haben, gehen wir nun zum Thema Reisen in Klarträumen über. Im zweiten Kapitel habe ich Ihnen die Methode der Trauminkubation mit regulären Träumen gezeigt. Der Inkubationsprozess bei luziden Träumen dauert ein wenig länger, außer Sie haben bereits viel Erfahrung im Klarträumen. Wenn dem so ist, dann wissen Sie wahrscheinlich schon, wie man im Traum an verschiedene Orte reist, indem man Absicht und Wille richtig einsetzt.

Wenn aber die Praxis des Klarträumens noch neu für Sie ist, dann kann es hilfreich sein, sich schon während des Tages auf die Absicht des Klartraumes auszurichten. Es ist wichtig, den Verstand und das Bewusstsein wirklich gut auf die gewünschte Traumerfahrung vorzubereiten. Sie können diese Inkubationspraxis für jede Art von Klartraumerfahrung nutzen – nicht nur, um im Traum an atemberaubende Orte reisen zu können.

Sie beginnen damit, sich während des Tages auf Ihre Absicht zu konzentrieren und darauf auszurichten. Hier sollte wieder auf die Wortwahl bei der Absichtsformulierung geachtet werden. Es empfiehlt sich, die Intention sogar mehrmals während des Tages niederzuschreiben. Sie können etwa schreiben (oder sagen): »Ich werde heute Nacht klarträumen. Sobald ich mir des Träumens bewusst bin, werde ich nach … reisen.« Vervollständigen Sie den Satz mit dem Namen des Ortes, an den Sie sich begeben möchten.

Wenn Sie in Ihrem Klartraum beispielsweise Ägypten bereisen und die Pyramiden sehen wollen, müssen Sie Ihre Absicht darauf ausrichten. Die Absichtsformulierung könnte lauten: »Ich werde heute Nacht klarträumen. Sobald ich mir des Träumens bewusst bin, werde ich die ägyptischen Pyramiden besichtigen.« Drücken Sie sich klar und deutlich aus, denn die Wortwahl bei der Absichtsformulierung kann Ihren Klartraum beeinflussen.

Nehmen wir zum Beispiel an, Sie hätten Ihre Absicht folgendermaßen formuliert: »Ich sehe die Pyramiden in Ägypten.« Womöglich kann es Ihnen passieren, dass Sie im Klartraum einen Reisekatalog mit Bildern von den Pyramiden auf der Titelseite in den Händen halten. Sie haben im Grunde Ihren Traum inkubiert, jedoch nicht so, wie Sie es sich erhofft hätten. Noch mal: Die Wortwahl ist von wesentlicher Bedeutung, also seien Sie dabei so präzise und genau wie irgend möglich. (Mir ist es auch schon passiert, dass ich Klarträume mit einer etwas unklaren Absicht inkubiert habe, und so erging es auch vielen anderen Klarträumenden auf der ganzen Welt. Denken Sie immer daran: Das luzide Träumen ist ein Erfahrungsprozess, und er erfordert ein gewisses Level an Geübtheit und Offenheit. Das Schöne daran ist jedoch, dass Sie diese Technik nach einer erfolgreichen Klartrauminkubation immer wieder nach Ihrem Belieben einsetzen können.)

Sobald Sie also die präzise formulierte Absicht für Ihre »Traumreise« gefunden haben, fügen Sie hinzu, dass Sie sich des Träumens bewusst werden.

Wenn Sie schließlich zu Bett gehen, entspannen Sie sich gezielt, beruhigen Sie Körper und Geist. Visualisieren Sie dann die gewünschte Traumszenerie, während Sie Ihre Absicht in Gedanken wiederholen. Um beim Beispiel von vorhin zu bleiben, stellen Sie sich bildlich vor, wie Sie vor den Pyramiden stehen. Nehmen Sie den Wüstensand um Sie herum wahr. Fühlen Sie die heiße Luft auf Ihrer Haut. Den Wind in Ihrem Haar. Die Pyramiden vor

Ihnen. Dann stellen Sie sich vor, wie Sie sich des Träumens bewusst werden. Sie können sogar einen der Realitätschecks in Ihren Visualisierungsprozess einbauen. Fahren Sie so lange wie möglich mit dem Visualisieren fort. Dies erhöht Ihre Chancen auf einen Klartraum erheblich! Sie trainieren Ihren Verstand schon auf die Erfahrung hin, bevor Sie ins Land der Träume gleiten.

Wiederholen Sie diese Vorgehensweise einfach so lange, bis Sie einschlafen. Wie bei der Inkubation regulärer Träume sollten Sie diese Übung so lange durchführen, bis Sie einen Klartraum inkubiert haben. Machen Sie sich vor allem klar, dass dies ganz leicht zu einer freudvollen Erfahrung werden kann, wenn Sie ihr mit Leichtigkeit und Wertschätzung begegnen!

Sobald Sie in den Klartraum einsteigen, sind Ihnen beim Erkunden der Traumlandschaft keine Grenzen gesetzt. Sie könnten beispielsweise durch die Pyramiden hindurchspazieren, über ihnen schweben und sogar mit den Menschen in der Umgebung sprechen. Gut zu wissen ist auch, dass Sie so oft an denselben Ort zurückkehren können, wie Sie möchten. Sie könnten auch in das Ägypten der 1920er-Jahre reisen. Die Möglichkeiten sind ebenso grenzenlos wie Ihre Fantasie. Wenn Sie dann einen wahrhaftigen Aha-Moment erleben wollen, stellen Sie später Nachforschungen dazu an. Wenn Sie eine bestimmte Hieroglyphe, ein bestimmtes Grabmal oder Bild gesehen haben, suchen Sie im Internet danach und finden Sie heraus, ob die Bildsprache Ihres Traums zutreffend war. Machen Sie sich auf eine Überraschung gefasst!

GESTALTWANDLUNG IN KLARTRÄUMEN

Wenn Sie Klarträume dafür nutzen möchten, um über Ihre empfundene Erfahrung einer getrennten Identität hinauszugehen, dann werden Sie eine unglaubliche Entdeckung machen. Sie werden sich selbst in Beziehung zu Ihrer nichtphysischen Essenz erfahren. Vielleicht werden Sie sogar nach dem Aufwachen damit beginnen, Ihre Überzeugungen und Vorstellungen von Identität und Realität zu hinterfragen.

In einem Klartraum können wir sogar unsere Form verändern. Wir können eine andere Gestalt annehmen. Wir träumen uns sozusagen in die Form eines Vogels, einer Pflanze, eines anderen Geschlechts oder einer anderen Ethnie. Schamanen werden Ihnen erklären, dass es Ihnen selbst im wachen Leben möglich ist, Ihre Gestalt zu wechseln. Und dem stimme ich zu, obwohl es mir bisher leider noch nicht gelungen ist, mich im Wachzustand in eine Katze zu verwandeln. Wenn Ihnen dieser Gedanke zu weit geht (in der wachen Realität oder im Traum), dann sehen Sie es einmal von dieser Seite:

Wenn sich Krankheit in Gesundheit wandelt, was ist dann geschehen? Sie sind von einem Seinszustand in einen anderen übergegangen. Sie haben die Gestalt verändert. Sie haben Ihre Energie transformiert. Sie haben Krankheit in Gesundheit verwandelt. Was passiert beim Altern? Ihr Körper wandelt sich von einer Form in eine andere. Im Klartraum machen Sie genau das ganz bewusst, anstatt es über die biologischen Abläufe des Körpers automatisch passieren zu lassen. Sie verwandeln sich mit Ihrem »Klartraumkörper« – innerhalb weniger Augenblicke.

So kann sich Gestaltwandlung in einem luziden Traum an-fühlen: Ich steige in meinen Klartraum ein. Nachdem ich die Traumlandschaft von jeglichen psychologischen Projektionen ge-säubert habe, beschließe ich mit meiner Willenskraft, einen Fluss zu verkörpern. In dem Moment verbinde ich mich mit dem Ele-ment Wasser. Ich bin Wasser – das Wissen um diese Erkenntnis ist schwer zu beschreiben. Ein Gefühl des Einsseins überschwemmt mich. Das reine Leben pulsiert durch das Wasser, und das über-wältigende Gefühl lässt mich aus dem Traum erwachen.

Hier noch ein weiteres Beispiel von Ben*, einem meiner Re-treat-Teilnehmer: »Ich werde mir des Träumens bewusst. Ich sta-bilisiere den Traum und versuche dabei die ganze Zeit, ruhig und entspannt zu bleiben. Diesmal klappt es, denn ich wache nicht auf (ein neuer Durchbruch in meiner Klartraumpraxis). Dann rufe ich in die Traumlandschaft hinein: ›Ich bin ein Löwe!‹ und ver-wandle mich in einen Löwen. Ich bekomme ein Gefühl dafür, was es heißt, dieses Tier zu verkörpern. Wörter können die Dimension dieses Gefühls nicht erfassen! Ich erwache völlig emotionsgeladen aus diesem Klartraum. Diese Erfahrung, die Essenz eines Löwen zu verkörpern, hat mich so tief berührt, dass ich mich dazu ent-schlossen habe, jeden Monat einen Betrag an die gemeinnützige Organisation Panthera.org zu spenden, die sich dem Schutz von Wildkatzen aus aller Welt verschrieben hat.«

Wenn wir mit der Intention von Demut, Hingabe und Ein-heitserfahrung klarträumen, erkennen wir unseren Platz in der Struktur des Lebens und den Platz aller anderen Wesen und Ge-schöpfe. Es ist fast unmöglich, nach einer so bedeutsamen Klar-traumerfahrung aufzuwachen und nicht das Gefühl zu haben, dass sich unsere Realität im Wachzustand auf irgendeine Weise verändert hat. Dass wir uns verändert haben, da wir um unsere Macht wissen, das Leben durch bewusstes Träumen und konkretes Handeln zu beeinflussen.

Je geübter wir in unserer Traumpraxis sind, desto einfacher wird es, den Sprung ins Unbekannte zu wagen. Indem wir genau das tun, erlauben wir es uns, einen größeren Teil des Gesamtbilds zu erkennen und dabei weniger zu urteilen oder ein Gefühl des Getrenntseins zu erfahren. Durch das Gestaltwandeln in luziden Träumen lernen wir, wie es ist, die wahre Essenz dieses Wesens zu verkörpern, anstatt das Wesen (oder das Tier, das Element) als etwas zu erleben, das außerhalb von uns existiert.

Wenn wir nicht aufpassen, dann werden sich unsere Urteile und eingeschränkten Sichtweisen auf die Welt (und auf Träume) unserer Entwicklung in den Weg stellen, indem sie bestimmte Erfahrungen als jenseits der »Norm« abtun und ablehnen. Wie bei jeder Traumpraxis müssen wir genug Vertrauen in uns selbst aufbringen und die Dinge am eigenen Leib erfahren, und wir müssen offen für eine wahrhaftige Entdeckungsreise sein, ohne vorgefasste Meinungen darüber, wie etwas sein oder sich anfühlen sollte.

ÜBUNG: DIE KONTROLLE ÜBER DAS ERGEBNIS EINES KLARTRAUMS LOSLASSEN

Es mag vielleicht unlogisch klingen, sich die Kunst des luziden Klarträumens anzueignen, nur um daraufhin bereitwillig darauf zu verzichten, die eigenen Handlungen im Traum zu steuern. Es geht hier jedoch mehr um einen intuitiven Zugang zum Klarträumen;

einen, in dem Sie es sich erlauben, vom Traum selbst geformt zu werden. Sie erleben den Klartraum teils aus beobachtender Perspektive und teils, indem Sie aktiv teilnehmen.

Der Prozess des Insichgehens ist in vielerlei Hinsicht ein paradoxer Akt des Loslassens, um mehr Selbstwirksamkeit zu erlangen. Sie legen nichts fest oder steuern übertrieben auf eine bestimmte Erfahrung hin, die Sie im Traum machen möchten. Stattdessen erlauben Sie es dem Traum, Sie auf die für Sie wertvollste Reise mitzunehmen. Vielleicht wollen Sie einen Versuch mit dieser Art des Klarträumens wagen, um zu sehen, was dabei herauskommt. Wir denken grundsätzlich, dass wir immer alles kontrollieren müssen. Wenn wir aber einmal die Zügel aus der Hand legen und auf kein bestimmtes Ergebnis abzielen, üben wir uns im Loslassen der Kontrolle und können dadurch unsere Intuition und ein offenes und rezeptives Gefühl für unser Selbst entwickeln.

EINE ÜBUNG DER HINGABE:
ZEIGE MIR, WAS ICH WISSEN MUSS

Schritt 1: Verankern Sie sich in der Absicht, während des Klartraums vollkommen sicher, beschützt und entspannt zu sein. Es soll dies ein Klartraum sein, in dem Ihnen gezeigt wird, was Sie wissen müssen.

Schritt 2: Sobald Sie sich des Träumens bewusst sind, stabilisieren Sie bei Bedarf Ihren Traum und gehen dann dazu über, die Traumlandschaft um Sie herum zu erkunden. Sie können sogar eine konkrete Frage an den Traum richten: »Zeige mir, was ich wissen muss!«

Schritt 3: Bereisen Sie dann Ihre Traumlandschaft so, als wären Sie Tourist in einem fremden Land. Schauen Sie, wohin Sie der Weg im Traum führen will. Sie wissen, dass Sie sich zu jedem Zeitpunkt selbst wecken oder die Traumlandschaft gänzlich verändern können, sollte Ihnen danach sein. Öffnen Sie einfach Ihre Augen, wenn Sie mit einem Klartraum sehr überfordert sind, und das allein wird meist genügen, um Sie aufzuwecken. Oder Sie schreien laut: »Wach auf!«

Schritt 4: Treten Sie mit den von selbst auftauchenden Elementen des Traums in Kontakt. Stellen Sie offene Fragen und hören Sie sich die Antworten an.

Schritt 5: Wecken Sie sich auf, wenn Sie das Gefühl haben, hier fertig zu sein. Schreiben Sie Ihre Klartraumerfahrung nieder.

Schritt 6: Wenn Sie das Bedürfnis verspüren, interpretieren Sie Ihren luziden Traum und stellen Sie sich dabei folgende Fragen:

1. Wie kann mir dieser Traum dabei helfen, mein materielles und spirituelles Leben ins Gleichgewicht zu bringen?

2. Welche psychologischen und intuitiven Einsichten können mir dabei behilflich sein?

3. Kann ich meinen Traum irgendwie nutzen, um durch das Setzen bewusster Handlungen mein Leben, oder das meiner Mitmenschen, zu verbessern? Wenn ja, was ist der nächste Schritt, den ich gehen soll?

Wenn Sie mehr Input benötigen, schlafen Sie drüber.

MANIFESTATION UND DAS POTENZIAL DER KLARTRÄUME

Die Arbeit der Inspirationssprecherin und Autorin Esther Hicks (durch die Botschaften der Wesenheit *Abraham* auch bekannt als Abraham-Hicks) liefert uns eine grundlegende Erklärung für die Beschaffenheit unserer Realität, die sich wiederum auf die Welt der Träume auswirkt. Im Wesentlichen lautet ihre Aussage: Wir alle haben die Macht, unseren Alltag durch Co-Kreation mit dem Universum (oder dem Nichtphysischen) zu erschaffen, indem wir unsere Schwingung regulieren. Soll heißen, unseren Gedanken wohnt eine große Macht inne. Unsere Gedanken in Verbindung mit Gefühlen beeinflussen unsere Energie. Unsere Energie wiederum ist verantwortlich für unsere Schwingung. Unsere Schwingung bringt uns die Arten von Erfahrungen (die guten ebenso wie die schlechten und hässlichen), die wir im Leben machen – oder besser gesagt: Wir ziehen diese energetisch an.

Abraham-Hicks zufolge ist unsere Schwingung also entweder in Einklang mit Glück und Wohlergehen und den Dingen, die wir gerne erfahren möchten, oder wir stehen im Widerstand zu ihnen. Es ist tatsächlich so einfach. Bringen Sie Ihre Schwingung wieder in Ordnung, und Sie werden allmählich andere Erfahrungen machen. Das ist die Grundlage dessen, was viele moderne New-Age-Lehrer heute als das »Gesetz der Anziehung« beschreiben, oder die Fähigkeit, im wachen Leben zu manifestieren. Ich glaube nicht, dass die Dynamiken des Schaffens und der Kreation im Leben so eindimensional sind, aber ich habe feststellen können, dass sich das Klarträumen positiv auf das Tempo auswirkt, in dem wir unsere Erfahrungen im wachen Zustand manifestieren. Und ich bin der Meinung, dass dies aufgrund einer energetischen Schwingungsveränderung passiert – genau so, wie es auch Abraham-Hicks beschreibt.

Dieser Ansatz ist genau genommen kein neuer, tatsächlich ist er uralt. Anhänger des Animismus sind der Meinung, dass sie die Welt durch Energieverschiebungen verändern können (sie glauben ebenfalls daran, dass alles auf der Welt von einer Lebenskraft oder energetischen Pulsation durchdrungen ist und deshalb mit Respekt behandelt werden sollte – ein Ansatz, dem ich nur voll und ganz zustimmen kann). Schamanen nutzten häufig die Macht ihrer Klarträume, um die wache Realität zu beeinflussen – obwohl sie in diesem Zusammenhang wohl nicht vom »Manifestieren« sprechen würden. Der Sohar, ein Text der jüdischen Mystik, erzählt ebenfalls vom dynamischen Einfluss zwischen dem Sichtbaren und dem Unsichtbaren.

Sie werden bemerkt haben, dass es Ihnen immer leichter fallen wird, ganz bestimmte Erlebnisse und Erfahrungen in Ihrer

Traumlandschaft zu kreieren, je erfahrener Sie im Klarträumen geworden sind. Sie können sozusagen unterschiedliche Erfahrungen *anprobieren*. Und wie Sie in den Beispielen der Heilung in Klarträumen gesehen haben, kann sich eine Veränderung im Traum durchaus auch auf den Wachzustand auswirken.

Um es in der Sprache von Abraham-Hicks auszudrücken, könnte man sagen, dass wir unsere Schwingung ändern, sobald wir uns in einem Klartraum befinden. Jetzt kommt's: Wenn wir es schaffen, diese bestimmte Schwingung nach dem Aufwachen beizubehalten, dann werden wir zum Anziehungspunkt für unsere gewünschten und erträumten Erfahrungen.

Nehmen wir beispielsweise an, Sie wünschen sich schon lange ein Eigenheim, konnten diesen Traum aber noch nicht verwirklichen. Sie könnten Ihren Klartraum mit der konkreten Absicht eines Hauskaufs inkubieren. In Ihrem Klartraum würden Sie also erleben, wie es sich anfühlt, das erste eigene Haus zu kaufen. Das Hauptaugenmerk bei diesem Klartraum liegt einfach darin, das aufregende Gefühl in sich aufzunehmen, das auch bei einem tatsächlichen Hauskauf gegeben ist.

Nach dem Aufwachen könnten Sie nun noch konkreter und besser in dieses Gefühl (und seine Schwingung) eintauchen, was Ihnen dabei helfen würde, sich auf Ihr Ziel auszurichten. Soll heißen, es wäre Ihnen möglich, eine Situation zu co-kreieren, in der Sie im Wachzustand viel schneller an Ihr Wunschhaus kommen.

Sie können Ihre Klarträume nutzen, um das Manifestieren zu üben – egal, worum es sich handelt. Sie üben hier aus zweierlei Gründen. Erstens, um zu sehen, ob irgendwelche Traumsymbole ganz spontan auftauchen. Wenn dem so ist, bedeutet das üblicherweise, dass Ihnen gezeigt wird, was Ihnen tatsächlich beim Erreichen Ihres Ziels im Wachzustand helfen würde, oder aber, was Sie daran hindert, sich Ihren Wunsch zu erfüllen. Ähnlich wie bei einer unbewussten Überzeugung oder einer lästigen selbstsabotierenden Angewohnheit, die sich Ihnen immer wieder in den Weg stellt. (Am Ende dieses Kapitels finden Sie eine praktische Übung hierzu, die die Sache genauer erklärt.)

Der zweite Grund, weshalb es sich lohnt, das Manifestieren in Klarträumen zu üben, ist, dass Sie sich dadurch besser mit der Schwingung der Manifestation vertraut machen. Sobald Sie ihre Essenz gespürt und erfahren haben, können Sie die Schwingung in Ihrem Alltag verkörpern und *sein*. Stellen Sie es sich so ähnlich vor, wie wenn Sie sich im Traum in einen Löwen verwandeln. Sie verkörpern dabei im gegenwärtigen Moment in jeglicher Hinsicht die Essenz dieses Löwen.

Abraham-Hicks zeigt, dass wir uns durch unsere Schwingung energetisch auf die Arten von Erfahrungen ausrichten, die wir im Alltag erleben (die traumhaften ebenso wie die weniger guten). Sie befinden sich also entweder im Einklang mit der Schwingung Ihrer Wünsche und Ziele, oder Sie stehen im Widerstand zu ihnen. So einfach ist es. Ändern Sie Ihre Schwingung, und die Erfahrungen, die Sie machen möchten, werden unweigerlich den Weg zu Ihnen finden.

Warum wissen also nicht mehr Menschen darum? Leider war luzides Träumen bis in die späten Neunzigerjahre in den westlichen Ländern nicht allzu bekannt. In alten Religionen und spirituellen Strömungen wie dem Hinduismus, dem Schamanismus und dem Buddhismus wird es jedoch seit jeher praktiziert. Das Wissen darum wurde in einer Tradition der mündlichen Überlieferung weitergegeben.

DER GOLDENE SCHLÜSSEL ZU EINEM GEHEIMEN TRAUMCLUB

Der Bön-Buddhist Tenzin Wangyal Rinpoche entschloss sich in einem radikalen und mutigen Schritt dazu, sein Wissen über das luzide Träumen mit der westlichen Welt zu teilen. Dies tat er 1998 mit der Veröffentlichung seines Buches *Übung der Nacht*. Bis dahin wurden die östlichen Klartraumpraktiken überwiegend geheim gehalten. Tenzin Wangyal Rinpoche erklärt, dass diese Lehren stets geheim gewesen seien, sei sowohl ein Zeichen der Achtung als auch eine Vorkehrung gegen ihre Verwässerung durch die Missverständnisse unvorbereiteter Praktizierender gewesen. Sie waren nie öffentlich oder leicht zugänglich und blieben Menschen vorbehalten, die die nötige Reife besaßen.

In seinem Buch erklärt Rinpoche, dass er sich dazu entschlossen habe, dieses Wissen nun zu teilen, weil die Welt sich seinem Empfinden nach verändert habe und es notwendig sei, neue Wege einzuschlagen. Es war somit eine große Geste des Vertrauens, die er dem kollektiven Wohlergehen gewidmet hat, indem er seine zuvor gut behüteten Weisheiten der Welt preisgegeben hat.

Das Wissen um das Klarträumen war in der Vergangenheit traditionell nur den Heilern, Medizinfrauen, Heiligen oder Schamanen vorbehalten. (Oder wie sie die Analytikerin Toni Wolff nannte: den medialen Frauen.) Es handelt sich also um Menschen, die mit der natürlichen Fähigkeit gesegnet waren, mit einem Fuß in der physischen und einem in der nichtphysischen Welt gleichzeitig zu stehen.

Ich bin davon überzeugt, dass wir alle diese Fähigkeit in uns tragen. Schließlich träumen wir doch auch alle, oder etwa nicht?

Die meisten von uns haben schlichtweg vergessen, wie man den Spirit, die Essenz, wahrnimmt – wegen der Art und Weise, wie wir erzogen wurden. Wir wurden darauf konditioniert, unsere Empfänglichkeit für den allumfassenden Geist abzustellen, denn es passte nicht in die Weltanschauung, die uns beigebracht wurde. Viele von uns sind zu der Überzeugung gelangt, dass wir die Verbindung zur geistigen Welt nur durch etwas, das außerhalb von uns ist, herstellen können. Träume beweisen das Gegenteil.

Träumen ist allgemein zugänglich. Es spielt keine Rolle, wie viel Geld Sie haben, welchem Geschlecht Sie sich zugehörig fühlen, welcher Ethnie Sie angehören oder welchen Beziehungsstatus Sie haben – das Träumen ist uns allen zu eigen, und der Zugang zu unserer Traumwelt hängt nicht von irgendwelchen äußeren Bedingungen ab. Wir alle verbinden uns jede einzelne Nacht durch unsere Träume mit dem Spirit. Das Träumen ist einer der individuellsten und gleichzeitig direktesten Wege zu der Erkenntnis, dass wir alle miteinander verbunden sind. Welche Namen oder Titel Sie auch immer tragen, ob Sie eine Medizinfrau oder ein Anwalt sind – wenn Sie träumen, sind Sie einfach Ihre nichtphysische Essenz, nicht mehr und nicht weniger. Luzides Träumen steht uns allen offen, ebenso wie das Erschaffen eines schönen und lebenswerten Lebens!

ÜBUNG: MEIN TRAUM IST AUF DEM WEG ZU MIR

In dieser Übung zeige ich Ihnen, wie Sie mit einer gezielten Absicht träumen, um das Manifestieren positiver Erfahrungen im wachen Leben auszuprobieren. Bevor wir jedoch loslegen, gibt es zwei wesentliche Faktoren, die Sie beachten müssen. Erstens: Viele antike Traumpraktiken gehen davon aus, dass das Eingreifen in die Traumwelt karmische Konsequenzen mit sich bringt. Es ist also ratsam, gewissenhaft und verantwortungsbewusst vorzugehen. Wenn es etwas gibt, das Sie nicht vor einer Person tun würden, die Sie lieben und respektieren, dann tun Sie dies auch nicht in Ihrer Traumwelt.

Zweitens: Abraham-Hicks zufolge, wie auch so gut wie jedem spirituellen Glaubenssystem nach, ist der Spirit, das Nichtphysische oder der allumfassende Geist eine Form reinster Liebe oder Energie. Beim luziden Träumen aber treten Sie mit dem Spirit *und Ihrer Psyche* in Kontakt.

Wenn also irgendetwas in Ihrem Traum auftaucht, das sich nicht wie reine Liebesenergie anfühlt, dann ist es wichtig zu erkennen, womit Sie es zu tun haben. Meistens handelt es sich einfach um eine äußere Darstellung eines inneren Vorgangs. Eine Art symbolische Projektion, die Ihrer eigenen Psyche entspringt. Das bedeutet, Ihr Ego und Ihre Gefühle trüben Ihre Wahrnehmung des Spirits, der reinen Energie, wie es auch in regulären Träumen der Fall ist.

Ich kann von vielen luziden Träumen berichten, in denen sich meine Gedanken oder Gefühle auf die Traumlandschaft ausgewirkt haben. Wie Sie in der ersten Hälfte des Buches erfahren haben, können und werden Ihre Gefühle, Erinnerungen und Erfahrungen Einfluss auf Ihre Träume nehmen. Offen gestanden kann es durchaus beängstigend sein, sich unerwartet (oder erwartet) mit seinen Gefühlen, verdrängten Erinnerungen oder versteckten Glaubenssätzen konfrontiert zu sehen.

Ich hatte zum Beispiel einmal einen Klartraum, in dem ich zunächst ordnungsgemäß den Traum stabilisiert, alle Projektionen entfernt und mich sodann auf das Träumen mit einer gezielten Intention konzentriert habe, nämlich: etwas in meinem Leben zu manifestieren. Alles lief wie am Schnürchen, bis urplötzlich der Boden einstürzte und ich durch ihn hindurchfiel! Sie erinnern sich – im Traum fühlt sich alles unglaublich echt an.

Ich war dermaßen überrumpelt von dieser plötzlichen Änderung der Traumlandschaft, dass ich mit einem Mal aufgewacht bin. Das Einstürzen des Bodens hatte für mich eine große symbolische Bedeutung – das Fundament, auf dem ich mein Leben aufgebaut hatte, war brüchig. Ich musste meinen Glauben an mich selbst und an das, was ich tat, stärken. Der einstürzende Boden fühlte sich auch nicht wie reine Liebesenergie an, denn es war ein Symbol aus den Tiefen meiner Psyche.

Meist spiegeln unerwartete Traumsymbole (wie Personen oder bestimmte Erfahrungen) die innerpsychische Energie des ihnen zugeschriebenen Gefühls, Glaubenssatzes oder unbewussten Verhaltensmusters wider. Sie werden versuchen, Sie mit deutlichen und intensiven Bildern »dranzukriegen«! Nehmen wir beispielsweise an, Sie haben jahrelang irgendein bestimmtes Erlebnis verdrängt (so sehr, dass es Sie daran hindert, Ihr Wunschleben zu erschaffen oder zu manifestieren). Die Traumsymbole, die das Verdrängte repräsentieren, werden dann wahrscheinlich sehr heftig und aufgeladen sein.

Vielleicht möchten Sie ein Haus manifestieren, Ihre persönliche Bedeutung eines Hauses ist jedoch mit negativen Gefühlen verbunden. Womöglich waren die Erfahrungen aus Ihrer Kindheit in Ihrem Elternhaus unbeständiger und instabiler Natur. Sie müssten sich nun also zuerst diesen verdrängten Gefühlen stellen, um unbeschwert nach vorn blicken zu können. Es wäre wohl nötig, in dem Haus Ihrer Psyche »aufzuräumen«, bevor Sie sich ans Manifestieren Ihres Traumhauses in der wachen Realität machen können. Das »Aufräumen« können Sie im Wachzustand oder in einem Klartraum erledigen!

Alle emotional geladenen Themen werden sich in Ihren Träumen vermutlich in einer ebenso starken und intensiven Symbolik äußern. Das Traumsymbol wird Sie entweder durch seine bloße Erscheinung und Erfahrung überfordern, oder es wird von solch unpassender Winzigkeit sein, dass Sie es unweigerlich bemerken werden, weil es Ihnen fehl am Platz erscheint. Etwas, das mit seiner reinen Anwesenheit Ihre Aufmerksamkeit auf sich zieht. Solche Symbole können sich oft sehr extrem äußern, denn auch das, wofür sie stehen, haben wir mit einer gewaltigen Energie beladen, und so kann sich die Dynamik bis in unsere Träume ziehen.

So etwas ist fast allen klarträumenden Personen, die ich kenne, schon einmal passiert, und es ist keineswegs ein Grund zur Beunruhigung. Es bedeutet einfach, Sie sollten sich der Tatsache bewusst sein, dass Sie im Traum höchstwahrscheinlich auf Ihre eigenen Gefühle, Gedanken und unbewussten Antreiber *in persona* stoßen werden – auf all die Dinge also, die Ihre energetische Schwingung beeinflussen.

Diese können in Gestalt einer Traumfigur, einer Landschaft oder eines Symbols erscheinen. Manchmal ist es eine leichtere Erfahrung und manchmal kann sie intensiver sein. Es hängt alles von Ihrer persönlichen Geschichte und Ihren Lebenserfahrungen ab, wie auch davon, was Sie gerade in Ihrem Leben zu manifestieren versuchen.

Vergessen Sie nicht, dass *Träume sich an den Träumenden an-*

passen – halten Sie sich das stets vor Augen. Ihre Träume passen sich an Sie an! Ihr Traum wird Ihnen genau das zeigen, was Sie sehen müssen, um im Leben voranzukommen, sofern dies Ihre Absicht ist. Das gilt insbesondere dann, wenn Sie gerade dabei sind, etwas in Ihrem Wachleben zu manifestieren.

Wenn ein Gefühl so stark oder ein Gedanke so mächtig ist, dass sie sich uns im Traum zeigen, dann lohnt es sich aus psychologischer Sicht definitiv, ihnen nachzugehen und herauszufinden, was sich in unserem wachen Leben dahinter verbirgt. Dadurch können wir seelische Last ablegen und uns leichter fühlen.

Zur Erinnerung: Luzides Träumen ist ein Balanceakt zwischen der physischen und der nichtphysischen Realität. Wenn Ihnen also etwas im Klartraum begegnet, das ein wenig erschreckend ist, dann gibt es drei Dinge, die Sie tun können. Erstens können Sie einfach in die Traumlandschaft eingreifen und sie verändern: Sie kommunizieren einfach die Absicht, der Traum möge sich ändern, und die Traumlandschaft *wird* sich verändern. Zweitens können Sie sich selbst aufwecken. Und drittens können Sie der Traumfigur oder dem Symbol mutig die Stirn bieten. Sie können es fragen, was es Ihnen in Bezug darauf, was Sie zu erreichen versuchen, sagen möchte.

Kommen wir also noch einmal auf das Beispiel mit dem Haus zurück: Sie wollen also ein Haus kaufen, und Sie inkubieren erfolgreich einen Klartraum, um ebendiese Manifestation im Traum zu erfahren. Sie stehen draußen auf der Wiese vor Ihrem neuen Heim, und der Makler ist gerade kurz davor, Ihnen die Schlüssel auszuhändigen, als plötzlich ein riesiger tollwütiger Hund aus dem Nichts auftaucht. Der Hund bellt Sie an, während er die ganze Zeit wütend die Zähne fletscht! (Wenn Sie bis zu diesem Zeitpunkt noch nicht aufgewacht sind, dann sollten Sie sich nun darauf konzentrieren, Ihre Bewusstheit beizubehalten.)

In diesem Fall war der Hund nicht etwa ein Teil dessen, was Sie mit Ihrer bewussten Absicht manifestieren und erfahren wollten. Sie wollten am eigenen Leibe spüren, wie großartig es sich anfühlt, dieses Haus zu kaufen. Der Hund war ein spontanes Symbol, das aus heiterem Himmel in der Traumlandschaft aufgetaucht ist. In der Regel stehen Hindernisse oder Eindringlinge in der Traumlandschaft für Projektionen unserer Psyche – also unsere Gedanken, Gefühle und Erinnerungen (die bewussten wie auch die unbewussten), die einen Einfluss auf unsere gewünschte Manifestation haben.

An diesem Punkt im Traum können Sie sich dafür entscheiden, mit dem Symbol in Kontakt zu treten, oder Sie sagen ihm einfach: »Hinfort mit dir!« So oder so haben Sie es in diesem Moment selbst in der Hand, wie Sie auf den Hund reagieren wollen. Sie können ihn anschreien. Sie können ihm sagen, er soll aufhören zu bellen und Ihnen stattdessen zuhören. Sie können mit lauter und befehlender Stimme »Halt!« rufen, wie Sie es vielleicht auch im Wachzustand tun würden, wenn ein Hund auf Sie zugerannt käme. Dann könnten Sie den Hund fragen, warum er da ist.

Die Antwort des Hundes kann völlig unsinnig oder aber klar und aufschlussreich sein. Wenn Sie eine klare Antwort erhalten haben, dann können Sie mit ihrem Inhalt arbeiten und diesen nach dem Aufwachen interpretieren.

Bei dem wilden Hund handelt es sich wahrscheinlich um eine projizierte Darstellung Ihrer eigenen Wut (seelischer Schmerz) oder eine versteckte Angst im Zusammenhang mit der Möglichkeit, ein Hausbesitzer zu werden. So oder so ist der Hund in Wahrheit eine hilfreiche Traumfigur, und nichts, wovor man sich fürchten muss, obwohl es sich im Traum ganz anders anfühlen kann. Für den Fall, dass Sie eine nützliche Antwort erhalten, sollten Sie dem Hund danken und ihn wieder fröhlich seines Weges ziehen lassen.

Der Hund symbolisiert einen Aspekt Ihres Inneren; er ist keine Darstellung der allumfassenden Liebe, des Spirits, denn er fühlt sich nicht wie reine positive Energie an. Spirit ist pure Liebesenergie, und genau als solche wird sie auch erlebt. Der Hund *fühlt* sich nicht wie reine positive Energie an, und das zeigt Ihnen, dass es sich um eine Abbildung eines inneren Aspekts Ihrer Psyche handelt.

Das Ziel eines jeden Klartraums, in dem man etwas manifestieren möchte, ist es, ihn bis zum Ende durchzuspielen. Das kann heißen, dass Sie, nachdem der Hund verschwunden ist, durch Ihr neues Haus spazieren und herausfinden, wie es sich anfühlt zu wissen, dass dieses Haus nun *Ihnen* gehört.

Diese Übung können Sie beliebig oft durchführen. Sie können so viele Klarträume wie nötig inkubieren, um Ihre Manifestation voll und ganz zu erfahren, im Traum ebenso wie in der wachen Realität.

PRAKTISCHE ANLEITUNG: WIE MAN MIT EINER BESTIMMTEN INTENTION TRÄUMT

Das Inkubieren eines Klartraums, um im Wachleben schneller und erfolgreicher manifestieren zu können, ist in Wahrheit ein Prozess der Innenschau und des Vertrauens in den allumfassenden Geist.

Schritt 1: Formulieren Sie im Laufe des Tages immer wieder die Absicht, einen Klartraum mit der Intention zu erleben, in das Gefühl einer wahr gewordenen Manifestation Ihrer Wahl einzutauchen. Wiederholen Sie diese Intention während des Tages so oft wie möglich. Sie können sich auch einen Erinnerungshinweis auf Ihrem Handy einstellen, der Sie zu jeder Stunde pünktlich an Ihre Intention erinnert.

Schritt 2: Wenn Sie im Bett liegen und bereit zum Schlafen sind, formulieren Sie zusätzlich die Absicht, dass Sie während Ihres Klartraums sicher, beschützt und völlig entspannt sein werden.

Schritt 3: Nutzen Sie eine der Klartraumtechniken, die ich im achten Kapitel beschrieben habe, wie zum Beispiel die DILD-Methode (»Klarheit gewinnende Techniken«, engl. *dream initiated lucid dreaming*). Vergessen Sie nicht: Der entscheidende Punkt, um sich des Träumens bewusst zu werden, ist die Fähigkeit, den Traum als solchen zu erkennen!

Schritt 4: Sobald Sie sich also bewusst gemacht haben, dass Sie träumen, stabilisieren Sie Ihren Traum. Danach sprechen Sie laut aus, was Sie im Traum zu manifestieren beabsichtigen. Sie könnten zum Beispiel sagen: »Traum, ich würde jetzt gerne die Erfahrung machen, mein Traumhaus zu kaufen!« oder »Traum, ich möchte erleben, wie es sich anfühlt, einen tollen Job zu haben!«.

Schritt 5: Diese Übung dient dazu, die Schwingung Ihrer gewünschten Manifestation zu spüren und zu erfahren. Dadurch können Sie diese Schwingung in Ihr Wachleben mitnehmen und so die Manifestation wahr werden lassen.

Schritt 6: Nutzen Sie Ihre Urteilskraft und treten Sie mit Bedacht mit jeglichen spontan aufkommenden Traumsymbolen (wie beispielsweise Menschen oder Tieren) in Kontakt.

Schritt 7: Versuchen Sie, Ihre Luzidität während des gesamten Traumes aufrechtzuerhalten, um die vollständige Manifestation zu erfahren.

Schritt 8: Sobald das Ziel erreicht und die Manifestation komplett ist, sollten Sie sich selbst aus dem Traum aufwecken. Ich empfehle Ihnen, gleich aus dem Bett zu steigen und Ihr Erlebtes aufzuschreiben oder eine Sprachnotiz zu machen, um die Erfahrung zu festigen. Das Wichtigste ist, das Gefühl, das Sie empfunden haben, in Erinnerung zu behalten!

Schritt 9: Wiederholen Sie den gesamten Prozess so oft, wie Sie es für richtig halten.

VON DER SEELE GEFÜHRT

In der Tiefenpsychologie wird der Schwellenraum zwischen den bewussten und unbewussten Aspekten der Psyche von einem Psychopompos gehütet. Das Wort stammt von dem griechischen Wort ψυχοπομπός (»Psyche« und »Pompos«) ab und bedeutet Seelenführer oder Seelengeleiter. Die griechische Mythologie bringt uns die bedeutende Rolle des Psychopompos nahe, dessen Aufgabe es ist, die Hauptfigur des Mythos beim Übergang von einem Seinszustand in einen anderen zu unterstützen. Auch beim Träumen begegnen wir diesem Seelenführer.

Der Psychopompos erscheint als ein Führer (symbolisch kann er die Gestalt eines Tieres, eines weisen alten Mannes oder einer weisen Frau annehmen), der der Person bei einem Übergang, meist vom Tod ins Jenseits, hilft. Es muss sich bei einem solchen Übergang nicht ausschließlich um den Übertritt vom Tod in die

Nachwelt handeln. Es kann jede Art von Wandlung sein, bei der es gilt, eine Schwelle zu überschreiten.

Von der Jugend ins Erwachsenenalter überzutreten oder vom Singledasein ins Eheleben – dies sind typische Beispiele für einen Übergang. Viele Menschen überschreiten die Schwelle vom Singleleben durch ein symbolisches Ritual der Eheschließung und eine Hochzeit. Sobald die rituellen Worte gesprochen wurden, geht das Paar gemeinsam über die Schwelle und gilt somit als vermählt. Das alte Dasein ist nun »gestorben« (beide sind nicht mehr Single), und das neue Dasein wurde »geboren« (sie sind verheiratet).

Bevor wir jedoch den Schwellengang machen, tut sich für gewöhnlich ein Zwischenraum auf, in dem das, was war, und das, was sein wird, noch in der Schwebe hängen. Dies ist eine Zeit, in der wir uns dem »Dazwischen« hingeben müssen. Ein Beispiel dafür ist die Schwangerschaft, in der man sich auf den Übergang vom Frausein ins Mutterdasein vorbereitet. (Träume während der Schwangerschaft können oft sehr intensiv, lebhaft und hilfreich sein, denn sie geleiten die werdende Mutter durch diesen entscheidenden Transformationsprozess.)

Wir erleben Übergänge, Schwellenräume und den Psychopompos in Träumen auf unterschiedlichste Art. In Wirklichkeit ist sogar der Übergang vom Wachsein in den Schlaf ein Schwellenübertritt, um ins Reich der Träume zu gelangen. Wenn Sie sich schon mit dem hypnagogen und hypnopompen Zustand beschäftigt haben (Kapitel 7 kann Ihnen, falls nötig, eine kleine Auffrischung geben), dann werden Sie bemerkt haben, dass dieser Übergang vom Wachbewusstsein ins Schlafbewusstsein reich an Bildern und Formen ist.

Schwellenräume sind kein leeres Niemandsland. Es sind Orte der »Zwischenwelt«. Schwellenräume sind Verbindungswege, Brücken, Durchgänge oder Portale, die allesamt den Raum zwischen dem, was war, und dem, was noch sein wird, widerspiegeln. Wenn Sie in einer Zeit des Schwellenübergangs in Ihrem Leben auf Ihre Träume achten, werden Sie mit großer Wahrscheinlichkeit auf einen Seelenführer stoßen.

Wie Sie im Laufe dieses Buches erfahren haben, sind wir sowohl in unseren regulären als auch in den luziden Träumen an das Göttliche, den Spirit, angebunden. In regulären Träumen wird ein Seelenführer oft symbolisch dargestellt. In Klarträumen hingegen ist eine bewusste Kontaktaufnahme mit einem Seelengeleiter möglich.

Ein Beispiel aus einem regulären Traum: Eine Frau berichtet über folgenden Traum nach dem Tod ihrer Mutter. Sie ist mit ihrer Tochter auf Reisen, das Reiseziel ist jedoch unbekannt. Sie weiß, dass das Ziel von großer Bedeutung ist und etwas mit ihrem neuen Zuhause zu tun hat, der Traum fühlt sich jedoch unklar an. Plötzlich, wie es in Träumen häufig passiert, finden sich beide vor einem Bahnhof wieder. Die Frau möchte, dass ihre Tochter mit ihr in den Zug steigt. Diese erwidert jedoch, dass sie stattdessen mit ihrer Großmutter (die im Traum nicht erscheint) in einen anderen Zug einsteigen möchte und dass sie in Kürze zu ihr, der Träumenden, zurückkehren werde.

Als sie wach wurde, merkte die Frau, dass sie der Traum traurig gemacht hatte – etwas, das häufig vorkommt, wenn wir von Menschen träumen, die gerade erst von uns gegangen sind. Was jedoch nachklang, war ein Gefühl der Beunruhigung, weil die Tochter nicht mit ihr, sondern mit ihrer verstorbenen Mutter mitfahren wollte. Was hatte das zu bedeuten?

In dem Traum hat ihre Tochter eine symbolische Doppel-funktion inne: Sie ist einerseits das Abbild des inneren Kindes ihrer Mutter, und andererseits übernimmt sie die Rolle der Seelen-geleiterin (Psychopompos) für die Großmutter.

Nach eingehender Betrachtung gelangte die Frau zu der Er-kenntnis, dass der Tod ihrer Mutter das Gefühl in ihr hervor-gerufen hatte, niemandes Kind mehr zu sein. Der Traum würdigt und versinnbildlicht ihre Trauer und den Verlust ganz deutlich. Er spricht auch von ihrem Übergang an von der Rolle des er-wachsenen Kindes hin zu ihrer neuen Rolle, ausschließlich Mut-ter und Elternteil zu sein – eine Reise, die sie allein machen muss.

Im Traum steigt die junge Tochter in einen Zug, um mit ihrer Großmutter an einen unbekannten Ort (das Leben nach dem Tod) zu reisen, während die Mutter einen anderen Zug nimmt, um zu ihrem neuen Zuhause zu gelangen. Hier wird symbolisch die Entscheidung des Kindes dargestellt, zur Seelenführerin für ihre Großmutter zu werden. Nach genauer Reflexion konnte der Traum seiner Träumenden viel Trost spenden. Er würdigte ihre Trauer und ihren seelischen Verlust. Gleichzeitig zeigte er ihr aber auch, dass alle drei Frauen der Familie gleichzeitig, jede auf ihre eigene Art, eine Schwelle übertreten hatten. Wie wundervoll und ergreifend.

SEELENFÜHRER UND WEGBEGLEITER IN LUZIDEN TRÄUMEN

In einem Klartraum können wir auf zwei unterschiedliche Arten mit dem Psychopompos interagieren. Erstens ist es uns als Klar-träumende möglich, mit Verstorbenen in Kontakt zu treten und –

falls nötig – ihnen Hilfe anzubieten. Dadurch schlüpfen wir selbst in die Rolle des Psychopompos. Ein erfahrener Klarträumer kann beispielsweise eine Botschaft der verstorbenen Person empfangen und sie einem lebenden Familienmitglied übermitteln. Wir können aber auch für uns selbst Führung in jeder Übergangsphase unseres Lebens erhalten, indem wir ganz einfach nach einem Treffen mit unserem geistigen Führer während eines Klartraums fragen. Das Arbeiten mit luziden Träumen funktioniert in beide Richtungen.

Übergänge müssen nicht immer mit dem Tod zu tun haben. Es kann sich um jede bedeutende Entwicklung oder Veränderung handeln, wie zum Beispiel der Umstieg vom Arbeitnehmerdasein zur Selbstständigkeit oder von der Arbeitswelt in den Ruhestand. Es geht einfach um eine Zeit des Wandels, die es erforderlich macht, eine alte Identität abzustreifen oder ein altes Verhaltensmuster zu beenden. Ich habe hier das Beispiel mit verstorbenen Traumfiguren lediglich deshalb gebracht, weil ich die Bedeutung und den Einfluss hervorheben möchte, die solche Ereignisse auf uns haben. Um Ihnen zu zeigen, wie sehr uns unsere Träume helfen können, und um deutlich zu machen, dass wir emotionale Unterstützung empfangen oder aber sie selbst leisten können, je nach Umstand.

Es folgt ein Klartraumbeispiel eines sehr erfolgreichen Buchautors und Sprechers zum Thema Persönlichkeitsentwicklung, Dr. Wayne Dyer. Sein Traum konnte ihm seelischen Trost spenden. Er hatte ihn, kurz nachdem seine Mutter verstorben war, und konnte dadurch endlich wieder Freude empfinden und mit dem Geschehenen abschließen.

In seinem Traum fährt er die Straße zum Haus seiner Mutter entlang, bis er sich plötzlich, wie in Träumen so üblich, vor der

Eingangstür des Hauses befindet. Er bemerkt, dass über der Tür ein Fliegengitter montiert ist, das ihm irgendwie fehl am Platz erscheint. Das Haus seiner Mutter hat doch gar keine Fliegengittertür! Diese Erkenntnis ist der Auslöser für seinen Klartraum.

In seiner neu erlangten Bewusstheit versucht er, die Fliegengittertür zu öffnen. Er probiert es immer wieder ohne Erfolg. Plötzlich taucht seine Mutter auf, die wie eine vierzigjährige Version ihres Selbst aussieht; sie öffnet die Tür nach innen. Es überrascht ihn sehr, sie zu sehen, denn er ist sich der Tatsache bewusst, dass seine Mutter erst kürzlich verstorben ist. (Vergessen Sie nicht: In Klarträumen haben wir stets Zugang zu all unseren gelebten Erfahrungen und Erinnerungen.)

Also ruft er ungläubig: »Du kannst nicht hier sein, weil du doch gestorben bist!« Und in ebendiesem Moment verschwindet sie, nur um wenige Augenblicke später als die sechsundneunzigjährige Frau wieder aufzutauchen, die sie bei ihrem Ableben gewesen war. Von seinen Gefühlen übermannt, wacht er auf.

Ich mag die Geschichte dieser ganz besonderen Klartraumerfahrung von Wayne Dyer sehr, und ich habe sie mit Ihnen geteilt, weil sie das Zusammenspiel zwischen physischer und nichtphysischer Realität so treffend veranschaulicht. Genauso wie Wayne Dyer werden auch Sie den Einfluss Ihrer Gedanken, Gefühle und Erinnerungen in Ihren Klarträumen zu spüren bekommen. Das tun wir alle. Das heißt, bis wir in unserer Klartraumpraxis geübter sind.

In seinem Traum äußerte Wayne laut, dass seine Mutter doch gestorben sei, wie konnte sie also die Tür öffnen? Sein bewusster Verstand hinterfragte ihre Anwesenheit und genau in diesem Moment verschwand sie. Seine Gedanken und Gefühle nahmen durch sein logisches Hinterfragen Einfluss auf den Traum. Dann tauchte sie plötzlich als eine ältere Version ihres Selbst wieder auf. So kannte er sie, und so war sie ihm vertraut gewesen.

Stellen Sie sich einmal vor, Sie erleben einen *spontanen* Klartraum, in dem eine geliebte Person erscheint, die erst kürzlich verstorben ist. Allein der Gedanke an den Verstorbenen kann schon überfordernd sein, geschweige denn ihn in einem Traum in voller Bewusstheit zu *sehen*!

Ein Teil der Kunst, das Nichtphysische wahrnehmen zu können, besteht darin, die Erfahrung einfach als das zu akzeptieren, was sie ist: nämlich anders als das Physische. Wayne Dyer stellte Abraham-Hicks später (in einem aufgezeichneten Videogespräch, das online verfügbar ist) die Frage, weshalb seine Mutter im Traum nicht etwas länger bei ihm verweilen konnte. Die Antwort war nicht, dass sie nicht bei ihm bleiben *konnte*, sondern, dass er nicht mehr dazu imstande war, sie wahrzunehmen.

Für mich ergibt das absolut Sinn. Seine Gefühle beeinflussten seine Fähigkeit, sie wahrzunehmen. Vermutlich ist er deshalb auch ungewollt wach geworden – er wurde von seinen Gefühlen übermannt. Um also auf den Punkt zu kommen: In einem Klartraum ist es uns möglich, das Nichtphysische wahrzunehmen, unsere Gedanken und Gefühle können jedoch die Wahrnehmung trüben. Dies ist einer der Gründe, weshalb ich Ihnen in diesem Buch ein paar Achtsamkeitsübungen nähergebracht habe: Damit es Ihnen gelingt, den Spirit, das Nichtphysische, klarer wahrzunehmen. Sie können Ihnen aber auch rundum zu mehr Wohlbefinden im Alltag verhelfen. Ein zweifacher Gewinn also!

Und wie erkennen Sie nun, ob es sich bei einer Klartraumfigur wirklich um einen geliebten verstorbenen Menschen oder um einen geistigen Führer handelt? Sie bitten die Figur um Beweise. Meist wird Ihnen ein spiritueller Führer Informationen geben, die Sie nach dem Aufwachen auf Richtigkeit überprüfen können. Sie können die Klartraumlandschaft auch säubern, indem Sie laut sagen: »Hinfort mit allen Projektionen!« Und je bewanderter Sie in Ihren eigenen Träumen sind, desto mehr werden Sie auf Ihre innere Weisheit und Ihr inneres Wissen vertrauen können.

Für mich als Autorin kann es seltsam und herausfordernd sein, spirituelle Konzepte mit Worten zu beladen, denn dies steht im Gegensatz zur tatsächlichen Erfahrung und zu dem, was ihre Essenz ausmacht. Wenn Sie jemals eine tiefe Erfahrung mit Ihrer eigenen Intuition gemacht haben, dann wissen Sie genau, wovon ich spreche. Wenn ich Sie jetzt nach einem »Beweis« für Ihr intuitives Wissen fragen würde, könnten Sie mir in diesem Augenblick einen solchen liefern?

Sie wüssten, dass die Intuition, wie auch das Klarträumen, ein wunderschönes und rätselhaftes Zusammenspiel des Physischen und des Nichtphysischen ist. Ein Tanz des Sichtbaren mit dem Unsichtbaren. Diesen Tanz zu beschreiben ist wie ein Versuch, den Wind mit den Händen zu fangen. Vielmehr geht es um etwas, das wir fühlen können – wie den Wind auf unserem Gesicht.

Diese Sichtweise stimmt auch mit dem überein, was diverse mystische Texte über das Träumen sagen. Man erfährt es, man verkörpert es, man ist es. Man sinnt darüber nach, und doch bleibt es ein Rätsel. Das Träumen ist ebenso wie die Intuition eine Art von Weisheit, die über unsere Logik hinausgeht. Es ist eine Art bewusster Wahrnehmung des Nichtphysischen.

Klarträume lassen uns ebenfalls erkennen, dass die Zeit in ihrem linearen Verständnis völlig unzureichend ist, wenn es darum geht, bewusste Erfahrung zu erklären. Es existiert eine sich dem logischen Verstand entziehende göttliche Matrix schöpferischer Weisheit, die uns tief ins Reich der unbegrenzten Möglichkeiten führt; sie umfasst vergangene, gegenwärtige und zukünftige Leben sowie die Fähigkeit, unser Leben mithilfe dieser geistigen Instanz viel bewusster zu gestalten.

Das Träumen ist keine eindimensionale Erfahrung, die auf nüchternes, kritisches Denken und den Verstand reduziert werden kann. Träumen ist eine Kunst. Es besteht aus so vielen Schichten und Ebenen, von denen wir in diesem Buch nur die obersten beleuchtet haben.

In Klarträumen nehmen wir unser Bewusstsein und all seine Erinnerungen (das Ego-Selbst) in die Traumlandschaft mit. Dies kann sehr nützlich und heilsam sein, gleichzeitig aber auch unsere Verbindung zum Göttlichen, zum Spirit, trüben.

Genau das ist auch im Traum von Wayne Dyer passiert, als er seine Mutter als eine viel zu junge Version ihrer Selbst erkannte. Also erschien sie ihm in seinem Klartraum nochmals in dem Alter, das sie bei ihrem Ableben gehabt hatte. Sie verwandelte sich in eine sechsundneunzigjährige Frau – ein »passenderes« Bild, das sein rationaler Verstand als realistischeres annehmen konnte.

An dieser Stelle möchte ich Sie noch mal darauf hinweisen, dass dies seine erste spontane Klartraumerfahrung war. Zu diesem Zeitpunkt war also nicht zu erwarten, dass er im Traum seinen Fokus bewahren und seine Bewusstheit beibehalten konnte; aber genau das zeigt uns, wie wichtig es ist, richtig mit unserer Aufmerksamkeit umzugehen.

Wayne Dyers Traum verdeutlicht uns ebenso, dass sich Spirit immer an unsere Erfahrung anpasst, damit wir die Verbindung besser halten können, egal wie erfahren wir schon im Klarträumen sind – *um mit uns zu kommunizieren, wo auch immer wir uns auf unserem Weg gerade befinden.* Ganz gleich, wie sehr unsere Gedanken, Gefühle und Erinnerungen unsere Wahrnehmung trüben.

Trotzdem werde ich immer wieder gefragt, weshalb wir nicht alle auf eine bestimmte Art und Weise vom Nichtphysischen, dem Spirit, träumen. Zum Beispiel: Warum träumt nicht jeder von derselben Art geistigen Führer? Oder warum träumen nicht alle Mitglieder einer Familie von derselben Person, die vielleicht kürzlich verstorben ist? Darauf antworte ich meist wie folgt: Wir alle sind Individuen, die an ganz verschiedenen Punkten auf unserem Weg stehen und völlig unterschiedliche Glaubenssysteme und Lebenserfahrungen in uns tragen. Es würde keinen Sinn ergeben, wenn wir dieselbe Botschaft auf dieselbe Art und Weise erhalten würden, weil uns nicht die gleichen Dinge zum gleichen Zeitpunkt zuträglich sind. Nicht jeder muss gerade mit dem Tod eines geliebten Menschen abschließen.

Träume sind in dem Sinne außergewöhnlich, als dass sie unsere persönliche physische Erfahrung mit unserer nichtphysischen Essenz durchmengen, um uns tiefere Einsichten darüber zu bringen, was wir wissen sollten. Träume liefern uns eine größere Perspektive. Letztlich wollen uns unsere Träume führen, damit wir uns erheben und unser Leben von einem höheren Standpunkt aus erfahren.

TRAUMFÜHRER UND IHRE UNTERSCHIEDLICHEN ERSCHEINUNGSFORMEN

Die Teilnehmerin eines meiner Retreats zur Traumarbeit, Anna*, zeigt uns ein wunderbares Beispiel dafür, wie der Spirit mit uns in Kontakt treten kann, wenn wir dafür bereit sind – nämlich so, dass wir auch darauf aufmerksam werden. Anna sah sich größtenteils als Halbatheistin, die nicht so recht wusste, ob an der Sache mit dem Träumen oder dem Metaphysischen etwas dran war oder nicht. Aber einige sehr intensive Klartraumerfahrungen haben ihr Innerstes derart erschüttert, dass sie sich dazu entschlossen hat, den Schritt zu wagen und etwas Neues auszuprobieren. Und so fand sie sich – schlafend – auf einem Retreat mit vielen anderen Träumenden wieder.

Sie sprach für das Retreat die Absicht aus, dem Nichtphysischen eine Chance geben zu wollen, ihr zu beweisen, dass es wichtig war, seinen Botschaften Aufmerksamkeit zu schenken. Im gleichen Atemzug fügte sie hinzu, sie glaube nicht daran, ihr »geistiger Führer« könnte eine Person sein. Erinnern Sie sich an meine Aussage, dass in unseren Worten große Macht liegt? Nun, Annas Absichtserklärung hatte es ganz schön in sich. Im Verlauf des Retreats erlebten die Teilnehmenden also die unglaublichsten Träume, setzten sich mit ihren unbewussten Glaubenssätzen und Triggern auseinander und vertieften gleichzeitig ihre Anbindung an den Spirit.

Bei Anna jedoch schien sich nichts zu tun – obwohl sie ihre regulären Träume mit der Absicht inkubiert hatte, ihren spirituellen Führer zu treffen. Sie berichtete mir, sie träume jede Nacht von unterschiedlichen Situationen, und in drei Fällen war ihr ein Hund im Traum erschienen. Ich fragte nach der Rasse des Hundes, und sie sagte mir, es sei ein Border Collie gewesen (ein Schäferhund). Anna war der Meinung, der Hund stehe einfach für einen Aspekt ihrer Psyche. Und natürlich hätte sie damit auch recht haben können, denn wie Sie im Laufe dieses Buches schon erfahren haben, werden wir in unseren Träumen einerseits mit unserer Psyche konfrontiert und treffen andererseits auch auf die allumfassende Kraft, den Spirit.

Ich begegnete Anna auf der Ebene ihrer persönlichen Traumsymbolik: Was bedeutet ein Schäferhund für dich? »Schäferhunde sind Hirten. Sie sind überaus loyal und lassen ihre Herde niemals im Stich«, sagte sie zu mir. Ironischerweise hatte ihr Traum einen biblischen Beigeschmack. Da ist also ein treuer Hirtenhund, der niemals von deiner Seite weicht? Hm, interessant! Was symbolisieren denn Schafe für dich? Sie antwortete: »Die Unfähigkeit, selbstständig zu denken, und dass sie sich ängstlich verhalten, wie ein Schaf eben.«

Anna fürchtete sich davor, ihren intellektuellen Scharfsinn zu verlieren, würde sie sich für die unerklärlichen Aspekte des Lebens öffnen. Sie hatte Angst davor, für den Glauben an eine spirituelle Dimension des Lebens von den Menschen in ihrer Umgebung ausgegrenzt oder verspottet zu werden. Ihr Traum legte ihr alles klar und deutlich auf den Tisch. Sie wurde geführt. Ihr Führer stand ihr loyal zur Seite, unabhängig davon, welchen Glauben sie in sich trug.

Anna beschloss, in sich zu gehen und sich einige der Überzeugungen, an denen sie festhielt, ganz genau anzuschauen. Sie entschloss sich, ein paar grundlegende Elemente in ihrem Leben zu ändern, und fing damit an, mutig jene Dinge zu äußern, die wirklich mit ihren Überzeugungen übereinstimmten. Ungefähr einen Monat nach dem Retreat erhielt ich eine E-Mail von ihr. Sie berichtete von einem sehr intensiven und kraftvollen Klartraum, in dem sie um ein Treffen mit ihrem geistigen Führer angesucht hatte. Im Traum erschien ihr eine Frau, die ihr sagte, sie habe ihr den Schäferhundtraum »geschickt«.

Der Spirit wird sich Ihnen und Ihrem eigenen Prozess anpassen. Sie müssen diesen Prozess weder steuern noch kontrollieren, sondern einfach auf dem Weg Ausschau nach Ihren Führern halten. Schließlich sind unsere Traumführer da, um uns zu helfen. Um uns zu zeigen, dass wir niemals wirklich allein sind.

DIE VERBINDUNG MIT DEN EIGENEN TRAUMFÜHRERN UND DIE KUNST DER SYNCHRONIZITÄT

Oft kommen Menschen mit der Absicht in meine Traumworkshops, eine Verbindung zu ihrem eigenen Traumführer (oder spirituellen Meister, wenn Ihnen der Begriff lieber ist) herzustellen. Manchmal begegnen sie dann mehr als einem Führer. Auch Ihnen könnte es passieren, dass Sie mehrere spirituelle Führer antreffen – seien Sie also einfach offen für den Prozess, der sich Ihnen zeigt. Wie auch im Beispiel von Anna ist es der Prozess, auf den es ankommt.

Wie Sie im Laufe dieses Buches gesehen haben, können wir das Nichtphysische auf verschiedenste Weise erfahren, in unserer wachen Realität wie auch in der Traumwelt. Wir können also die Absicht formulieren, unseren geistigen Führern im Wachzustand oder im Traum zu begegnen. So muss es nicht unbedingt ein Hindernis sein, wenn Sie die erstaunliche Welt der Klarträume bis jetzt noch nicht betreten haben. Nutzen Sie einfach die Macht Ihrer bewusst gesetzten Absicht, um das Tor zur Kommunikation mit dem Spirit zu öffnen.

Wie genau kommuniziert also die geistige Welt im Alltag mit Ihnen, mit mir sowie mit jedem anderen Menschen? Mit allen nötigen Mitteln! Meist sind es aber intuitive Hinweise, Zeichen, Symbole und bedeutsame Zufälle. Zum Beispiel, wenn Sie genau im richtigen Moment über einen Social-Media-Beitrag mit für Sie wichtigem und hilfreichem Inhalt stolpern. Oder wenn Sie in einen Laden gehen und dort ein Lied hören, dessen Songtext für Sie von Bedeutung ist, das Ihnen Trost spendet und nützliche Hinweise für ein Problem liefert, mit dem Sie sich gerade herumschlagen – wieder genau zum richtigen Zeitpunkt. Oder wenn Sie zufällig an zwei Fremden vorbeigehen und ihrem Gespräch über ein Thema lauschen, das für Sie auch gerade relevant ist. Dies sind alles Beispiele dafür, wie die nichtphysische Welt um unserer Aufmerksamkeit buhlt.

Ich habe ebenso die Erfahrung gemacht, dass der Spirit in unserer wachen Realität so mit uns kommuniziert, wie wir es am ehesten annehmen können. Ich fühle mich am wohlsten, wenn ich Botschaften akustisch (Hellhören) empfange, in meinen Träumen wie auch durch meine Intuition im Wachzustand. Vielleicht geht es Ihnen ähnlich. Oder vielleicht wollen Sie Ihre rezeptiven Fähigkeiten weiterentwickeln, sodass Sie eine tiefere und lebendigere Beziehung zur nichtphysischen Welt kultivieren und ausführlichere Botschaften empfangen können, die eindeutig für Sie bestimmt sind.

Die meisten Menschen brauchen viele Wiederholungen, bis sie wirklich akzeptieren können, dass die Botschaften, die sie (in ihrem Wachzustand) von der geistigen Welt empfangen, auch *wirklich echt* sind. Deshalb sind Synchronizität, Wiederholung und bedeutsame Zufälle auch so wundervoll – sie »rütteln uns wach« und zeigen uns die Dinge auf, die uns das Nichtphysische vermitteln möchte. Synchronizität liefert uns oft die so dringend benötigte äußere Bestätigung dessen, was wir in unserem Innersten bereits wissen.

Wir machen es der geistigen Welt jedoch oft schwer, unsere Aufmerksamkeit zu erlangen. Es braucht große, auffällige Botschaften, die so eindeutig sind, aber gleichzeitig völlig unerwartet auf uns zukommen, damit wir daran glauben können, dass sie tatsächlich für uns bestimmt sind. Vor allem in der westlichen Welt scheint das zuzutreffen. Den meisten Menschen wurde schon in jungen Jahren beigebracht, die nichtphysische Instanz auszublenden. Sobald sie also Botschaften empfangen, tun sie sie gleich wieder ab oder ignorieren sie zur Gänze.

Der erste Schritt hin zur Verbindung mit dem Spirit ist also die simple Entscheidung und Anerkennung, tatsächlich in einer aktiven Beziehung mit der geistigen Welt zu stehen. Vielleicht sind Sie diesen Schritt schon gegangen oder haben Ihre Verbindung zum Spirit durch das bloße Lesen dieses Buches schon vertieft. Im zweiten Schritt nutzen Sie die Macht Ihrer bewusst gesetzten Intention. Bevor Sie zu Bett gehen, sprechen Sie die Absicht aus, in Ihren Träumen Ihrem geistigen Führer zu begegnen. Formulieren Sie diese Absicht jeden Abend so lange, bis Sie das Gefühl haben, dass sie sich erfüllt hat.

Wenn Sie eine kleine Auffrischung über die Inkubation regulärer Träume benötigen, dann blättern Sie einfach zurück zur ersten Übung am Ende des zweiten Kapitels, wo ich den Vorgang genau beschrieben habe. Denken Sie daran: Es könnte sein, dass es Ihnen wie Anna ergeht und Sie einen Traum haben, der Ihnen weder außergewöhnlich noch besonders wichtig erscheint, der in Wahrheit aber sehr bedeutsam ist und Ihre volle Aufmerksamkeit verdient. Versuchen Sie, beim Entdecken der Verbindung zu Ihren geistigen Führern immer einen offenen Geist und ein offenes Herz zu haben.

Wenn Sie geübter im Klarträumen sind, dann säubern Sie die Traumlandschaft von allen psychologischen Projektionen und ersuchen um ein Treffen mit Ihrem Geistführer. Dies ist eine wechselseitige Beziehung, also verhalten Sie sich so, wie Sie es auch im wachen Leben täten, würden Sie dort einer wichtigen Person begegnen. Stellen Sie keine irrationalen Forderungen an Ihren Geistführer, wobei Sie aber sehr wohl nach zusätzlichen Informationen (oder Zeichen) fragen und um Hilfe bei einem Problem bitten dürfen. In meiner Erfahrung macht das Leben dann gleich viel mehr Spaß, wenn uns Synchronizität begegnet, und das auch noch in Momenten, in denen wir sie am wenigsten erwarten!

ANDEREN KLARTRÄUMENDEN IM TRAUM BEGEGNEN

Als ich für dieses Buch nach Berichten von anderen Klarträumenden recherchiert habe, bin ich auf eine großartige Podiumsdiskussion gestoßen, die auf der SAND-Konferenz (*Science and Non-Duality*, dt. Wissenschaft und Nondualität) stattgefunden hat. Während des Symposiums teilte die Künstlerin und Professorin Fariba Bogzaran eines ihrer unglaublichen Klartraumerlebnisse mit dem

Publikum. Die zugrundliegende Absicht all ihrer Klarträume war, den allwissenden Teil ihres göttlichen Selbst zu treffen. Sie blieb über zweieinhalb Jahre bei dieser Intention!

Während dieser Zeit hatte sie viele Klarträume, in denen sie einem tibetischen Lama begegnete, der sie in eine noch tiefere Klartraumpraxis einwies. Wie viele Menschen wohl annehmen würden, dachte auch Bogzaran, der buddhistische Lama in ihrem Klartraum sei lediglich eine bedeutsame Projektion ihrer eigenen Psyche oder ein Geistführer. Doch jetzt kommt's: Zwölf Jahre später traf sie Lama Garchen Rinpoche in ihrem wachen Leben, und beide erkannten einander aus ihrer Klartraumwelt. Es war derselbe buddhistische Lama, und er hatte sie die ganze Zeit über in der Kunst des luziden Träumens unterrichtet! Infolge ihres Aufeinandertreffens ging sie für mehr als zehn Jahre bei ihm in die Lehre, im Wachzustand wie auch in der Traumwelt.

Die Klartraumerfahrung von Fariba Bogzaran macht uns deutlich, weshalb wir uns nach der eindeutigen Identität unseres Gegenübers in luziden Träumen erkundigen sollten. Es handelt sich um eine weitläufige und ausgedehnte Traumlandschaft, die von vielen Klarträumenden betreten wird, und so ist es umso wichtiger, gleich von Anfang an um Klarheit zu ersuchen!

Wie Sie sicher schon bemerkt haben, sind Klartraumerfahrungen so viel mehr als nur eine psychologische Projektion des Verstandes. Die Traumwelt ist der Raum (oder Ort), an dem unsere nichtphysische Essenz auf den Rest der nichtphysischen Realität (den Spirit) trifft. Im Rahmen dieser Erfahrung können wir anderen Klarträumenden, geistigen Führern und sogar verstorbenen Angehörigen begegnen. Von allen können wir etwas lernen, und mit allen können wir kommunizieren.

Sie werden sehen, dass Sie auf Abenteuer aller Art treffen werden, je geübter Sie in Ihrer Klartraumpraxis sind. Bald werden Sie auch den Unterschied zwischen Ihren psychologischen Projektionen und echten Traumwesen erkennen können, während Sie sich in regulärer und luzider Traumarbeit üben.

Denken Sie daran: Wenn Ihnen im Klartraum Zweifel kommen, können Sie einfach die Worte »Hinfort mit allen Gedankenformen!« laut aussprechen, und wenn Sie bei einer Traumfigur kein gutes Gefühl haben, gehen Sie einfach weiter. Ihre Intuition wird Sie nicht in die Irre führen. Und wie gewohnt kann und wird die dem Traum zugrunde liegende Absicht (und Ihre Wortwahl) den Verlauf Ihrer Klartraumerfahrungen beeinflussen.

Im Fall von Prof. Bogzaran war es die Intention, auf das Allwissende zu treffen. Zweifelsohne konnte sie einen Teil dieser Absicht erreichen. Für die meisten tibetischen Bön-Buddhisten ist das Ziel ein jeder Klartraumpraxis ein transzendentales: die Erleuchtung. Meine Absicht beim Klarträumen ist nun schon seit Längerem, mich der Entdeckungsreise aus ganzem Herzen hinzugeben, auf die mich der Traum mitnehmen möchte. *Und was ist Ihre Intention?*

Eines noch: Wenn Sie daran interessiert sind, sich mit anderen Träumenden in der Klartraumlandschaft zu treffen, lade ich Sie herzlich ein, sich meinen Online-Traumkreis anzusehen, in dem wir gemeinsam das bewusste Träumen praktizieren. Ich leite unterschiedliche Gruppen für nichtluzide und luzide Träumende, in denen wir gemeinsam konkrete Absichten oder Ziele ausmachen. Sie können diese in englischer Sprache auf meiner Webseite einsehen: www.athenalaz.com.

DIE MACHT
KOLLEKTIVER TRÄUME

Unsere wache Realität ist ein gemeinsamer Traum, der sich langsam, aber sicher in einen Albtraum verwandelt. Die Erde braucht uns – wir müssen uns endlich vor Augen führen, wie wir unbewusst unsere Realität erschaffen (erträumen!) und gleichzeitig unsere Vielfältigkeit akzeptieren, um Frieden in diese Welt zu bringen. Es ist so leicht, sich der Verzweiflung hinzugeben, doch wenn sich jeder und jede Träumende der Tatsache bewusst wird, dass wir unseren kollektiven Traum – unsere physische Realität – aktiv beeinflussen und miterschaffen, dann können wir die Dinge durch visionsorientiertes Träumen und zielgerichtetes Handeln im wachen Leben verändern.

An früherer Stelle in diesem Buch habe ich Sie auf eine Entdeckungsreise mitgenommen, um Ihnen zu zeigen, wie Ihre eigenen unbewussten Glaubenssätze Ihre wache Realität beeinflussen.

Sie haben gesehen, wie Ihre regulären nächtlichen Träume Licht auf Ihre unbewussten Überzeugungen werfen, indem sie mit gezielter Bildsprache und Symbolik arbeiten.

Eine Person, die sich Erfolg im Leben wünscht, sich aber durch Eigensabotage oder ständiges Aufschieben selbst im Weg steht, könnte oft davon träumen, dass sie andere Menschen blockieren. Die Träumende projiziert ihren eigenen unbewussten Glaubenssatz (oder Schatten) auf andere, und der Traum zeigt ihr dies mithilfe der Schattenfiguren auf. Der Traum zwingt die Träumende, sich die Frage zu stellen: Warum werde ich immerzu davon abgehalten, mein Ziel zu erreichen? Wer kommt mir in die Quere? Indem sie achtsame und selbstreflexive Fragen stellt, lernt die träumende Person ihr Innerstes – ihre eigenen Vorstellungen und Überzeugungen – besser kennen. Sie erkennt, dass ihr eigenes Mangelbewusstsein oder ihre bisherigen Erfahrungen sich dem in den Weg stellen, was sie sich aus tiefstem Herzen wünscht.

Wir alle können Nährboden für niedere Impulse sein, die durch unbewusste Glaubenssysteme an die Oberfläche dringen. Zum Beispiel können sich die meisten Menschen durchaus eine Situation vorstellen, in der Gewalt eine Option wäre. Sie denken, auf Sie trifft das nicht zu? Was, wenn jemand eine Waffe auf Ihren Partner oder Ihr Kind richten würde? Man verfällt schnell in ein Verhaltensmuster, ohne es überhaupt zu beabsichtigen. Deshalb ist es auch so wichtig für uns alle, uns im bewussten Träumen zu schulen. Damit wir achtsam und in voller Bewusstheit mit der Tatsache umgehen können, dass wir in jedem Moment unsere Realität miterschaffen. Damit wir bewusste Entscheidungen treffen können.

Wir als Kollektiv, und somit auch unsere kollektive Realität, werden durch unsere unbewussten Überzeugungen beeinflusst.

Ein Blick auf die Medien- und Filmindustrie macht uns dieses Konzept auf sehr anschauliche Weise verständlich. So werden unsere kollektiven Ängste beispielsweise auf die Kinoleinwand projiziert. Hass, Spaltung, Gier, mangelnde Achtung und Respekt vor anderen Menschen und der Natur erregen unsere Aufmerksamkeit. Denken Sie nur an soziale Medien und die Hasswellen, die einem dort begegnen, bloß weil man sich hinter der Anonymität des eigenen Bildschirms verstecken kann. Wir beladen unsere Social-Media-Welt mit einem Unmaß an emotionalem Müll, und obendrein leisten einige der heutigen Nachrichtenagenturen beste Arbeit im Schüren kollektiver Ängste.

Wir haben ebenfalls gesehen, dass es nur ein winziger Sprung vom anonymen Aggressionsverhalten über den Bildschirm zur tatsächlichen Gewaltausübung ist. Unbewusste Impulse verstecken sich gern hinter Ausprägungen des Extremismus oder extremen Überzeugungen, die ein Schwarz-Weiß-Denken der Sorte »Ich liege *völlig richtig* und du liegst *komplett falsch*« fördern. Wenn wir der Meinung sind, dass es nur einen richtigen Weg oder nur die eine richtige Antwort gibt, dann haben wir uns unbewussten Einflüssen hingegeben. *Wir als Kollektiv können uns doch sicher eine bessere Realität erträumen.* Vielleicht können wir einen Mittelweg finden, der die Gesamtheit unseres Daseins und all unsere Unterschiedlichkeiten in wundervoller Balance hält.

Wenn wir die Ausübung von Aggression und Gewalt in höchstem Maße gerechtfertigt finden, dann haben wir es psychologisch gesehen wahrscheinlich mit unterdrückten Impulsen unseres Egos zu tun. Können Sie sich noch an die Zeit erinnern, als Zombiefilme voll im Trend waren? Zombies als ein kollektives Symbol zeigen uns, was passiert, wenn wir uns wie Hirntote verhalten. Wenn sich das Leben nur noch um hirnlosen, unersättlichen Konsum dreht, haben wir uns in jeglicher Hinsicht zu der minderwertigen Lebensform eines Zombies rückentwickelt. Wir sind zu lebenden Toten geworden, weil wir uns nicht mehr an das Licht in uns erinnern, das alles Leben durchdringt. So haben wir unsere eigene höhere Macht vergessen, die Macht, zu träumen und mit der allumfassenden Energie in Kontakt zu treten, indem wir unsere Aufmerksamkeit bewusst gebrauchen.

Wenn wir unsere Absicht und unseren Willen nicht mit voller Bewusstheit einsetzen, dann ist unser Schaffensprozess wahrlich ein geringer. Wir sind dann keine bewussten Träumenden mehr. Es ist unsere Pflicht, die Verantwortung für unsere eigenen unbewussten (und auch bewussten) destruktiven Verhaltensmuster, Sehnsüchte und Begierden zu übernehmen und wieder in die Eigenermächtigung zu kommen, wenn wir eine bessere kollektive Realität für uns schaffen wollen.

Wenn wir alle, jede und jeder in seinem Umfeld, einen Teil dazu beitragen, wird das große Wellen schlagen. Wir können dies auf wunderschöne und berührende Art und Weise beobachten, wenn Menschen aus der ganzen Welt zusammenkommen und uneigennützig Hilfe und Unterstützung anbieten. Wenn beispielsweise eine Crowdfunding-Kampagne für Menschen in Krisensituationen plötzlich explosionsartigen Zulauf erfährt. So spenden Tausende bloß einen kleinen Betrag, aus dem in Summe Millionen werden, die Menschen in Not zugutekommen. Empathie kann Berge versetzen, *Gleiches vermag auch eine kollektive Absicht.*

Wir können es uns so vorstellen, dass wir auf energetischer Ebene in einem riesigen kosmischen Netz des Lebens miteinander verbunden sind. Unsere Verbindung besteht zu unserer Erde, den

Pflanzen, den Menschen und den Tieren, die ebenso wie wir in der wachen Realität ihren Platz haben. Diese Vorstellung des Miteinander-vernetzt-Seins und der gegenseitigen Verbundenheit findet sich in fast allen uralten Religionen wieder. Bloß eine kleine Abweichung eines einzigen Menschen verursacht eine Kettenreaktion in diesem Netz der Verbundenheit (selbst dann, wenn es der Person nicht einmal bewusst ist). Leidet der Planet, leiden auch wir. Wir sind Erdenbewohner, aus ihrer Substanz geschaffen und vom Spirit beseelt.

Eine der kraftvollsten und bedeutsamsten Geschichten, die ich mit Ihnen teilen kann, ist jene vom Volk der Achuar. Ich erzähle diese Geschichte, um zu verdeutlichen, wie wir als Menschen der modernen Zivilisation neu zu träumen beginnen können. Wie wir einander und auch dem Planeten, auf dem wir leben, helfen können – durch einen Bewusstseinswandel und gezielte Traumarbeit.

Das Volk der Achuar war seit Tausenden von Jahren im Amazonasregenwald beheimatet. Sie sind die Aufseher des Waldes und Hüter einer uralten Kultur des Träumens, denn sie planen und gestalten den Tagesablauf für ihre gesamte Gemeinschaft immer noch anhand der Informationen ihrer nächtlichen Träume. Morgens wachen sie gemeinsam auf, teilen sich gegenseitig ihre Träume mit und beschließen dann anhand dieser Träume ihre Handlungen für den Tag.

In den frühen Achtzigerjahren hatten die Stammesältesten und Schamanen plötzlich sehr beunruhigende Träume und Visionen, in denen die moderne Welt den Wald überfiel und ihn zerstörte. Diese Schreckensvisionen bewahrheiteten sich kurz darauf, als die Ölkonzerne anfingen, die benachbarten Gebiete auszubeuten, und riesige Waldflächen der Abholzung zum Opfer fielen. Als Folge dieser Ereignisse und der damit einhergehenden Entwaldung kommt es bis heute zu verheerenden Waldbränden im Amazonasgebiet.

1995 sendeten die Schamanen des Achuarstammes, der tief im Herzen des Urwaldes beheimatet ist, einen Hilferuf, um Unterstützung von der Außenwelt zu erhalten. Eine kleine Anzahl von Menschen erhörte diesen Ruf. Doch er wurde nicht etwa durch ein Telefon oder andere moderne Technologien kommuniziert – es war ein spiritueller Aufruf durch das Reich der Träume. Ich glaube, die Schamanen der Achuar haben ihre Klartraumfähigkeiten und das Reisen in höhere Bewusstseinsebenen dazu genutzt, um ihre Botschaften an Menschen zu senden, die bereit waren, diese zu empfangen und sich anzuhören, was sie zu sagen hatten.

Die Aktivistin Lynne Twist berichtete in einem Online-Interview, dass sie ihre Arbeit im Amazonasregenwald zu dem Zeitpunkt begonnen hatte, als sie diesen »Ruf« nicht länger leugnen konnte. Die Achuar riefen sie durch ihre Träume zu ihnen in den Urwald. In ihren nächtlichen Träumen sah sie eine Gruppe von Menschen inmitten eines Regenwaldes stehen, deren Gesichter mit rötlich orangefarbenen Symbolen bemalt und deren Häupter mit Kopfschmuck bedeckt waren. Nacht für Nacht träumte sie von den Achuar.

Als die Träume auftraten, hatte Lynne weder eine Ahnung davon, wer diese Menschen waren, noch hegte sie die Absicht, jemals in den Amazonas zu reisen. Sie war in erster Linie mit ihrer wohltätigen Arbeit beschäftigt, deren Ziel es war, den Hunger auf der Welt zu stillen und nicht etwa den Umweltschutz zu fördern. Als die Träume ihren Anfang nahmen, hatte sie keinen Schimmer davon, dass die Schamanen des Achuarvolkes dabei mit ihr in Kontakt traten. Natürlich ignorierte sie die Träume zu Beginn, wie es wohl auch die meisten Menschen in unserer modernen Welt tun würden. Vielleicht hat sie einfach zu viel scharfe Pizza gegessen – das würde zumindest eine meiner skeptischeren Freundinnen sagen!

Doch Lynne träumte weiter von den Menschen mit den rötlich orange bemalten Gesichtern. Zuerst sah sie diese Menschen nur in ihren Träumen, doch später erschienen sie ihr auch im Wachzustand. Wie Sie sich vielleicht vorstellen können, flippte sie ein wenig aus, als sie ihre Gestalten auch im wachen Alltagsleben zu sehen bekam. Wie kann man es ihr auch verübeln? Sie dachte schon, sie würde halluzinieren oder, schlimmer noch, verrückt werden.

Erst als ihr Freund John Perkins die Menschen aus Lynnes Beschreibungen als das Volk der Achuar erkannte, wurde beiden klar, dass sie in den Amazonas reisen mussten. Schließlich machte sich Lynne gemeinsam mit ihrem Ehemann John sowie einigen anderen Menschen auf die Reise ins Amazonasgebiet, um den Stamm der Achuar zu treffen. Das Ergebnis dieser Zusammenkunft war die Gründung der Pachamama Alliance, einer gemeinnützigen Organisation, die seit Beginn ihrer Existenz weitgehend für die Rettung und den Erhalt großer Teile des Regenwaldes verantwortlich ist.

Ich bin der Meinung, dass *wir alle* dem Ruf der Achuar folgen müssen. Unsere gesamte Umwelt braucht uns jetzt. Wir müssen endlich aufwachen und die Richtung ändern. Dies ist nicht nur ein Problem in der westlichen Welt, wie es so oft von Menschen dargestellt wird, die die Schuld auf andere schieben und sich ihrer eigenen ökologischen Verantwortung entziehen wollen. Es ist ein weltweites Problem.

Wir alle erschaffen unsere gemeinsame Realität. Und gemeinsam können wir auch eine bessere Realität kreieren, die uns allen ein Heiligtum ist. Wir können eine Vision des Friedens, eines gesunden Planeten und des Wohlergehens für alle erschaffen und entsprechend handeln, um diese in die Realität umzusetzen. Gleichzeitig kann auch eine kleine Gruppe bewusster Träumender enorm viel bewirken, da sie gelernt haben, ihre Absicht und ihren Willen gezielt einzusetzen. Wie eine Crowdfunding-Aktion im Traum für das kollektive Wohlergehen!

ES IST ZEIT, DIE TRÄUMENDEN ZU WECKEN

Meine Aufgabe ist es, die Träumenden aufzuwecken. Da Sie gerade diese Zeilen lesen, fühlen auch Sie sich bitte angesprochen. Jedes Kapitel, durch das Sie gereist sind, hat Sie daran erinnert, dass auch Sie bewusst träumen! Werden Sie also Absicht und Willen bewusst einsetzen und für ein kollektives Wohlergehen träumen wie auch für Ihr eigenes? Die Vision unseres Lebens ist nur so groß, wie wir sie uns zu erträumen gestatten. Die Vision unseres Planeten ist so schön, wie wir es ihr erlauben zu sein.

Wenn wir uns mit unserer eigenen höheren Macht verbinden, können wir mit unseren Träumen das gesamte Netz des Lebens beeinflussen. Wir können endlich das Zombiekonsumverhalten und all die sinnlosen Ablenkungen hinter uns lassen und in Einklang mit der Natur und dem Leben selbst kommen. Das bedeutet nicht, dass wir irgendwo in einer Höhle schlafen müssen – wir können einen kollektiven Traum erschaffen, in dem sich unsere moderne Welt im Gleichgewicht befindet. Wir können immer noch unsere

Seelenziele verfolgen und gleichzeitig an das kollektive Wohlergehen denken. Unsere Träume sind so grenzenlos wie unsere
Fähigkeit, uns eine immer bessere Version vorzustellen.

Wir müssen sicherlich nicht fürchten, in einer Alles-oder-
nichts-Situation festzusitzen. Ich möchte meine Intention gerne
auf frische Luft, gesundes Wasser und die Vielfalt der Natur und
des Tierreiches richten, und gleichzeitig auf mehr Respekt für
die Verbundenheit aller Lebewesen. Entscheidend ist, worauf
wir unsere Absicht fokussieren. Wir können alle unser eigenes
Lied singen und dabei kollektiv eine harmonische Melodie kreieren. Vergessen Sie nicht: Wir erschaffen unsere Realität selbst,
und deshalb ist die Intention so wichtig. Wie werden Sie Ihre einsetzen?

HÖRT DEN TRÄUMENDEN ZU

In meinem Traum schwebe ich knapp über dem Boden. Man
könnte meinen, die bloße Erfahrung des In-der-Luft-Schwebens
löse einen Klartraum aus, aber das tut sie nicht. Die Tatsache, dass
ich mich in einem Traum befinde, bleibt meinem Verstand verborgen. Ich gleite zwei Männern entgegen, die sich gleichzeitig
in einer meditativen Sitzhaltung vom Boden in die Lüfte erheben.
Ich komme vor ihnen zum Halten, und da hören sie auf, sich zu
bewegen, und schweben mühelos in der Luft.

Sie sagen mir, dass ihnen gefällt, was ich in meinem Buch über
Träume geschrieben habe, und dass ich bedenken soll, dass es noch
so viel mehr über das Klarträumen zu erfahren gibt, als jemals in
irgendeinem Buch festgehalten wurde. Dann übermitteln sie mir
folgende Botschaft: In vielerlei Hinsicht geht es beim Träumen

immer noch darum zu lernen, wie man besser zuhört. Sie sagen mir, ich solle nun aufwachen, damit ich mich an meinen Traum erinnere und die Botschaft daraus weitergeben kann.

Ich wache auf.

Das Paradoxe am Träumen ist, dass wir uns durch seine illusorische Natur von unseren materiellen Illusionen befreien. Träume beziehen sich immer auf ein wesentlich größeres Bild. So besteht die Kunst jeder Arbeit mit Träumen darin zu lernen, wie man seiner eigenen Psyche und dem alles durchdringenden Geist besser zuhört. Wenn Sie sich darin schulen, auf die Botschaften Ihrer Träume zu hören, werden Sie gezeigt bekommen, welche Entscheidungen Sie in Ihrem Leben treffen sollten. Sie werden die Richtung Ihres wahren Nordsterns gezeigt bekommen, denn Sie werden von einer Quelle geführt, die viel größer ist als Sie.

Letzten Endes können nicht alle Dinge rational erklärt oder überhaupt vom Intellekt erfasst werden. Sie können nur durch unser Herz, durch die Welt in unserem Inneren, begriffen werden, und durch dieselben Sinne, die aktiv werden, sobald wir schlafen. Sinne, die uns zeigen, wie dünn der Schleier der Wahrnehmung ist, der die Traumwelt von der physischen Welt trennt. Des Nachts, wenn wir träumen, werden wir daran erinnert, dass wir Teil eines grenzenlosen Bewusstseins sind.

Die meisten von uns sind zu beschäftigt, um wahre Stille in uns einkehren zu lassen, aber in der Erfahrung der Stille, wie wir sie in der Reise durch unsere Traumwelt erleben, entdecken wir erst unsere Verbundenheit mit dem unendlichen Bewusstsein.

Meine Träume haben diese Botschaft immer wieder verdeutlicht. Im Traum bin ich abgelenkt und suche nach etwas, das ich einfach nicht finden kann. Was dieses »etwas« ist, kann ich nicht sagen, aber ich verspüre den starken Drang, danach zu suchen. Also suche und suche ich, ohne zu finden, wonach ich suche. Ich sehe unter Kopfkissen nach, in Schubladen und sogar unter dem Bett. Ich suche das gesamte Haus eine gefühlte Ewigkeit lang ab. Verärgert gebe ich schließlich auf, und dann sehe ich es. Nein, ich fühle es, als die Sonne durchs Fenster scheint. Alles ist plötzlich von Licht durchflutet, und daraufhin wache ich auf.

Suchen wir nicht alle nach etwas, das sich uns scheinbar entziehen will? Wir schmeißen mit Dingen umher, um das zu finden, was wir meinen, brauchen zu müssen – meist etwas, das sich außerhalb von uns befindet. Wir verlieren uns in der Suche. Dabei müssten wir nur innehalten und in der Helligkeit unseres inneren Lichts baden.

Daher frage ich Sie zum Schluss, liebe Leserinnen und Leser: Ist nicht die Zeit dafür *gekommen*?

DANK

Mein tiefster Dank gilt meiner Lektorin Sara Carder. Danke, dass du an mich und an dieses Buch geglaubt hast. Bedanken möchte ich mich auch bei Rachel Ayotte für ihre Sorgfalt und Hilfe sowie bei Coleen O'Shea für die unglaubliche Unterstützung und Führung, die ich während dieses literarischen Abenteuers erhielt. Mein herzlichstes Dankeschön auch an Sabila Khan – ich danke dir.

Ich möchte mich überdies bei Victoria Adamo, Alex Casement, Sara Johnson, Anne Kosmoski, Casey Maloney und dem gesamten Team von TarcherPerigee bedanken – ihr seid großartig!

All meinen Führerinnen und Führern, meinen Lehrerinnen und Lehrern gebührt mein tiefster Dank dafür, dass sie mich auf meinem Weg unterstützt haben. An meine Eltern: Ich danke euch für all eure Liebe, ihr seid mir eine große Stütze. An meinen großartigen Ehemann: Du bist das Licht in meinem Leben – ich danke dir für deine unerschütterliche Liebe und Unterstützung. Maria und George, danke für alles. Mick und Glenda, ich danke euch für all den freundlichen Zuspruch und die Hilfe, die ich von euch erhalten habe. Schließlich geht mein Dank auch an all die Träumenden da draußen – danke dafür, dass ihr an die Macht eurer Träume glaubt.

REGISTER

Unsere Leseempfehlung

512 Seiten

Über 100.000 Träume träumt ein Mensch in seinem Leben – Träume, die geheime Wünsche, Ängste und Vorahnungen offenbaren. Traumexpertin Pamela Ball liefert den Schlüssel zu ihrer Deutung: Ihr umfangreiches Lexikon der Traumsymbole und ihre Tipps, wie man das Geträumte besser erinnert, helfen, die verborgenen Traumbotschaften zu entschlüsseln und positiv zu nutzen.

Unsere Leseempfehlung